Friedrich Wilhelm Basilius von Ramdohr

Charis oder über das Schöne und die Schönheit in den nachbildenden Künsten

Friedrich Wilhelm Basilius von Ramdohr

Charis oder über das Schöne und die Schönheit in den nachbildenden Künsten

ISBN/EAN: 9783743629929

Hergestellt in Europa, USA, Kanada, Australien, Japan

Cover: Foto ©Thomas Meinert / pixelio.de

Weitere Bücher finden Sie auf **www.hansebooks.com**

Charis

oder

Ueber das Schöne und die Schönheit in den nachbildenden Künsten

von

Friederich Wilhelm Basilius von Ramdohr

aus Hoya

vitam impendere pulchro

Erster Theil

Leipzig

im Verlage der Dyckschen Buchhandlung

1793.

An

Heyne in Göttingen.

Zueignungsschrift.

Statt Einleitung.

Dieses Buch, theurer Freund, gehört Ihnen aus mehr als einer Ursach an.

Es ist ein Opfer meiner Liebe und Achtung für Sie: Gesinnungen, die ich nun bald ins zwanzigste Jahr für Sie hege, und mit mir ins Grab nehmen werde. Es ist aber auch im eigentlichsten Verstande für Sie geschrieben.

Während der Ausarbeitung dieses Werks bin ich stets von dem Wunsche belebt und geleitet worden, daß es Ihren Beyfall erhalten möchte. Sie waren, Sie sind für mich der Repräsentant desjenigen Theils des Publikum, von dem ich eigentlich beurtheilt werden möchte. Ihre Liebe für die Künste versprach mir Interesse an meinem Plane, Ihre liberale Denkungsart, Ihr Geschmack, verbunden mit wahrhaft philosophischem Geiste, nachsichtsvolle, aber kompetente Prüfung!

Erlauben Sie nun, daß ich Sie an den Standpunkt stelle, aus dem ich mein Werk von Ihnen angesehen wissen möchte. Was ich Ihnen sage, sage ich denn auch allen denen, die ich mir mit Ihnen zu Richtern wünschen kann.

Rechtfertigung des Titels.

Vorläufig ein Wort über den Titel des Buchs. Sie werden es nicht mißbilligen, daß ich ihm den Namen derjenigen Grazie vorgesetzt habe, welche vermählt mit dem Gott der Künste, die eine mechanische Fertigkeit der Hand erfordern, diesem zur Lehrerinn des Schönen in denselben gedient haben soll.

Anzeige der nächsten Absicht des Werks.

Die nächste Absicht dieses Werks geht dahin: durch eine genaue Bestimmung des Begriffs des Schönen, und der Schönheit in den nachbildenden Künsten, den Irrthümern und Vorurtheilen derjenigen zu begegnen, welche diesen Begriff entweder zu ausgedehnt, für Alles, was Vergnügen macht, annehmen, oder zu eingeschränkt, für dasjenige was schön und Schönheit in der Moral, in der Poesie, oder in der Bildhauerkunst ist.

Ich habe, theurer Freund, diese Arbeit als einen Beruf angesehen, und sie aus Bedürfniß unternommen. Ich fand, daß ich bey Beurtheilung einer Gallerie von Kunstwerken mit mir selbst leicht einig werden konnte, was ich für schön, was ich für ein schönes Kunstwerk halten sollte, daß ich aber immer sehr verlegen wurde, wenn ich andern und besonders dem Publikum Rechenschaft von meinen Urtheilen ablegen müßte. In unsere Theorien des Geschmacks haben sich eine Menge von Regeln und Geboten eingeschlichen, welche uns entweder von Vernunftswegen vorschreiben, was wir schön und schönes Kunstwerk nennen sollen, oder die Erfahrungsgrundsätze einzelner Künste zu allgemeinen Vorschriften für alle machen.

So lange man nun weder mit sich selbst noch mit andern einverstanden ist, wie weit das Gebiet der Vernunft und die empirisch erprobte Theorie einer jeden Kunst geht und gehen kann; so kömmt man bey jedem Schritte, den man thut, in die größte Verlegenheit.

Man mag noch so sicher überzeugt seyn, daß man den Marktschreyer von Gerhard Dow, die Kreutzigung Petri von Rubens, für schöne Kunstwerke gehalten hat, daß Cimon, den seine Tochter säugt, kein unanständiges Süjet für die Kunst sey, daß ein Einäugigter ein schönes Bildniß, ein altes Weib ein schönes Charakterstück ausmachen könne u. s. w.; es kann nicht fehlen, daß wenn ein Mann von edlem Herzen, nicht ungebildet für die Künste überhaupt, und bekannt als denkender Kopf auftritt, und uns sagt: das kann nicht schön seyn, weil es keine sinnlich erkannte körperliche Vollkommenheit ist, oder weil es die sittliche Vollkommenheit nicht befördert, daß dann, sage ich, der Mann, der seinen Geschmack blos empirisch gebildet hat, stutzig werde, und nun gar zu der elendesten aller Vertheidigungen, nämlich zu der, daß es

Vergnügen bey der Anschauung mache, seine Zuflucht nehme. Dann aber treten ein Bernini, der in Marmor mahlt, ein Bilzius, der an seinem Haasen jedes Haar, ein Denner, der an seinem Menschenkopfe jedes Infusionsthierchen ausdrückt, auf, und machen den nämlichen Vertheidigungsgrund für ihre offenbar fehlerhafte Verfahrungsart geltend. Ja! der Nürnbergische Tanddrechsler sucht nach diesem Grundsatze seine Künsteley gleichfalls als Kunstschönheit zu constituiren. Mag dann immerhin der angehende Künstler und Kritiker an schönen Kunstwerken lernen, was schön ist: mag hier, so wie in allen Künsten und Wissenschaften, welche Gegenstände der Anwendung aufs gemeine Leben umfassen, die erste blos praktische Bildung die zuträglichere seyn; der gebildete Künstler und Beschauer kann daran nicht genung haben. Er muß seinen empirisch gebildeten Geschmack, seine praktischen Grundsätze auf gewisse theoretische Grundbegriffe zurückbringen. Er muß mit sich selbst eins seyn, er muß die Gründe, warum er etwas mag oder nicht mag, vor dem Forum seiner eigenen und der Vernunft seiner edleren Zeitgenossen zu rechtfertigen wissen! Dazu treibt ihn die Natur seines Wesens, die Begierde nach Gewißheit, nach einstimmiger Willensbewegung! Der praktische Nutzen, den er davon hat, ist nicht der, daß er nun das Schöne und die Schönheit neu auffinden lernt; dazu ist alle theoretische Anweisung unzulänglich; — nein! er besteht darin, daß er seine einzeln gemachten Erfahrungen unter einander in Zusammenhang bringt, daß dieses Zusammenpassen ihn zur wiederholten und bestimmteren Prüfung seiner Empfindungen auffordert; daß er für die Folge aufmerksamer anschauet, sicherer, dreister sein Urtheil mit dem erprobten Urtheil ganzer Jahrhunderte vereinigen darf; endlich und besonders darin, daß er nun mit theoretischen aber auf Erfahrung gestützten Gründen den Anmaßungen derjenigen begegnen kann, welche aus speculativen Gründen Grundsätze über das Schöne und die Schönheit aufstellen, die aller Erfahrung widersprechen.

Sehen Sie daher, theurer Freund, dieß Werk zuerst als die Apologie des empirisch erprobten Geschmacks vor dem Forum der Vernunft an. Da aber diese nicht geführt werden konnte, ohne zu zeigen, worin die Begriffe des Schönen und der Schönheit im Allgemeinen und in allen Künsten überhaupt übereinkommen, und wieder, wie sie in jeder Kunst und in jeder Art ihrer Productionen besonders modificirt werden; so habe ich eine zweyte Absicht mit jener zu verbinden gesucht, nämlich diese: dasjenige, was ich zu vertheidigen suchte, nämlich die Erfahrungsgrundsätze des guten Geschmacks, so wie ich sie selbst

Anzeige einer zweyten untergeordneten Absicht dieses Werks.

als erprobt gefühlt, und von der Anerkennung mehrerer Jahrhunderte bestätigt gefunden zu haben glaubte, in einem natürlichen Zusammenhange, rein von allen Vorschriften der Ausführung, als Theorie neben einander aufzustellen und zu ordnen. Wir haben mehrere Lehrbücher für diese Künste, worunter die Werke der Leonardo da Vinci, de Piles, Lairesse, Hagedorn, Mengs für die Mahlerey, Falconets für die Bildhauerkunst vorzüglich genannt zu werden verdienen. Allein ich glaube demohngeachtet mit dem gegenwärtigen Versuche keine unnütze Arbeit unternommen zu haben.

Einmal scheinen jene Männer nicht Vorsicht genung angewandt zu haben, das Wesentliche von dem Zufälligen, dasjenige, was blos zur Ausführung gehört, von dem eigentlich Schönen, mithin die Mittel vom Zweck zu separiren.

Zweytens hat, so viel ich weiß, kein einziger bis jetzt versucht, die verschiedenen nachbildenden Künste unter Einen Gesichtspunkt zusammenzufassen, sie als ein Ganzes von den übrigen Künsten abzusondern, und dann wieder die Gränzen einer jeden, so wie die Eigenthümlichkeiten ihrer Unterarten, genauer zu bestimmen.

Drittens endlich scheint es ihnen größtentheils an der zur Uebersicht des Ganzen so nöthigen Methode zu fehlen.

Vielleicht würden aber diese beyden Zwecke mich allein noch nicht bewogen haben, ein so mühsames Werk, wie das gegenwärtige, zu unternehmen, (denn die schönen Künste sind und bleiben für mich, nach meiner Denkungsart, Lage und Bestimmung in der Welt, immer nur Nebenwerk und Mittel zur Belustigung) hätte ich nicht um anderer Studien willen, die ich über Moral und Politik angestellet habe, und noch ferner anzustellen denke, die Natur unserer Triebe überhaupt, und besonders derer nach begierdelosem Anschauen näher untersuchen müssen. Denn diese machen unstreitig eines der stärksten Bande aus, mit denen wir an unserm edleren Selbst, an Gatten, Freunden, Alter, Helden, Vaterland, höhern Ständen und Fürsten hängen. Ohne sie zu kennen und zu empfinden, sind alle erhabenen Ideen der Griechen über die Würde des einzelnen Menschen, der durch Liebe mit einander verwebten Persönlichkeiten, der Nationen und Stände, ein Unding *), welches unsere neueren Philoso-

Anzeige des letzten endlichen Zwecks dieses Werks.

*) Ohne auf diese Triebe zurückzugehen, läßt es sich schlechterdings nicht hinreichend beweisen, warum der freywillige Tod des Helden, eines Leopolds, eines Cato, die Sokratische Liebe, der Vorzug der Abstammung von berühmten Männern, der eigenthümliche Charakter der Lacedämonier, und eine Menge anderer Dinge in der Moral und in der Politik, unsere Anhänglichkeit verdienen. Nach

phen mit ihrem: wozu das? längst wegdemonstrirt zu haben glauben. Inzwischen existiren diese Triebe demohngeachtet, und äußern ihre Würksamkeit bey jedem wohlerzogenen und unbefangenen Menschen.

Sie so viel an mir ist zu retten, ist der Zweck meines Lebens, worauf auch der von mir gewählte Denkspruch hindeutet, und ich glaubte ihre Existenz am deutlichsten da zeigen zu können, wo sie sich am unzweydeutigsten äußern: beym Genuß der leblosen Schönheit! Man kann daher dieß Werk zugleich als die

den Regeln der Brauchbarkeit beurtheilt, erhalten sie ein ganz anderes Ansehen, und lassen sich schwerlich daraus allein vertheidigen. Wie wichtig sie besonders für die Liebe der Geschlechter sind, werde ich in einem bereits ausgearbeitetem Werke, welches unter dem Titel: Venus Urania, oder über das Schöne in der Liebe, nächstens erscheinen wird, zu beweisen, und zugleich zu zeigen suchen, aus welch einem ganz andern Gesichtspunkte, als bisher geschehen ist, die veredelte Liebe der Griechen und der alten Ritterzeiten zu betrachten, imgleichen welcher Veredlung diese bisher so sehr verkannte Verwebung der stärkern und zärteren Persönlichkeit noch gegenwärtig fähig sey. Vielleicht folgt bald darauf ein anderes Werk unter dem Titel: Venus hospita, oder über das Schöne in der Urbanität, (der schönen Fertigkeit im geselligen Umgang) wozu die rohen Keime bereits in dem ersten Theile meiner Studien über Dännemark liegen.

Grundlage eines Systems über die Natur unserer Triebe ansehen, welches ich weiter auszubauen unabläßig bemüht seyn werde.

Dieß, theurer Freund, sind die Zwecke, auf die ich losgearbeitet habe. Ihnen überlasse ich billig das Urtheil über ihre Wichtigkeit, über das Schickliche ihrer Verbindung, über die Ausführung selbst Ich werde mich schon beruhigen, wenn Sie finden sollten, daß mein System über das Schöne dem guten Geschmack wenigstens unschädlich sey, weil es den erprobten Erfahrungen, worauf er sich gründet, nicht widerspricht; daß die systematische Ordnung, welche ich in die Theorie des Geschmacks gebracht habe, wenigstens Nachsicht verdiene, weil es der erste Versuch dieser Art ist; endlich daß meine Ideen über die Natur unserer Triebe der nähern Prüfung werth sind, weil ich sie auf manche eigene psychologische Erfahrung gestützt habe.

Einige Bemerkungen über die Sprache in diesem Werke.

Es bleibt mir nun noch übrig ein Wort über meine Sprache zu sagen. Ich habe mich bestrebt diejenige zu führen, welche sich zu dem ruhigen Gange einer belehrenden Untersuchung schickt. Deutlichkeit und möglichste Bestimmtheit ist mein äusserstes Bestreben gewesen. Aber Sie werden es selbst einsehen, daß in sehr vielen Fällen die Natur der Dinge, worüber ich geschrieben habe, sich der Erreichung dieser Absicht entgegen setzen mußte. Sie beruhen größtentheils auf instinktartiger, oder wie man es sonst zu nennen pflegt, sinnlicher Erkenntniß, und lassen sich nur mit äußerster Mühe in zusammenfassende Begriffe, oder wie man es sonst schlechtweg zu nennen pflegt, in Begriffe auflösen.

Auch über den Vorwurf, daß meine Sprache zuweilen von der technischen der herrschenden Schulen der Philosophie abweicht, wird Ihr wahrhaft philosophischer Geist sich hinaussetzen.

Meine Entschuldigungen suche ich in folgenden Gründen:

1) Es war nöthig, da ich die einzelnen Bewegungen, welche unser Wesen durch den Eindruck der Schönheit erhält, aus einem allgemeinen Gesetze, nach welchem sich dieß unser Wesen einförmig, einstimmig mit sich selbst bewegen läßt, erklären wollte, daß ich in die Untersuchung der Fragen hineingehen mußte: wie wir überhaupt zur Erkenntniß und zum Wollen der Dinge um uns her kommen? An diese Arbeit bin ich aber keineswegs aus bloßer Neugier oder Grübeleysucht gegangen, sondern gedrungen von Bedürfniß, weil ich sah, daß ohnedem gar nicht durchzukommen sey. Also sind meine Spekulationen gradezu in Rücksicht auf einen praktischen Nutzen angestellt, und meine Sprache darf daher nicht mit derjenigen Strenge beurtheilt werden, mit der man etwa die Ausdrücke in einer Kritik der reinen Vernunft prüfen würde.

2) In den Schulen der herrschenden Systeme unserer spekulativen Philosophen ist keine wahre technische Sprache vorhanden. Die Anhänger einer und derselben sind nicht einmal über dasjenige einstimmig, was sie Anschauung, Begriff, Vorstellung, Urtheil und Schluß nennen. Ueber die verschiedenen Aeußerungen unserer Willenskraft, in Trieben, Begierden, Bestrebungen, Leidenschaften, Affekten u. s. w. findet man eine beynahe an Verwirrung gränzende Verschiedenheit.*)

3) Unfähig nach meiner ganzen früheren Bildung, und meinen gegenwärtigen Verhältnissen, das Zutreffende der Ausdrücke anderer Philosophen, auf meine von mir selbst geformten Begriffe vereinigend oder berichtigend zu prüfen, habe ich

4) Die meinigen allemal durch Beyspiele zu erläutern, und dadurch allem Mißverstande vorzubeugen gesucht.

Leben Sie wohl, theurer Freund, und lieben Sie um der kindlichen Gesinnungen willen, mit denen er an Ihnen hängt,

Celle
am 25. Junius
1792.

Ihren Freund

von Ramdohr.

*) Zum Beweise mögen die Definizionen dienen, welche Kant, Kritik der Urtheilskraft S. 119. in der Note, und Engel in der Mimik im 1sten Theile S. 138. von dem Worte Affekt geben.

Inhalt der Bücher.

Im ersten Theile.

Erstes Buch.

Psychologie des Verfassers in Rücksicht auf Aesthetik.

Erstes Kapitel.

Raisonnirende Anzeige des Inhalts.

Von den Empfindungen und Affekten überhaupt.

Eine Empfindung nenne ich jede von der Kraft des Bewußtseyns bemerkte Bewegung meines Wesens.

Sie ist sinnlich, in so fern die Bewegung den Körper betrift. Sie ist innerlich, in so fern sie die Seele betrift.

Ist die Empfindung von keiner gleichzeitigen Wahrnehmung der Maaße und Ursach der Bewegung begleitet, wissen wir blos, daß wir existiren, nicht aber wie, und womit wir existiren; so haben wir blos die Empfindung unserer Existenz.

Ist aber mit der Empfindung zugleich die Wahrnehmung der Ursach, oder der Maaße der

Bewegung verknüpft; so nenne ich sie einen sinnlichen Eindruck, wenn die Bewegung nämlich dem unmittelbaren Stoß eines äußeren Gegenstandes zugeschrieben wird; ich nenne sie Vorstellung der Seele, wenn sie einem gedachten Gegenstande zugeschrieben wird, oder wenn ihre Maaße als Gegenstand betrachtet wird. In beiden Fällen haben wir das Bewußtseyn unsrer Person. Die Wirkungen, welche unsere Empfindungen auf uns hervorbringen, sind verschieden. Sie bleiben entweder gleichgültige Wahrnehmungen und Erkenntnisse; wir nehmen blos die sinnlichen Eindrücke und die Vorstellungen der Seele ein, ohne eine Bestimmung hinzuzufügen, ob wir sie mögen oder nicht mögen: oder sie werden zu Willensbewegungen; das heißt, sie treiben unsere Willenskraft, zu der Wirksamkeit eine Bestimmung hinzuzufügen, ob wir die Empfindung mögen oder nicht mögen.

Unter diesen Willensbewegungen sind einige, die schwach, andere, die stärker, jene Bestimmung über das Gefällige und Ungefällige der Empfindungen erwecken, und so theilen sich unsere Willensbewegungen in bloße Willensregungen und Affekte.

Eine Willensregung ist ein Wollen und Nichtwollen, ohne merkliches Vergnügen und Mißvergnügen empfunden.

Ein Affekt ist ein Wünschen und Fürchten, ein Mögen und Nichtmögen, mit einem merklichen Grade von Vergnügen und Mißvergnügen verbunden.

Ein anhaltender, viele unserer Kräfte umfassender und stark anspannender Affekt ist eine Leidenschaft.

Es giebt zweyerlei Arten von Affekten: den Affekt der Begierde, während des Strebens und Fliehens: und den Affekt des gegenwärtigen Genusses und Leidens.

Dieser letzte theilt sich wieder in den der gestillten Begierde und in den des Anschauens oder des Genusses und Leidens ohne Bewußtseyn einer vorgängig rege gewesenen Begierde.

Der Körper oder vielmehr die Kraft unsers Wesens, die wir an unserm Körper besonders geschäftig fühlen, hat seine Willensregungen und seine Affekte.

Die Seele hat ihre Willensregungen und ihre Affekte, und diese gehören entweder vor das Forum des Instinkts, oder vor das Forum der Vernunft, je nachdem wir unsere Seele bey dem Affekte in einer nachdenkenden Thätigkeit finden oder nicht.

---

1) Es giebt ein Ding in mir, was es ist, weiß ich nicht, das bemerkt die Veränderungen, die in meinem Zustande mit jedem Augen-

blicke meines Lebens, durch eine ununterbrochene Folge von Bewegung, in der sich mein aus Körper und Seele zusammengesetztes Wesen befindet, vorgehen. Ich nenne dieß Ding, dieß Etwas, die Kraft des Bewußtseyns meiner fortwährenden Existenz. Diese von der Kraft des Bewußtseyns bemerkte Bewegung nenne ich Empfindung.

2) In so fern die Bewegung an dem Körper bemerkt wird, das heißt, an dem Theile meines Wesens, den ich nie denkend finde, nenne ich sie sinnliche Empfindung.

In so fern die Bewegung an der Seele bemerkt wird, das heißt, an dem Theile meines Wesens, den ich oft denkend finde, nenne ich sie innere Empfindung.

Ich nehme folglich eine doppelte Empfindungs- oder Berührungs- Bewegungsfähigkeit an, eine äußere des Körpers und eine innere der Seele.

3) Es geht kein Augenblick meines Lebens hin, in dem ich nicht zu gleicher Zeit eine sinnliche und eine innere Empfindung hätte. Durch beide zusammen erhalte ich das Wissen der fortwährenden Existenz meines aus Körper und Seele zusammengesetzten Wesens. Wenn ich auch keine andere sinnliche Empfindung habe, so habe ich gewiß die der Circulation des Bluts, und der Regsamkeit der Nerven. Wenn ich auch keine andere innere Empfindung habe, so habe ich gewiß die der Fluctuation des Gedankenstoffs, der Bildergespinnste, welche in meinem Gehirne,

oder wo sonst der Sitz der Seele seyn mag, ihren unaufhörlichen Gang nehmen, im ewigen Kreisen sind. Aber diese Empfindungen, welche, gleichsam wie Pendelschläge, nur dazu dienen, die Maschine im Daseyn und in Wirksamkeit zu erhalten; an denen ich nichts bemerke, als daß ich fortwährend da bin; diese Empfindungen entgehen, in so fern ihre Natur zu prüfen wäre, ganz meinem Scharfsinn. Ich unternehme es daher auch nicht, zu erklären, was denken heißt, was ein Gedanke ist, so bald die Seele nicht ihre Aufmerksamkeit auf einen Gegenstand richtet, oder in ihrer Bewegung, in ihrem Kreisen, in ihrer Fluctuation an etwas stößt, was auf die weitere Bewegung einen Einfluß hat, und daher vor den Kräften, welche in mir beachten, wahrnehmen, erkennen, beachtet, wahrgenommen, erkannt wird. Nur so viel muß ich sagen, daß die Seele thätig seyn, sich bewegen kann, mithin auch denken, Gedanken haben, oder wenigstens ihren Stoff, Bildergespinnste, wälzen mag, ohne daß wir uns des Gegenstandes, der darin enthalten wäre, bewußt sind. Dieß beweiset nicht allein der Zustand des traumlosen Schlafs, sondern viel deutlicher der Zustand, in dem wir oft auf langen Reisen uns selbst ertappen, und den wir im gemeinen Leben mit den Worten: wir denken an nichts, bezeichnen. In diesem Ausdrucke liegt mehr Wahrheit, als man gemeiniglich glaubt. Er bezeichnet den Zustand der

Seele, in dem wir nichts von uns selbst wissen, als daß wir fortdauern, und dieß können wir nicht wissen, wenn die Seele nicht fortwährend denkt oder thätig ist, jedoch ohne zu bemerken, womit und wie sie thätig ist, bewegt wird, fortdauert. Kurz! wir haben oft das Bewußtseyn unserer Existenz, ohne das unserer Person zu haben.

4) Wir gelangen zum Bewußtseyn unserer Person, wenn wir mit dem Wissen, wir sind da, das Wissen verbinden: womit sind wir da. Dieß zusammengesetzte Bewußtseyn erhalten wir, wenn mit der Empfindung, oder mit der bemerkten Bewegung unsers Wesens, zugleich die Bemerkung über die Ursach, die uns in Bewegung setzt, und über die Art der Bewegung verbunden wird. Diese Bemerkung über die Ursach der Bewegung (über das, womit wir sind) und über die Art der Bewegung (über das, wie wir sind) machen die wahrnehmenden und erkennenden Kräfte. Diese werden durch einen besondern Stoß, welchen die Bewegung unsers Wesens erhält, aufgefordert, zu bemerken: den Gegenstand der Empfindung; und ihre Maaße.

Ein Gegenstand ist alles, woran unser zu steter Bewegung bestimmtes Wesen stößt, und was vermöge dieses Stoßes die wahrnehmenden und erkennenden Kräfte in uns auffordert, zu bemerken, was es ist, was sie stößt, und die Bewegung zunächst hervorbringt.

Ein Gegenstand ist ein äußerer, wenn er unmittelbar eine sinnliche Empfindung, oder eine bemerkte Bewegung des Körpers hervorbringt.

Ein Gegenstand ist ein gedachter, wenn er unmittelbar eine innere Empfindung, eine bemerkte Bewegung der Seele, hervorbringt.

Eine sinnliche Empfindung, womit die Wahrnehmung eines äußeren Gegenstandes unmittelbar verknüpft wird, ist ein sinnlicher Eindruck.

Eine innere Empfindung, womit die Wahrnehmung, oder die Erkenntniß eines gedachten Gegenstandes unmittelbar verknüpft wird, heißt eine Vorstellung der Seele. Denn diese findet in dem Kreise ihres denkenden Ganges etwas, woran sie nach Art des Körpers stößt, was sie bewegt, und was sie dann zur Beachtung vor sich hinstellt.

Die Vorstellungen der Seele sind entweder Rührungen, oder Erkenntnisse des Instinkts und des Verstandes, so lange nur der Zusammenhang der Empfindungen mit unsern wahrnehmenden und erkennenden Kräften geprüft wird, ohne Rücksicht auf ihren Zusammenhang mit unsern wollenden zu nehmen.

Eine Rührung, oder ein Gefühl, ist die Bemerkung der wahrnehmenden Kraft von einer ungewöhnlichen Maaße in der Aufeinanderfolge der Bewegung meines Wesens. Die Empfindungen, aus denen ich das Bewußtseyn meines Daseyns ziehe, succediren sich in nngewöhnlicher Eilfertigkeit oder Langsamkeit. Dieß regt meine erkennende Kraft auf. Sie weiß, es ist etwas da, was sie ungewöhnlich bewegt hat, aber was es ist, erkennt sie nicht. Sie nimmt nur die Maaße der Bewegung wahr. Dieß nenne ich ein Gefühl, eine Rührung. Denn die Seele, die innere Empfindungsfähigkeit, ist wie der Körper berührt worden, der im Dunkeln an etwas stößt, wovon die erkennende Kraft nicht weiß, was es ist.

Daß dergleichen Gefühle sehr häufig sind, wird die ganze Folge dieses Werks noch umständlich zeigen. Hier berufe ich mich nur auf den Zustand, in den wir nach einer heftigen uns unbemerkt gebliebenen körperlichen oder Seelenerhitzung gekommen sind. Die Folge derselben ist entweder Stockung, Abspannung der Bewegung unsers Wesens, oder ungewöhnliche Erhöhung derselben.

Eine Erkenntniß des Instinkts ist ein Urtheil über einen Gegenstand meiner Empfindung, vermöge dessen ich ihn nach Gattung, Art und Individualität von andern Gegenständen unterscheide, ohne mir bewußt zu seyn, daß ich in eine nachdenkende, schliessende Thätigkeit dabey gekommen wäre.

Eine Erkenntniß des Verstandes ist eben ein solches Urtheil, wobey ich mich einer solchen nachdenkenden, schließenden Thätigkeit bewußt bin. Das Nähere hierüber im folgenden Kapitel.

5) Von den Empfindungen, sinnlichen Eindrücken und Vorstellungen der Seele selbst, sind die Wirkungen, welche diese Dinge auf unsere wollende Kraft hervorbringen, noch sehr verschieden. Denn entweder lasse ich mir den sinnlichen Eindruck oder die Vorstellung der Seele blos gefallen; ich habe zwar das Bewußtseyn meiner von dem sinnlich empfundenen oder vorgestellten Gegenstande verschiedenen Existenz; ich erkenne auch gewisse Merkmahle an ihm an, aber ich füge nicht die Bestimmung hinzu, ob ich die Veränderung, die ich zunächst dadurch in dem Zustande meines Wesens erfahren habe, mag oder nicht mag: meine Lage bleibt blos einnehmend; oder, ich lasse mir den sinnlichen Eindruck, die Vorstellung der Seele, gar nicht blos gefallen: ich füge allerdings eine Bestimmung hinzu, ob ich die Veränderung, welche mein Zustand dadurch erfahren hat, mag oder nicht mag: meine Lage wird bewegt, getrieben, entweder die Empfindung fortdauernd, oder beendigt, oder fortschreitend zu sehen.

Die erste Art von sinnlichen Eindrücken und Vorstellungen der Seele nenne ich gleichgültige Wahrnehmungen und Erkenntnisse.

Die zweyte Art nenne ich Willensbewegungen, weil die Kraft des Wollens und Nichtwollens dadurch in Wirksamkeit kömmt.

(Beyspiele: Ein kleines Blatt, eine kleine Feder fällt auf einen Theil meines Körpers nieder; die Berührung ist sinnlich fühlbar, aber sie ist so schwach, daß ich völlig gleichgültig dabey bleibe, ob ich sie erfahren oder nicht erfahren habe.

Oder ich denke mir gewöhnliche Gegenstände, die mich jetzt nicht umringen, und mir jetzt von keinem Gebrauche sind, den Hund meines Nachbaren, oder sonst etwas; es ist mir völlig gleichgültig, ob ich sie mir vorstelle, oder nicht vorstelle.

Dagegen soll das Blatt, die Feder sich in eine Fliege verwandeln, die sinnliche Empfindung soll mir ein Jucken auf der Haut erwecken, das ich beendigt zu sehen wünsche; alsobald ist meine Willenskraft in Bewegung, die Fliege wegzujagen.

Die Vorstellung des Hundes meines Nachbarn soll mit der eines beißigen, räudigen Thieres vergesellschaftet seyn; ich werde sie nicht mögen. Auf der andern Seite kann es eine weiche sammetne Hand seyn, welche mich betastet, oder es kann die Vorstellung eines reizenden Windspiels seyn, die in meiner Seele aufsteigt; gern werde ich beides mögen, und nach der Fortdauer oder nach der fortschreitenden Ausbildung dieser sinnlichen und inneren Empfindungen streben.)

6) Was Vergnügen, was Misvergnügen ist, was Lust und Unlust, Mögen und Nichtmögen heißt, kann nicht weiter erklärt werden, als indem ich sage, es ist das Bewußtseyn meines Zustandes mit dem bestimmenden Gefühle verknüpft,

daß ich für den Augenblick gern in diesem Zustande bin. Welche Kraft meines Wesens meinem Bewußtseyn diese Bestimmung giebt, weiß ich nicht.

7) Alle Willensbewegungen theilen sich nach dem Grade ihrer Stärke, ihrer Dauer und nach der Art, wie sie wirken, in Willensregungen, in Affekte des gegenwärtigen Genusses und Leidens, in Begierden und Leidenschaften.

Eine Willensregung ist eine Wirksamkeit der Willenskraft, vermöge deren sie eine Sache will, oder nicht will, ohne einen merklichen Grad von Vergnügen oder Misvergnügen über die Wirksamkeit selbst und über ihr Gelingen und Nichtgelingen zu empfinden.

Ob es sich gleich nicht leugnen läßt, daß die Befriedigung oder Versagung einer solchen Willensregung mit Lust und Unlust verknüpft sey; so ist die Wirksamkeit der Seele doch dabey zu schwach, als daß wir das Vergnügen oder Misvergnügen anders beachten sollten, als wenn wir entweder darüber besonders nachdenken, oder besondere Hindernisse bey ihrer Gewährung antreffen, die uns auf die Ausführung unsers Willens erpicht machen.

(Beyspiele: Ich will meinen Kopf auf die Hand stützen; es geräth mir. Wirklich! indem ich jetzt darüber nachdenke, fühle ich, daß es mir lieber ist, in dieser Stellung zu sitzen, als nicht darin zu sitzen; daß es einen geringen Grad von

Mißvergnügen mit sich geführt haben würde, wenn ich für den Ellbogen keine Stütze gefunden hätte. Aber ohne diese Reflexion ist mir die Befriedigung dieser Willensregung gleichgültig, und die Versagung würde mir in einem höchst schwachen Grade unangenehm gewesen seyn. Weiter: Ich will schreiben, ich finde Feder, Dinte, Papier; der Regel nach ist mir diese Befriedigung meines Triebes gleichgültig. Erst indem ich darüber nachdenke, daß es mir unangenehm gewesen seyn würde, diese Befriedigung nicht gefunden zu haben, fühle ich ein schwaches Vergnügen u. s. w.)

8) Gewisse Willensregungen äußern sich besonders am Körper und zwar auf eine Art, daß man glauben sollte, er bestimmte sich in seinem Mögen und Nichtmögen, Wollen oder Nichtwollen, ohne Zuthun der Seele.

(Dahin gehört die Willensregung, die Gliedmaßen nie lange in der nämlichen Lage zu lassen.)

9) Manche Willensregungen der Seele sind uns so mechanisch geworden, daß wir uns einer nachdenkenden Thätigkeit der Seele dabey gar nicht bewußt sind. (Als Beyspiel mag die Willensregung dienen, beym Stehen und Gehen nicht das Gleichgewicht zu verlieren u. s. w.) Dieses ist die Willensregung mittelst des Instinkts.

10) Endlich giebt es Willensregungen, die besonders für das Forum der Vernunft gehören. Dahin gehört bey unzähligen Menschen die Neigung zu denjenigen, was sie mittelst Urtheils

und Schlusses für gut erkannt haben, die aber den Neigungen zum Schlechten, die auf Instinkt beruhen, gemeiniglich aufgeopfert wird.

11) Der Affekt ist dagegen eine Wirksamkeit unsers Wesens, deren Lebhaftigkeit allemal mit einem merklichen Grade von Vergnügen oder Misvergnügen verknüpft ist.

Wenn dieser Affekt anhaltend ist, und die mehrsten Kräfte des Menschen zu Erlangung eines Gegenstandes hinraft; so wird er zur Leidenschaft Da aber die Natur dieses letzten Affekts hier nicht zu meinem Zwecke gehört; so bleibe ich bey dem bloßen Affekte stehen.

Die gemeine Rede bestimmt schon ganz genau den Unterschied zwischen dem Affekt und der bloßen Willensregung. Denn die Aeußerungen dieser letzten bezeichnen wir mit den Worten: man kann es leiden, man will es wohl, man frägt nicht darnach, man will es nicht. Dahingegen sagt man von den Aeußerungen des Affekts: man mag gern, und man wünscht, oder man mag nicht, und man fürchtet. Schon aus diesen Redensarten erhellet auch der Unterschied in der Art, wie das Vergnügen oder das Misvergnügen bey dem Affekte uns zugeführt wird.

Denn 12) entweder das Vergnügen begleitet den Zustand während dessen, daß wir streben, etwas zu erlangen oder zu fliehen; oder das Vergnügen begleitet den Zustand während daß wir gegenwärtig genießen oder leiden. Nämlich mit dem Streben nach etwas, was wir noch nicht genießen, oder mit dem Fliehen dessen, was wir noch nicht leiden, ist eine gewisse Wirksamkeit der Seele verknüpft, die das Gefühl des Vergnügens oder Misvergnügens mit sich führt. (Vergleiche zweytes Buch, zehntes Kapitel.)

(Als Beyspiel des Vergnügens beym Streben kann man die Enträthselung eines Problems anführen, das Interesse, welches uns die allmählige Entwickelung eines dramatischen Knotens giebt u. s. w. Als Beyspiel des Misvergnügens beym Streben dient die quaalvolle Anstrengung bey Auflösung eines Rechnungs-Exempels für denjenigen, der nicht gern rechnen mag u. s. w. Als Beyspiel des Vergnügens beym Fliehen dient die Sensation, die wir beym Kitzeln erhalten, oder welches noch mehr zutrifft, beym schauderhaften Anblick eines Abgrunds, in den wir nicht zu fallen sicher sind u. s. w.)

Den Affekt, der sich beym Streben und Fliehen äußert, nenne ich besonders den Affekt der Begierde (der Bestrebung.) Den Affekt, der sich beym gegenwärtigen Genuß und Leiden äußert, nenne ich den Affekt des gegenwärtigen Genusses und Leidens.

(Der Unterschied zwischen Begierde und dem Affekt des gegenwärtigen Genusses und Leidens ist auffallend. Wenn ich durstig bin, und mich nach der Wasserflasche sehne, so habe ich den Affekt der Begierde. Wenn ich die Flasche würklich an den Mund setze, und das Getränk einschlürfe, so habe ich den Affekt des gegenwärtigen Genusses. Wenn ich vor einem wilden Thiere fliehe; so habe ich den Affekt der Begierde. Wenn es mich aber faßt, und ich dessen mörderischen Zahn fühle; so habe ich den Affekt des gegenwärtigen Leidens.

13) Der Affekt des gegenwärtigen Genusses und Leidens ist zweyfach. Entweder der Genuß oder das Leiden folgen auf eine vorgängig rege gewesene Begierde, welche sie stillen, oder sie folgen nicht darauf, wenigstens sind wir es uns nicht bewußt, daß eine solche Begierde vorher gegangen sey, welche nunmehro gestillet worden wäre. In dem ersten Falle nenne ich den Affekt, den der gestillten Begierde. In dem andern nenne ich ihn den Affekt des Anschauens.

(Beyspiele: Wenn ich Vergnügen am Genuß des Getränks habe, weil mich gedurstet hat, oder Misvergnügen bey der Versagung des Wunsches meinen Durst zu löschen; so ist dieß sehr von dem Falle verschieden, worin ich an dem Anblick der Wellenlinie Vergnügen oder Misvergnügen empfinde.)

Der Körper hat seine Affekten des gegenwärtigen Genusses und Leidens und seine Begierden; die Seele hat ihre Affekten des gegenwärtigen Genusses und Leidens und ihre Begierden. Für beide Bestandtheile meines Wesens theilen sich auch die ersten in Affekte des Anschauens und der gestillten Begierde. Die Affekte des Anschauens, der gestillten, und der fortstrebenden Begierde, die für das Forum der Seele gehören, werden aber auch hier entweder instinktartig, oder mittelst der Vernunft empfunden. Instinktartig, wenn ich ohne Bewußtseyn einer nachdenkenden Thätigkeit meiner Seele, eines Urtheils und Schlusses darüber, warum ich die Vorstellung mag, oder nicht mag, Vergnügen oder Misvergnügen davon erhalte. Mittelst der Vernunft, wenn ich mir bey dem Affekte zugleich der nachdenkenden Thätigkeit meiner Seele bewußt bin, welche urtheilt und schließt, warum ich die Sache mag oder nicht mag.

(Beyspiele: Wenn mein Körper vor der Berührung eines glühenden Körpers, dessen Nähe ich aus der ausströmenden Hitze ahnde, zurückschrumpft; wenn gewisse Entblößungen oder lascive Berührungen meine Sinnlichkeit aufreizen; so hat offenbar der Körper fliehende und strebende Begierden. Wenn ich mich verbrenne, wenn meine Sinnlichkeit befriedigt wird; so hat offenbar der Körper Affekte der gestillten Begierde. Wenn das Auge von gewissen Farben angenehm, von andern unangenehm gerührt wird; so hat mein Körper offenbar Affekte des Anschauens.) —

(Weiter: Wenn ich einen blinkenden Säbel auf mich zucken sehe, und zurück weiche, oder wenn mir eine Summe Geldes dargeboten wird, und ich darnach greife; so hat meine Seele fliehende

hende und strebende Begierden, die vor das Forum der Vernunft gehören. Vor dieß Forum gehört der Affekt der gestillten Begierde, wenn ich, der Gefahr entronnen, mich nun sicher, oder im Besitz des Geldes befinde. Endlich gehört vor das Forum der Vernunft der Affekt des Anschauens des Vortrefflichen, oder der mehr als nothdürftigen Ausfüllung der Forderungen, die ich an das Wesen und die Bestimmung eines Dinges nach dem darüber festgesetzten Begriffe mache.) —

(Ferner: Wenn ich entfernte Menschen in Gefahr weiß, und mit ihnen strebe, ob ich sie gleich gar nicht retten kann, und ihr Wohlseyn mir gar keinen Vortheil bringt; wenn ich mitlache, wenn ich lachen sehe, ohne den Grund der diesen Ausbruch der Freude veranlaßt zu wissen; wenn der Anblick der Schlangenlinie mir wohlgefällig ist u. s. w.; so sind dieß Affekte der fliehenden, strebenden, gestillten Begierde und des Anschauens, die vor das Forum des Instinktes gehören.)

Alle diese Sätze erhalten durch die Folge noch eine weitere Aufklärung.

Zweytes Kapitel.

Ueber die Wege, auf denen uns die Affekte zugeführt werden.

Es giebt völlig gleichgültige Wahrnehmungen sinnlicher Eindrücke und innerer Gefühle.

Es giebt völlig gleichgültige Erkenntnisse von dem Wesen und der Bestimmung der Dinge, welche entweder instinktartig oder mittelst eines Urtheils und Schlusses empfunden werden. Diese gleichgültigen Wahrnehmungen und Erkenntnisse werden reine Wahrnehmungen und Erkenntnisse von mir genannt. Es giebt aber auch Wahrnehmungen und Erkenntnisse, die mit Willensregungen und Affekten verbunden sind, in welche die Bestimmung darüber, ob wir den darin enthaltenen Gegenstand mögen oder nicht mögen, mit aufgenommen wird. Alle Affekte sind entweder

a) einzelnen Berührungen unserer Sinnenorganen, oder

b) Rührungen der innern Empfindungsfähigkeit, oder

c) instinktartigen Erkenntnissen, oder endlich

d) Erkenntniß-Urtheilen des Verstandes zuzuschreiben. Eine Erkenntniß des Verstandes, mit einer Willensregung oder mit einem Affekt verbunden, gehört vor das Forum der Vernunft. Wir wissen dann, warum wir die Sache mögen oder nicht mögen.

In dem vorigen Kapitel habe ich angezeigt, daß ich einen Unterschied zwischen gleichgültigen Wahrnehmungen und Erkenntnissen, und zwischen den sinnlichen Eindrücken und Vorstellungen der Seele, die mit einer Willensregung und einem Affekte verbunden sind, annehme.

Dieser Unterschied muß jetzt näher erörtert, und zu gleicher Zeit muß gezeigt werden, auf welchen Wegen die Affekte uns zugeführt werden, wobey ich einige Worte, von denen ich in der Folge Gebrauch mache, bestimmt zu erklären suchen werde.

Also: alle sinnlichen Eindrücke, alle Vorstellungen der Seele sind entweder mit einem Gefühle von Lust oder Unlust verbunden, oder sie sind nicht damit verbunden. In dem ersten Falle wirken sie eine Willensbewegung, in dem andern bleiben sie gleichgültige Wahrnehmungen und Erkenntnisse.

Nun weiter:

1) Eine völlig gleichgültige Wahrnehmung erhalte ich a) durch manche einzelne sinnliche Eindrücke, die mir weder angenehm noch unangenehm sind, und welche ich, wenn ich sie auch bemerke, ganz ungenutzt fallen lasse; b) durch manche Vorstellungen der Seele, welche blos das Maaß der Bewegung, welche unser Wesen erhält, zum Gegenstande haben, oder durch manche Gefühle. (Vergleiche erstes Kapitel no. 4.)

(Beyspiele: Indem ich mich bewege, berührt mein Körper unzählige Gegenstände, ohne Lust und Unlust zu empfinden, ohne daß meine Seele durch diese Berührung aufgefordert würde, eine Vorstellung von den Körpern, die ihre Hülle berühren, an den sinnlichen Eindruck anzuknüpfen. Dieß sind lauter gleichgültige sinnliche Eindrücke. Das Gefühl, daß nach einem gemachten Gange mein Blut und meine Gedanken etwas schneller gehen, als vorher, ist gewiß in vielen Fällen völlig gleichgültig.)

2) Eine völlig gleichgültige Erkenntniß ist ein Urtheil, wornach ich, ohne Rücksicht darauf zu nehmen, ob ich die Sache mag, oder nicht mag, ein Ding nach Gattung, Art und Individualität unterscheide, oder unabhängig von der Rücksicht, ob sie einen vortheilhaften oder nachtheiligen Einfluß auf mich hat, festsetze, wozu das Ding überhaupt da ist. (Erstes Kapitel no. 5.)

(Beyspiel: Indem ich aus dem Fenster sehe, erblicke ich Häuser, Pflaster, Menschen, Thiere u. s. w. Ich weiß, was das ist, wozu das da ist, ohne im geringsten Rücksicht darauf zu nehmen, ob ich es mag, oder nicht mag.)

3) Wenn ich mir sage, was ein gewisses Ding ist, so habe ich eine Erkenntniß von seinem Wesen. Wenn ich weiß, wozu es da ist, so habe ich eine Erkenntniß von seiner Bestimmung.

Die Erkenntniß erhalte ich nun entweder so schnell, als wenn ich das Ding leibhaftig im Ganzen vor mir sähe, und das ist eine anschauende Erkenntniß, ein anschaulicher Begriff. Oder ich erhalte die Erkenntniß so allmählig, als ob ich einen Körper im Dunkeln theilweise austasten, und das Ganze zusammenfassen müßte; und das ist ein zusammenfassender Begriff.

(Beyspiel: Ein Gemählde, eine dichterische Beschreibung von einem Nasehorn, giebt mir eine anschauende Erkenntniß davon: hingegen wenn man mir sagt, es ist ein Thier mit vier Füssen, mit Schuppen bedeckt, von der Größe eines Büffels, das ein Horn auf der Nase trägt; so erhalte ich dadurch nur einen zusammenfassenden Begriff.)

4) Die Erkenntnisse gehören entweder für das Forum des niedern Erkenntnißvermögens, des Instinkts, oder sie gehören für das Forum des höhern Erkenntnißvermögens, des Verstandes.

Vermöge des Instinkts erkenne ich, was ein Ding ist, und wozu ein Ding da ist, ohne mich eines gefällten Urtheils oder gezogenen Schlusses bewußt zu seyn.

Diese instinktartige Erkenntniß ist höchst wahrscheinlich eine Folge mechanisch gewordener Urtheile und Schlüsse. Denn die allerschwersten Begriffe können am Ende mechanisch und instinktartig empfunden werden.

(Beyspiele: Die Begriffe von Zeit, Raum, Absonderung der Gegenstände, die ich mir denke, von mir, der ich sie empfinde, Abwesenheit, Gegenwart, sind lauter Erkenntnisse, die wir nach und nach ausgetastet und begriffen haben, die uns aber am Ende so mechanisch geworden sind, daß die größten Philosophen Mühe haben, einen zusammenfassenden Begriff davon zu geben. Noch schwerer ist es einzusehen, wie wir dahin kommen, einen Gegenstand sogleich unter gewisse Gattungen und Arten zu bringen, nach einem gewissen Durchschnitte über seine Vollständigkeit, Richtigkeit, Zweckmäßigkeit zu urtheilen, ohne uns bewußt zu seyn, daß unsere Seele dabey jedesmal in eine nachdenkende Thätigkeit gerathe. Wenn wir einen Menschen sehen, so wissen wir sogleich und ganz instinktartig, ob er alle Glieder habe, die zur Vollständigkeit seines Körpers gehören, ob sie so gestaltet sind, wie sie im Durchschnitt nach Gattung und Art gewöhnlich angetroffen werden, ob sie brauchbar für ihn sind, u. s. w. Wenn wir ihn handeln sehen, reden hören, so wissen wir sogleich, ob er so gesinnet ist, wie die mehrsten Menschen im Durchschnitt gesinnt zu seyn pflegen, und ob diese Gesinnungen mit seiner sittlichen Bestimmung übereinkommen oder nicht.

Ohne Spitzfindigkeit wird und kann kein Mensch behaupten, daß wir es uns bewußt wären, hier vorher ein Urtheil gefället oder einen Schluß gezogen zu haben.)

5) Vermöge des Verstandes erkenne ich einen Gegenstand nach seinem Wesen und seiner Bestimmung, indem ich mir deutlich bewußt bin, geurtheilt und geschlossen zu haben.

Ich urtheile, wenn ich zwey Vorstellungen gegen einander halte, und dann erkenne, daß der

Gegenstand der einen mit dem Gegenstande der andern in einer einstimmenden oder widersprechenden Beziehung stehe. Kürzer! Die Anerkennung eines einstimmenden oder widersprechenden Verhältnisses zwischen den Gegenständen zweyer Vorstellungen bey ihrer Zusammenhaltung ist ein Urtheil.

Ich schließe, indem ich das Verhältniß von Uebereinstimmung und Abweichung mittelst eines dritten Begriffs erkenne.

(Beyspiele: Zwey Linien sind sich nicht gleich: Urtheil. Die eine ist länger als die andere: Schluß. Denn die Abweichung ist unter das Verhältniß eines dritten Begriffs, nämlich der Länge, gebracht.)

Im Ganzen aber ist der Unterschied zwischen Urtheil und Schluß zu meinem Zwecke völlig gleichgültig. Genung! daß ich zu den Operationen des Verstandes Alles rechne, was mittelst eines Urtheils und Schlusses erkannt wird, wenn ich mir bewußt bin, dieses Urtheil gefällt, und diesen Schluß gezogen zu haben.

6) Dieselbe Sache kann zuweilen instinktartig, zuweilen mittelst des Verstandes erkannt werden. Ein Viereck wird oft ganz instinktartig erkannt, wenn ich es vor mir sehe, oder es mir als sichtbar denke. Wenn ich aber urtheile und schließe, daß es eine Gestalt sey, die vier gleiche Winkel bildet, so ist es eine Erkenntniß des Verstandes. So treffen oft instinktartige

und anschauende Erkenntniß zusammen, aber der Verstand ist gleichfalls einer anschauenden Erkenntniß fähig. Dagegen ist der Instinkt keines zusammenfassenden Begriffs fähig. (Vergl. dieß Kapitel no. 3.)

7) Daß nun nicht jede Erkenntniß eine Willensbewegung in mir hervorbringe, läßt sich nicht läugnen. Ich sehe in diesem Augenblicke eine Menge von Gegenständen um mich herum, Feder, Dintefaß, Tisch u. s. w., ich weiß, was sie sind, ich weiß, wozu sie dienen. Aber diese Erkenntniß macht mir nicht die mindeste Lust noch Unlust. Der Begriff: ein Viereck, ist ein Ding, das vier gleiche Winkel bildet, ist für mich völlig gleichgültig.

8) Inzwischen giebt es eine Menge von Erkenntnissen, die nicht allein eine Willensbewegung hervorbringen, sondern die, wenn sie sich auch entweder als Anschauungen oder zusammengefaßte Begriffe der Seele darstellen, die Wahrnehmung des Affekts und seiner besondern Art mit in sich fassen.

(Beyspiel: Die Erkenntniß der Vortrefflichkeit wirkt den Affekt des Vergnügens, wie ich in der Folge zeigen werde. Die Erkenntniß des harmonischen Accords besteht nicht blos aus den Wahrnehmungen der Einheit und der Mannichfaltigkeit mehrerer zugleich angeschlagener Töne; sondern auch aus der Wahrnehmung des Wohlklangs, oder des wohlgefälligen Affekts, den ich zugleich erhalten habe.)

9) Wenn ich in die Anschauung oder in den Begriff nichts von meinem Mögen oder Nichtmögen mit hineinlege, so ist dieß ein reines Erkenntnißurtheil. Wenn, ich aber in die Anschauung oder in den Begriff den Umstand mit hineinlege, daß ich die Sache mag oder nicht mag; so ist alsdann kein reines Erkenntnißurtheil mehr vorhanden, es ist sodann ein Urtheil meiner erkennenden Kräfte in gleichzeitiger Rücksicht auf die Bewegung, welche meine wollenden Kräfte dadurch erhalten.

(Beyspiele: Alle Begriffe mathematischer Sätze sind reine Verstandeserkenntnisse. Alle Begriffe von den guten, schönen Eigenschaften der Dinge sind Erkenntnisse, worin Merkmale von ihrer Einwirkung auf meine wollenden Kräfte aufgenommen sind.)

10) So gewiß es nun ist, daß mein Wesen mittelst der Sinne und mittelst der bloßen Empfindungsfähigkeit des denkenden Theils in mir ganz gleichgültige Wahrnehmungen machen kann; so gewiß es ist, daß dieser denkende Theil in mir theils mittelst des Instinkts, theils mittelst des Verstandes ganz gleichgültige Erkenntnisse einnehmen kann; eben so gewiß ist es, daß alle Affekte und ihre Arten entweder durch Wahrnehmungen der Sinne und der innern Empfindungsfähigkeit überhaupt, oder durch Erkennt-

nisse des Instinkts und des Verstandes entstehen.

11) Entsteht der Affekt mittelst einer einzelnen sinnlichen Wahrnehmung, so ist er einer physischen Berührung, einem einzelnen sinnlichen Eindrucke zuzuschreiben. Entsteht er mittelst einer bloßen Bewegung unserer inneren Empfindungsfähigkeit, deren langsameren oder schnelleren Gang ich bemerke, (vergl. erstes Kapitel no. 4), aber ohne Erkenntniß von dem Gegenstande, der unsere Willenskraft in Bewegung setzt; so ist er einer innern Rührung, einem Gefühle, zuzuschreiben. Ich weiß alsdann, es ist etwas da, das auf mich, empfindungsfähiges Wesen, wirkt, aber was es ist, und wozu es ist, das weiß ich nicht. Ich befinde mich zu diesem Gegenstande meiner sinnlichen Eindrücke und der Vorstellungen meiner Seele in dem nämlichen Verhältnisse, worin sich der Mensch befindet, wenn er in einem dunkeln Zimmer etwas berührt, ohne zu wissen, was es sey, und wozu es da sey.

(Beyspiele: Der einzelne Strahl, der mein Auge angenehm oder unangenehm berührt, der einzelne Wohl- oder Uebellaut, sind Beyspiele von Gegenständen, welche mittelst bloßer Berührungen Affekte erwecken.

Das Gewimmel sichtbarer aber undeutlicher Gestalten, das Gewirre von hörbaren aber unvernehmlichen Tönen, sind Beyspiele von Gegenständen, die mittelst bloßer Rührungen der innern Empfindungsfähigkeit Affekte erwecken. Ich weiß mir zu sagen, es ist etwas da, was auf mich wirkt, und zwar mittelst der langsameren oder schnelleren Bewegung, die es in mir hervorbringt, angenehm oder unangenehm; aber was es ist, das weiß ich mir nicht zu sagen.)

12) Entsteht der Affekt mittelst eines Erkenntnisses; so weiß ich entweder, daß ich vorher geurtheilt und geschlossen habe, ehe ich die Erkenntniß erhielt; oder ich bin mich dessen nicht bewußt. In dem letzten Falle habe ich eine instinktartige Erkenntniß von dem Gegenstande erhalten, und der Affekt, der dadurch erregt wird, unterscheidet sich dadurch, daß der Grund, warum der Gegenstand ihn erweckt hat, mir unbekannt ist. Er gefällt oder misfällt mir, ohne daß ich zu sagen wüßte, warum? Bin ich mir hingegen bewußt, vorher, ehe ich die Erkenntniß erhielt, geurtheilt und geschlossen zu haben; so habe ich diese vermittelst des Verstandes erhalten, und ich weiß mir sodann auch zu sagen, warum mir der Gegenstand Vergnügen oder Mißvergnügen gemacht hat.

(Beyspiele: Die Schlangenlinie, die symmetrische Distribution, machen mir Vergnügen mittelst einer instinktartigen Erkenntniß. Ich bin mir, indem ich ihre Merkmahle anerkenne, schlechterdings nicht bewußt, vorher über ihre Verhältnisse zu andern Gegenständen geurtheilt und geschlossen zu haben. Ich weiß mir auch nicht die Gründe anzugeben, warum ich sie mag. Hingegen, wenn mir die Vortrefflichkeit einer Maschine Vergnügen macht, so bin ich mir bewußt, vorher, ehe ich ihre Individualität erkannte, über ihr Verhältniß mit andern Maschinen geurtheilt und geschlossen zu haben, daß sie Vorzüge vor diesen hätte. In diesen Vorzügen suche ich dann auch den Grund des Vergnügens.)

Eine Erkenntniß, oder ein Erkenntnißurtheil des Verstandes, das mit einer Willensbewegung verknüpft ist, ist ein vernünftiges Urtheil des Willens, eine Bestimmung der wollenden Kraft nach einem vorgängigen Erkenntnißurtheile. Es gehören also die Affekte, welche sich darauf gründen, vor das Forum der Vernunft. (Vergl. erstes Kapitel.)

Drittes Kapitel.

Von den Trieben: Ein Trieb ist theils die leidende Fähigkeit unsers Wesens, Vergnügen und Mißvergnügen von einer besondern Art zu empfinden, theils das wirkende Vermögen, Vergnügen einer besondern Art herbeyzuführen, Mißvergnügen einer besondern Art abzuwenden, mittelst des Gebrauchs unserer Kräfte. Alle unsere Affekte sind Folgen in stärkerer Maaße aufgereizten Triebe, diese Triebe werden durch sinnliche Eindrücke und durch Vorstellungen der Seele erregt: diese Vorstellungen sind wieder Rührungen, Erkenntnisse des Instinkts und des Verstandes. Also ist die Entstehungsart aller Affekte diese: daß mittelst sinnlicher Eindrücke und mittelst Vorstellungen der Seele der Hang zum Vergnügen in seinen verschiedenen Trieben in stärkerer Maaße beleidigt und begünstigt wird, und daß sodann diese Triebe sich als Affekte, es sey des Anschauens, oder der gestillten und strebenden Begierde, ankündigen.

Also: nicht jede Empfindung giebt einen Affekt. Die Summe der gleichgültigen Wahrnehmungen und Erkenntnisse, die Summe der schwachen Willensregungen ist in dem Leben eines jeden Menschen unstreitig viel größer, als die der Affekte.

Damit also eine Empfindung, es sey die eines sinnlichen Eindrucks oder einer Vorstellung der Seele, einen Affekt hervorbringe, wird erfordert, daß sie mit unserm allgemeinen Hange zum Vergnügen in einem solchen Wohl- oder Mißverhältnisse stehe, daß wir aufgefordert werden, das Wohl- oder Mißbehagen unsers Zustandes zu beachten, und einen merklichen Grad von Lust oder Unlust zu empfinden. Der Hang zum Vergnügen oder die allgemeine Anlage des menschlichen Wesens, Vergnügen zu wollen, äußert sich durch

Triebe. Diese Triebe machen gleichsam seine Organe aus, wodurch er beleidigt und begünstigt werden kann, und die er dazu braucht, die Kräfte des Körpers und der Seele in Wirksamkeit zu setzen, der Beleidigung abzuhelfen, und die Begünstigung herbeyzuschaffen, oder fortdauernd zu erhalten.

Ein Trieb ist daher erstlich als eine Fähigkeit zu betrachten, dem Hange zum Vergnügen beleidigend oder begünstigend beyzukommen. In so fern sind die Triebe gleichsam Fühlhörner, Trompen des Vergnügens und Misvergnügens, oder Ausströhmungen des allgemeinen Hanges zum Vergnügen, die so wie er beleidigt oder begünstigt werden können.

(Beyspiel: Der Hang nach Vergnügen würde durch die Vorstellung des Todes nicht beleidigt werden, wenn wir nicht den Trieb nach Fortdauer hätten. Der Hang nach Vergnügen würde durch spielenden Zeitvertreib nicht begünstigt werden können, wenn wir nicht den Trieb nach belustigender Thätigkeit hätten.)

Ein Trieb ist aber zweytens als Agent des allgemeinen Hanges zum Vergnügen zu betrachten, als handelndes Werkzeug, deren sich derselbe bedient, unsere Kräfte aufzuregen, die begünstigende Lage, worin er sich befinden möchte, herbeyzuführen, die begünstigende, worin er sich schon befindet, fortdaurend zu erhalten, die beleidigende zu beendigen.

(Beyspiele: Wenn die Vorstellung des spielenden Zeitvertreibes, vermöge des Triebes nach derselben, den Hang nach Vergnügen begünstigen kann; so regt er vermöge eben dieses Triebes unsere Kräfte auf, sich zu bestreben, daß dieser spielende Zeitvertreib entstehe, oder fortdauere. Wenn die Vorstellung der Vernichtung den Hang nach Vergnügen beleidigen kann; so regt er vermöge dieses Triebes unsere Kräfte auf, die Vernichtung abzuwenden u. s. w.)

Mit jeder Kraft unsers Wesens sind gewisse Triebe verknüpft, welche sie zur Thätigkeit bringen. So haben wir für den Verstand den Trieb nach Wahrheit; für die voraussehende Vernunft den Trieb nach Zweckmäßigkeit, und nach Wissen überhaupt; für die Einbildungskraft den Trieb, Bilder zusammenzusetzen; für das Erinnerungsvermögen den Trieb, leicht zu fassen, und wieder hervorzurufen; für die sympathetischen Kräfte, für das Herz, die Triebe, Theil zu nehmen u. s. w.

Ein Trieb ist daher theils die leidende Fähigkeit, Vergnügen und Mißvergnügen von einer besondern Art zu empfinden, theils das wirkende Vermögen, Vergnügen einer besondern Art herbeyzuführen, Mißvergnügen einer besondern Art abzuwenden, mittelst des Gebrauchs unserer Kräfte.

Ein Trieb schläft, wenn die Fähigkeit, Mißvergnügen oder Vergnügen einer gewissen Art zu empfinden, ungenutzt bleibt. Er wird erregt, wenn der allgemeine Hang zum Vergnügen auf dem besondern Wege des einzelnen Triebes begünstigt oder gehemmt wird. Er wirkt, indem er sich nach aufgeregter Thätigkeit unserer Kräfte durch Willensregungen oder Affekte äußert. Er äußert sich durch Willensregung, wenn er in schwächerer Maaße angegriffen wird; Er äußert sich als Affekt, wenn er in stärkerer Maaße angegriffen wird.

Als Affekt zeigt er sich entweder in Form einer Begierde, oder des Gebrauchs unserer Kräfte zum Streben nach dem, was er mag, zum Fliehen dessen, was er nicht mag. Oder er zeigt sich in Form des Affekts des gegenwärtigen Genusses und Leidens, und zwar entweder der gestillten Begierde, oder des Affekts des Anschauens.

Alle unsere Affekte sind also Folgen in stärkerer Maaße aufgereizter Triebe, diese Triebe werden durch sinnliche Eindrücke und durch Vorstellungen der Seele erregt, diese Vorstellungen der Seele sind wieder Rührungen, Erkenntnisse des Instinkts, und des Verstandes.

Also ist die Entstehungsart aller Affekte diese, daß mittelst sinnlicher Eindrücke und mittelst Vorstellungen der Seele der Hang zum Vergnügen in seinen verschiedenen Trieben in stärkerer Maaße beleidigt oder begünstiget wird, und daß sodann diese Triebe, nach vorgängig aufgeregter Thätigkeit unserer Kräfte, sich als Affekte, es sey des Anschauens oder der gestillten und strebenden Begierde, äußern.

Viertes Kapitel.

Uebergang zu dem Folgenden.

Wenn man sich der Worte gut, übel, häßlich und schön bedient, so wird daran wohl Niemand einen Zweifel hegen, daß dadurch nichts bezeichnet werden solle, was sich einem reinen Verstandesbegriffe unterwerfen ließe, oder daß wir damit etwas bezeichnen wollten, wobey unser Urtheil, ob wir es mögen oder nicht mögen, gar nicht in Anschlag komme.

Nein! Wenn wir uns dieser Ausdrücke bedienen; so wollen wir allemal zugleich sagen, daß dasjenige, was wir damit bezeichnen, unser Mögen und Nichtmögen entweder noch jetzt auf sich ziehe, oder schon auf sich gezogen habe, oder in der Folge auf sich ziehen könne.

Daß nun das Schöne allemal einen Gegenstand bezeichne, der uns einen Affekt des Vergnügens zuführen kann, daran wird kein vernünftiger Mensch zweifeln. Allein dieß macht keinen distinktiven Charakter dafür aus. Denn auch das Gute kann Affekte des Vergnügens in uns erregen. Der Grad der Stärke, womit gewisse Gegenstände unsere Willenskraft in einen mögenden Zustand versetzen, unterscheidet daher das Gute keinesweges von dem Schönen. Dagegen wäre es gar wohl möglich, daß das Schöne gewisse Triebe in uns stark aufreizte, welche durch die Art, wie sie bey uns mittelst sinnlicher Eindrücke und mittelst Vorstellungen der Seele erregt würden, und durch die Art, wie sie sich hernach als Affekte der strebenden und gestillten Begierde oder des Anschauens äußerten, dergestalt von den Trieben, welche das Gute in eben so starker Maaße aufreizt, unterschieden, daß man die Gegenstände, welche diese Wirkungsart auf uns hervorbringen, unter eine besondere Gattung hätte bringen, und mit einem besondern Namen bezeichnen können. Dieß scheint mir dann der Fall zu seyn, und ich werde in dem folgenden Buche diese Behauptung zu rechtfertigen suchen.

Zweytes Buch.

Von dem subjektiv Schönen, oder dem Schönen, als eine Beschaffenheit unserer sinnlichen Eindrücke und der Vorstellungen unserer Seele betrachtet.

Erstes Kapitel.

Entwickelung des rohesten Begriffs des subjektiv Schönen.

Es ist die Beschaffenheit unserer sinnlichen Eindrücke, und der Vorstellungen unserer Seele, uns ohne Vorempfindung eines Bedürfnisses und einer Nothwendigkeit Vergnügen zu machen. Roher ursprünglicher Unterschied des Schönen und des Guten, des Häßlichen und des Uebeln.

Es giebt gewisse lebendige Geschöpfe, z. E. die Austern, die schlechterdings keine andere Triebe zu haben scheinen, als diejenigen, welche sich aus ihnen selbst heraus spinnen, und auf der Empfindung des Mangelhaften in ihrem physischen Zustande, der Verletzbarkeit ihres Körpers zu beruhen scheinen. Ihre Willensregungen und Affekte gehen allein auf das Nothwendige zur Abhelfung jenes Mangels, und zur Abwendung der Verletzung ihres Körpers. Angeheftet an eine einzige Stelle, unfähig, in ihrem engen Raume viele sinnliche Eindrücke zu erhalten, vergeht ihr ganzes Leben in der Beschäftigung, die Nahrung, die sich ihnen darbietet, zu verschlingen, der Ruhe und dem Schlaf zu fröhnen, sich unwillkührlich zu vervielfältigen, und sich vor Gefahren zu verschließen. Daß diese Thiere ein Gefühl von Lust haben, wenn ihre Triebe befriedigt, ein Gefühl von Unlust, wenn sie versagt werden, das hat keinen Zweifel. Sie haben also gewiß Affekte, und zwar Affekte, denen der Mensch gleichfalls ausgesetzt ist. Denn auch er hegt den Wunsch, sich zu nähren und körperliche Verletzung abzuwenden, und diese Triebe beruhen auf einer vorhergegangenen Empfindung von Mangel in seinem physischen Zustande und von Verletzbarkeit seines Körpers. Aber man vergleiche damit einige andere Affekte, denen der Mensch und jedes Thier, das sich bewegen kann, ausgesetzt ist, und man wird einen wichtigen Unterschied zwischen beyden finden.

In den ersten Tagen nach der Geburt liegen alle Thiere, die dereinst zur Bewegung bestimmt sind, still, und sind gegen alles gleichgültig, außer gegen die Empfindungen von körperlichem Mangel und körperlicher Verletzbarkeit. Aber wenn sie zu einer gewissen animalischen Reifegelangen, so äußert sich bey ihnen der Trieb zum Spielen. Junge Hunde, junge Bären, junge Pferde liefern davon unzweydeutige Beweise. Die Befriedigung dieses Triebes giebt ihnen, so wie dessen Versagung, unzweydeutige Affekte, und zwar Affekte, die sich dadurch ganz klar und bestimmt von jenen, welche das Geschöpf, das sich nicht bewegt, mit ihnen theilt, unterscheiden, daß keine vorgängige Empfindung von körperlichem Mangel oder körperlicher Verletzbarkeit damit verbunden ist.

Also gleich hier ein offenbarer Unterschied zwischen zwey Arten von angenehmen Affekten. Die eine gründet sich auf Begünstigung des Triebes nach Fortdauer, die andere auf Begünstigung des Triebes nach spielender Unterhaltung und Erheiterung des Lebens. Jenem geht eine Empfindung von körperlichen Mangel, körperlicher Verletzbarkeit voraus: diesem hier keinesweges. Das Thier fühlt diesen Unterschied von Trieben. So lange diejenigen, welche sich auf Fortdauer des Lebens und des gewohnten Gesundheitszustandes beziehen, geschäftig sind, so lange ruhen die Triebe nach spielendem Zeitvertreibe. Der Hund, der sich müde gelaufen hat, der Hund, den hungert, durstet, friert, und so weiter, der hat kein Vergnügen am Spielen.

Bis auf eine gewisse Epoche seines Lebens ist der Mensch dem Thiere, das zur Bewegung bestimmt ist, völlig gleich.

In den ersten Tagen nach seiner Geburt hält man dem Kinde umsonst die tönende Klapper, das glänzende Metall vor. Es erweckt keine Affekte in ihm, oder, wenn es ihm welche giebt, so sind es solche, welche auf Triebe zu seiner Erhaltung Bezug haben, und die, weil sie es in seiner Ruhe stören, ihm unangenehm sind.

Um es zu stillen, bleibt kein anderes Mittel übrig, als es in den Schlaf zu wiegen, es an der Mutter Brust zu legen, oder es mit dem benäßten Läppchen zu täuschen. So bald es an Kräften zunimmt, greift es nach der Klapper: aber wozu? um sie in den Mund zu stecken, und sie fallen zu lassen, so bald es fühlt, daß die Klapper zur Stillung der Triebe, die aus dem Gefühle seines Mangels entstehen, nichts beyträgt. Kaum gelangt es zu einer gewissen animalischen Reife, welche bey den mehrsten gesunden Kindern mit dem sechsten bis neunten Monate eintritt, so fängt es an, so wie das erwachsene Thier, nicht blos nach Nahrung, Schlaf, Ruhe zu verlangen, und gegen körperlichen Schmerz empfindlich zu seyn, sondern es fühlt jetzt auch einen davon völlig unabhängigen Trieb nach spielendem Zeitvertreib und munterer Unterhaltung. Wenn dieser Trieb nach Unterhaltung nun zwar, so gut wie der Trieb nach Nahrung, Schlaf und Sicherheit vor körperlicher Verletzung, auf einer blos sinnlichen Empfindung beruhet; so wird doch bald mit dieser eine instinktartige Vorstellung verknüpft, welche beyde wesentlich von einander unterscheidet, nämlich diese: ohne Nahrung, ohne Schlaf, bey wirklicher körperlicher Verletzung, leide ich körperlichen Schmerz, hingegen bey dem Mangel an Unterhaltung, an spielendem Zeitvertreibe leide ich keinen körperlichen Schmerz. Ich kann also diesen Affekt an der Unterhaltung entbehren, ohne körperlich zu leiden, jene Nahrung, jenen Schlaf kann ich nicht entbehren, ohne körperlich zu leiden. Aus dieser Verschiedenheit, welche dem Kinde nicht entgehen kann, weil sie so ganz auf instinktartigen Vorstellungen beruhet, entstehen die Gefühle von Nothwendigkeit und Bedürfniß, von einem mit der Abhelfung des letzten correspondirenden Vergnügen, und von einem mit dem Mangel an dem ersten correspondirenden Mißvergnügen. Offenbar liegt in dieser Verschiedenheit der erste Faden, aus dem unsere Begriffe über das Schöne, Häßliche, Gute und Ueble gesponnen werden. Der rohe Mensch legt den Gegenständen, welche sein physisches Bedürfniß der Fortdauer seines gewohnten Gesundheitszustandes befriedigen, den Namen des Guten, denen, welche sie beleidigen, den Namen des Uebeln, und allem Uebrigen, was zu seinem spielenden Zeitvertreib entweder dient, oder ihn daran hindert, den Namen des Schönen und Häßlichen bey.

Alles also, was ihm bedürfnißlos Vergnügen macht, ist schön; alles, was ihm bedürfnißlos Mißvergnügen macht, ist häßlich. Dahingegen ist alles, was ihm nach der Vorempfindung eines Mangels Vergnügen macht, gut, was ihm nach einer solchen Vorempfindung Mißvergnügen macht, übel.

Anfänglich bezieht sich dieß blos auf sinnliche Empfindungen des äußern Eindrucks. In einigen Sprachen, z. E. in der deutschen, finden wir die deutlichste Beziehung auf diese Begriffe, bey dem Gebrauche der Worte: schön, häßlich, gut und übel. Niemand wird sagen, daß rohe Bohnen schön schmecken, weil der Hunger sie würzt. Aber auch ohne Rücksicht auf Erhaltung unsers Lebens, giebt der Zucker unserm Gaumen eine angenehme Empfindung, und so sagt man: er schmeckt schön. Niemand wird sagen, wenn er mit den Nägeln auf der übertünchten Wand kratzen hört, es sey übel, nein! der Körper wird dadurch im geringsten nicht verletzt. Aber weil es dem ohngeachtet den Gehörnerven unangenehm ist; so sagt man: es sey häßlich.

Bald beziehen wir die Affekte, die uns mittelst Vorstellungen der Seele zugeführt werden, auf eben diesen Unterschied. So werden alle Gegenstände, welche dazu dienen, Vergnügen an Ueberfluß in Glücksgütern und Ehre in uns zu erwecken, mit dem Worte: schön, bezeichnet. Dagegen werden alle Gegenstände, welche uns dadurch Vergnügen machen, daß wir fühlen, sie helfen zu unserm nothdürftigen Auskommen, und bewahren uns in einem Mittelstande zwischen Noth und Ueberfluß, gewöhnlich gut genannt. Dieß wird auch auf solche Gegenstände angewandt, die uns über oder nur in Gemäßheit unserer Erwartung in unsern Planen zu Hülfe kommen. Beyspiele liefert jede Sprache dadurch, daß sie die Worte hervorragend, excellent, ausgezeichnet, abundant, u. s. w. mit dem Worte schön, dagegen die Worte zureichend, zweckmäßig, den Erwartungen gemäß, mit dem Worte gut, verwechselt, wenn nämlich voraus gesetzt wird, daß diese Vorstellungen zu gleicher Zeit ein Vergnügen oder Mißvergnügen erwecken sollen. So sagt man: schöne Erbschaft, schöner Fund, schöne Vorrechte, schöner Name. Wenn man Jemanden einen Auftrag gegeben hat, an dessen Ausrichtung uns gelegen war, und der Zweck wird erreicht; so sagen wir: gut! Wenn aber mehr geleistet wird, als wir erwartet hatten; so rufen wir: schön! Man betrachte besonders die unglückliche Klasse von Menschen, die gegen immerwährende Bedürfnisse der ersten Nothwendigkeiten zur Fortdauer ihres Daseyns und zur Fortsetzung ihres Gesundheitszustandes ankämpfen, und zu ihrer Belustigung nichts haben, als des Sonntags ein wenig Ruhe, ein wenig bessere Kost, und die Befriedigung der Sinnlichkeit bey ihren Gatten. Dasjenige, was ihnen nothdürftige Nahrung verschaft, dasjenige, womit sie sich gegen Frost und Hitze schützen, und worauf sie ruhen müssen, um ihre Kräfte zu erhalten, das nennen sie ihr nothdürftiges Gut, dessen Werth sie erst dann fühlen, wenn man es ihnen entziehen will. Aber schon die groben Freuden der Sinnlichkeit, das Ueberher an Kost und Ruhe des Sonntags, das ist ihr Schönes, und das fühlen sie mit Lust ohne begleitende Vorstellung von Mangel, Verletzbarkeit und dem Nothwendigen. Daher sagt man auch von dem geringen Manne, der nothdürftig auskommen kann, er hat sein gut Stück Brod: aber von demjenigen, der etwas mehr hat, wovon er seine Muße erheitern, sich einen lustigen Tag machen kann, er hat sein schön Stück Brod. Von dem Missethäter, der in seinem Gefängniß gegen Mangel und Verletzbarkeit geschützt ist, sagt man: er hat es gut in seinem Gefängnisse, und rechnet darauf, daß die befriedigten Triebe nach Erhaltung des Lebens und Fortsetzung der Gesundheit schon die Willensregung des Guten geben können. Wer würde von diesem Unglücklichen sagen, daß er es schön in seinem Gefängnisse habe?

Zweytes Kapitel.

Fortsetzung: Das Urtheil über dasjenige, was zum Bedürfniß und zur Nothwendigkeit gehört, erhält bey zunehmendem Alter des Menschen und nach Verschiedenheit seiner Lage sehr verschiedene Modificationen. Inzwischen dient es zur ewigen Norm bey der Classification unserer Affekte, indem diejenigen, die ihren Reiz in einer begleitenden Rücksicht auf jene Stücke finden, allemal zu denen des Guten und des Uebeln, hingegen diejenigen, die nicht ihren Reiz darin, sondern in etwas anderm finden, allemal zu denen des Schönen und Häßlichen gerechnet werden.

Der erwachsene Mensch, der nur diejenigen Affekte des Guten kennt, die aus der Befriedigung der Triebe nach Abhelfung seines Mangels zur Fortdauer seines Daseyns und nach Abwendung einer Verletzbarkeit seines Körpers entspringen, und dessen Affekte des Schönen sich blos auf sinnlich angenehme Eindrücke, Ueberfluß an Nahrungsmitteln, Bequemlichkeit bey der Ruhe, größere Sicherheit und spielenden Zeitvertreib beziehen; dieser erwachsene Mensch ist zwar bey unserer gegenwärtigen geselligen

Einrichtung höchst selten. Inzwischen hat ein Jeder eine Ahndung von der Möglichkeit eines solchen Zustandes, die wahrscheinlich aus jenen Zeiten unsers Alters herstammt, und für das übrige Leben zurückbleibt, worin das Kind, vor Entstehung des Geschlechtstriebes, vor Gründung einiger sittlichen Empfindungen, frißt so viel es kann, schläft so viel es mag, Leckerbissen und Spielzeug aufsucht, wenn der Hunger und die Müdigkeit gestillet sind, und Menschen und Vieh und alle übrigen Gegenstände blos als Mittel seiner Nahrung, seiner Ruhe, seines Schutzes und seiner Belustigung ansieht.

So wie der Mensch heranwächst, so erhält er schon allein durch sein Alter, dann aber auch durch seinen Stand und durch seine Verhältnisse von bürgerlichem Ansehen und Vermögen, Vorstellungen von Mangel und Verletzbarkeit, so wie von dem Nothwendigen zur Abhelfung von beyden, die sämmtlich von denjenigen verschieden sind, welche das Kind dahin rechnet. Dieß nimmt blos auf sein physisches Bedürfniß, und zwar ganz grob Rücksicht. Es will fortleben, es will keinen körperlichen Schmerz haben, und gesund seyn. Was dazu dient, fühlt es als gut. Hingegen der erwachsene Mensch, vorzüglich aus den höheren Ständen, rechnet zu dem Nothwendigen, zur Fortdauer seines Daseyns, zur Nichtverletzung, Alles, was dazu dient, den Begriff von dem, wie er seinen Verhältnissen von

Alter, Stand, Ansehen und Vermögen nach seyn, und beschaffen seyn muß, nothdürftig auszufüllen. Ihm ist es nicht genung, daß die sinnlichen Eindrücke, die er erhält, ihn nicht ums Leben bringen, ihn nicht körperlich verletzen; ihm ist es nicht genung, daß ihn nicht hungert, nicht durstet, daß er an keiner Schlaflosigkeit leidet; nein! ihm wird es schon zum Mangel, zur Verletzung, wenn ihm irgend ein sinnlicher oder moralischer Genuß genommen wird, den er nach seinem Stande und übrigen geselligen Verhältnissen für ein unumgängliches Bedürfniß hält. Alles nun, was seine Triebe nach Abhelfung eines solchen Mangels, und Abwendung einer solchen Verletzbarkeit auf eine beleidigende Art hemmt, das nennt er übel; hingegen alles, was sie, wenn sie einmal erregt sind, begünstigt, das nennt er gut. So verschieden hierunter die Begriffe, nach Unterschied des Standes und Geschlechts, für Mann und Weib, Bauer, Edelmann und König seyn mögen; die eigene Klasse von Affekten bleibt: ein jeder berechnet dasjenige, was er nothdürftig braucht, um sich in seiner Lage fortzuerhalten, und empfindet dasjenige, was ihn in denen auf diese Erhaltung abzweckenden Trieben kränkt oder befriedigt, auf eine ganz verschiedene Art, als dasjenige, was ihm einen Ueberfluß an diesen Nothwendigkeiten, eine bequemere Art, sie zu genießen, oder eine bloße Belustigung zuführt. Diese Belustigung nimmt gleichfalls ihre besondere Modification nach den verschiedenen Lagen des Menschen an. Sie entsteht aus einer gewissen Thätigkeit der Seele, die aber von aller Vorstellung von Zwang und Nothwendigkeit entfernt ist. Sie ist das Mittelding zwischen langweiliger Unthätigkeit und abmattender Arbeit. Bey dem erwachsenen und in den Pflichten der größeren bürgerlichen Gesellschaft verwickelten Menschen, muß Vieles geschehen, was ihm entweder ganz mechanisch wird, wobey er sich also gar keiner Thätigkeit der Seele bewußt ist, oder was ihn qualvoll anstrengt. Beydes kann ihn nicht belustigen *). Vieles muß auch von ihm geschehen, um sich physisch zu erhalten, um der Vortheile der größeren bürgerlichen Gesellschaft zu genießen, um den Begriff auszufüllen, den er sich von seinen nothwendigen Beschaffenheiten und Verhältnissen als Mensch, Bürger, Hausgenosse und Verwalter seiner Einkünfte zur nothwendigen Subsistenz macht. Alles, was dahin einschlägt, nennt er seinen Beruf, und was von seinen Handlungen dahin abzweckt, diesen Beruf nothdürftig zu erfüllen, das giebt ihm einen Affekt des Guten, das belustigt ihn, wie ungefähr das Kind durch das gute Lernen seiner Lektion, wofür es belohnt werden soll. Hingegen Alles, was ihm bey sei-

*) Der nähere Begriff der Belustigung wird festgesetzt im sechsten Buche dieses Werks.

ner Thätigkeit ungefähr dasjenige Gefühl von Lust giebt, das mit demjenigen übereinkommt, welches das Kind am Spielen nimmt, das giebt ihm einen Affekt des Schönen. So sagt man denn ein schönes Geschäft, um ein solches auszudrücken, das man freywillig gern thut.

Drittes Kapitel.

Definition des subjektiv Schönen, Guten, Häßlichen und Uebeln, nach rohem Begriffe.

Das Schöne ist also nach diesem rohen Begriffe weiter nichts, als die subjektive Beschaffenheit unserer sinnlichen Eindrücke und der Vorstellungen unserer Seele, uns ein Vergnügen zu machen, welches sich nicht auf Vorempfindung eines Bedürfnisses gründet. Das Gute ist nach eben diesem rohen Begriffe gleichfalls weiter nichts, als eine subjektive Beschaffenheit unserer sinnlichen Eindrücke und der Vorstellungen unserer Seele, uns ein Vergnügen zu machen, welches sich auf Vorempfindung eines Bedürfnisses gründet.

Das Häßliche ist dasjenige, was uns ohne Vorempfindung eines Bedürfnisses Mißvergnügen macht: Das Ueble dasjenige, was uns nach einer solchen Vorempfindung Mißvergnügen macht.

Viertes Kapitel.

Das subjektiv Schöne nach rohen Begriffen beruht auf der Begünstigung eines allgemeinen Grundtriebes unsers Wesens, vermöge dessen wir uns in unserer Willensbewegung und davon abhängender Thätigkeit unserer Kräfte gern frey bestimmt fühlen. Dieser Grundtrieb ist die Liebe, im weitläuftigsten Verstande: er äussert sich auf verschiedene Art durch besondere Triebe und Affekte.

Der Mensch will nicht blos nothdürftig existiren, er will angenehm existiren. Er will mehr haben, mehr thun, als das bloße Bewußtseyn giebt: ich leide keinen Mangel, keine Verletzung. Dieser Grundtrieb nach einem Zustande unsers Wesens, der mit der Vorstellung verknüpft ist: ich könnte weniger haben, weniger thun, und dennoch in meiner gewöhnlichen Lage fortdauern, und unverletzt bleiben; ist weiter nichts, als der Trieb nach Freyheit überhaupt, oder nach freyer Bewegung unserer Willenskraft, und der davon abhängenden Thätigkeit unserer verschiedenen Kräfte.

Alles,

Alles, was wir frey von Bedürfniß und Zwang gern haben, gern thun, das beruht auf Liebe im weitläuftigsten Verstande. Was wir auf solche Art gern haben, gern thun, das ist zu gleicher Zeit schön. Hingegen was wir aus Gefühl von Bedürfniß und Zwang gern neben uns leiden, gern thun, das geschieht nicht aus Liebe, sondern aus Pflicht, und das nennen wir nicht schön, sondern gut! Es giebt uns keine schöne Empfindung, es bietet uns kein schönes Geschäft dar; wir nähren jene nicht mit Liebe, sondern mit Ehrfurcht; wir greifen dieses nicht aus Liebe an, sondern aus Beruf.

Dieser Grundtrieb nach freyer Bestimmung unserer Willenskraft und nach dem Bewußtseyn einer davon abhängenden Thätigkeit unserer übrigen Kräfte hat unzählige Zweige, oder untergeordnete Triebe, die wir, da wir sie blos nach ihren Aeußerungen erkennen, darnach im Allgemeinen unterscheiden, wie sie bald den Körper, bald die Seele in Bewegung setzen, und die Kräfte beyder Bestandtheile unsers Wesens entweder zu bloßen inneren Gesinnungen, oder zu äußern Handlungen in Thätigkeit bringen, und von Affekten begleitet werden. So giebt es freye liebende Triebe des Körpers, welche erregt durch sinnliche Eindrücke ihn hervorstechend zum gern Mögen, gern Thun in Bewegung setzen. Vergleicht den Affekt, welchen der Wohlgeschmack hervorbringt, mit demjenigen, welche der Affekt des gestillten Hungers erweckt. Vergleicht den Appetit, der aus Hunger entsteht, und denjenigen, welchen der Anblick und der Duft der Leckerkost einflößt; ihr werdet den Unterschied fühlen! In dem letztern Falle streben wir nach dem sinnlichen Eindruck, leiden ihn gern, weil er eine frühere Empfindung von Mangel und Bedürfniß endigen soll, oder würklich endigt. Wir sind gezwungen, darnach zu streben, ihn zu mögen. In dem ersten Falle keinesweges. Weil wir hier frey mögen, frey wollen, so ist es schön; und weil wir dort nicht frey wollen, nicht frey mögen, so ist es gut.

So giebt es noch mehrere freye, liebende Triebe unserer Seele, und zwar je nachdem diese die eine über die andere Kraft derselben mehr oder weniger in Thätigkeit setzen, Triebe der erkennenden Kraft des Verstandes, Triebe der bildenden, oder der Einbildungskraft, des Erinnerungsvermögens, und endlich jener so unbegreiflichen Kraft, die wir in unsern sittlichen Verhältnissen gegen das höchste Wesen, gegen andere Menschen, und gegen unser ganzes Daseyn geschäftig fühlen, und die ich, weil ich sie doch einmal benennen muß, die sympathetische nennen will.

Der Arithmetiker, der ein Rechnungsproblem, das zu keinem bestimmten Gebrauch abzweckt, mit Vergnügen auflöst, oder die Auflösung mit Vergnügen anschauet, fühlt sich in den Gründen seiner Zuneigung und seiner Thätigkeit frey bestimmt. Es ist Wißbegierde, die ihn treibt, und diese ist frey und liebend; es ist der Affekt des Wissens, der ihm Vergnügen macht, und dieser ist frey und liebend. In beyden Fällen, er mag das Vergnügen während des Strebens, oder während des gegenwärtigen Genusses empfinden, drückt er das wohlbehagende Bewußtseyn des Zustandes, in den ihn die Begünstigung dieser Triebe des Verstandes setzt, mit der Interjektion: schön! aus. Laßt ihm die Ausrechnung zu einem anderweiten nöthigen Gebrauche machen; laßt ihm die Ausrechnung, von Andern verfertigt, in dem Augenblicke darreichen, da er ihrer bedürftig war, er wird die Vorstellung dieses Thuns, dieses Gernhabens, nur als gut fühlen und bezeichnen, denn sie begünstigt keinen freyen, liebenden Trieb in ihm, sie begünstigt nur einen Trieb, der auf Bedürfniß beruhete.

Gebt demjenigen, der einem Missethäter nachsetzen soll, eine genaue Beschreibung seiner Figur: eine Beschreibung, aus der er sich das Bild desselben zusammensetzen kann, ja! liefert ihm sein gemahltes Portrait. So lange der Nachsetzende an den Gebrauch denkt, den er von der Zusammensetzung des Bildes, von der Ausfüllung seiner Einbildungskraft machen muß; so lange werden keine freye, liebende Triebe in ihm erregt, und wenn er Vergnügen daran hat, so gehört es dem Guten. Aber mahlt dem müßigen Beschauer fünf Punkte an die Wand, aus denen sich seine Phantasie eine Gestalt schaft; liefert ihm das Bildniß eines ihn nichts angehenden Mannes; empfindet er Vergnügen, so beruhet dieses Wohlbehagende Anspannung und Ausfüllung seiner Bildungskraft auf Begünstigung freyer, liebender Triebe: sie gehörem dem Schönen. Der Redner, der seine Rede memorirt, die er halten soll, und Vergnügen an der Betrachtung hat, daß er sie fertig genung herzusagen weiß, um nicht stecken zu bleiben, fühlt Triebe in sich erregt, die auf Vorempfindung von Bedürfniß beruhen; das Vergnügen gehört dem Guten. Der Knabe, der zum Spaß eine Reihe unbedeutender Namen auswendig lernt; der Greis, der sich freuet, eine Menge unbedeutender Vorfälle aus seinen Kinderjahren behalten zu haben, fühlen freye, liebende Triebe in sich erregt und begünstigt, und ihr Vergnügen gehört dem Schönen.

Endlich giebt es auch freye, liebende, und wieder auf Bedürfniß beruhende Triebe, deren Erregung eine Thätigkeit gewisser Kräfte unserer Seele nach sich zieht, in unsern sittlichen Verhältnissen gegen ein höchstes Wesen, gegen andere empfindende Kreaturen und gegen uns selbst. Laßt mich diese Kräfte immerhin die sympathetischen nennen, weil ich keinen andern Namen dafür weiß. Sie äußern sich durch Gesinnungen und Handlungen. Diese Gesinnungen und Handlungen sind unter allen Völkern einer gewissen Regel unterworfen, die mit Schuldigkeit, Nothwendigkeit, Pflicht correspondirt, und deren Anerkennung ein jeder von jedem mit ihm gleich gebildeten Menschen im Durchschnitt erwarten zu können glaubt. Alles nun, was der Mensch in seinen sittlichen Verhältnissen der Regel gemäß gern hat, gern thut, das begünstigt Triebe, die auf Bedürfniß beruhen, das führt Vorstellungen einer moralischen Nothwendigkeit herbey, und das Vergnügen, welches er an deren Abhelfung, es mag während des Strebens, oder während des würklichen Genusses seyn, empfindet, das ist gut. Hingegen was er mehr fühlt, mehr thut, als es die Regel verlangt, das begünstigt einen freyen, liebenden Trieb, das strengt seine Kräfte auf eine freye Art an, und das Vergnügen, welches er während des Strebens, während des gegenwärtigen Genusses empfindet, gehört dem Schönen.

Gut ist es, sich den Verordnungen des höchsten Wesens mit Ergebung in sein Schicksal zu unterwerfen. Aber diese Verordnungen, da, wo sie uns das Liebste rauben, dankbar zu verehren: das ist schön!

Gut ist es, die Justiz unpartheyisch zu verwalten. Aber sie mit Aufopferung seines eigenen Vermögens zu verwalten, das ist schön! Gut ist es, in der Jugend seine Zeit und seine Gesundheit in Müßiggang und unmäßigem Genuß sinnlicher Vergnügungen nicht zu verschwen-

-den, um mit seinem siechen Körper und wegschwindenden Geiste sich selbst und andern nicht zur Last zu fallen! Aber dem Genuß aller sinnlichen Freuden, aller Zeit kostenden Belustigungen der Seele früh entsagen, um in dem Bewußtseyn der möglichsten Vervollkommung seines Geistes glücklich zu seyn: ach! das ist schön! Und so ist schön Alles, was die Triebe nach freyer Bestimmung unsers Willensvermögens und der davon abhängenden Thätigkeit unserer Kräfte merklich begünstigt. Diese Triebe sind frey und liebend im weitläuftigsten Verstande.

Das Bedürfniß legte sich zum Ueberfluß, sagte Plato, da entsprang die Liebe.

Fünftes Kapitel.

Verfeinerung des Begriffes von dem subjektiv Schönen.

Es ist die Beschaffenheit unserer sinnlichen Empfindungen und der Vorstellungen unserer Seele, Triebe in uns zu erregen, deren Befriedigung sich als Affekt des Anschauens äußert.

Die erste Veredlung, welche der Mensch seinem Begriffe über das Schöne giebt, besteht darin, daß er bey Prüfung derjenigen Affekte, die ihm durch sinnliche Eindrücke zugeführt werden, diejenigen Unterscheidungszeichen darauf anwendet, welche er bey dem Genuß des Auges antrift, wenn er diesen mit dem Genuß der übrigen Sinne und besonders des Gaumens vergleicht. Er nennt nur diejenigen Affekte schön, die ohne Begierde, ohne ergreifenden Besitz, ohne in sich gezogenen Genuß, durch bloßes Anschauen bey ihm erweckt werden.

Das erste Mittel, welches man anwendet, ein Kind durch äußere Gegenstände zu reizen, besteht darin, daß man diese in abwechselnden Bewegungen vor demselben hin und her dreht, wobey man die geheime Ahndung hat, freye Triebe, die eigentlich nur sich bewegenden Geschöpfen zukommen, in ihm zu erwecken und zu begünstigen. Allein das Kind, das einen solchen hin und her bewegten Gegenstand sieht, erhält dadurch anfänglich nur Begierden nach Nahrung.

Es greift darnach, um es hinunterzuschlucken. Wenn es älter wird, und die Erfahrung gemacht hat, daß nicht alles, was Begierden aufreizt, sich verzehren läßt; so will es dennoch die Sache greifen. Die erste Unterhaltung, welche das Kind kennen lernt, giebt ihm das betastende Gefühl, und hiermit ist allemal die Begierde, die Sache zu besitzen, verbunden. Denn es schreyet, wenn man ihm die Sache nimmt, oder auch nur mit ihm zugleich betastet. Zeigt man ihm den Mond, so greift es darnach. Die Freuden des

Anblicks lernt es erst späterhin kennen. Die ersten Begierden eines jeden Menschen gehen also auf zerstörendes in sich Ziehen oder ergreifenden Besitz, und beydes dient ihm zum Zeitvertreib. Denn nichts ist gewöhnlicher, als daß Kinder dasjenige, was sie fassen, benagen, hin und her werfen, fallen lassen, wieder aufnehmen, und am Ende zerstören. Inzwischen lernen die Kinder bald die Freuden des Anblicks kennen. Dieß zeigt ihre Vorliebe zu buntscheckigen Farben, welche sie doch so wenig zur Nahrung, als zum ergreifenden Betasten brauchen können, welche sie auch dann mögen, wenn sie dieselben nicht greifen und nicht in sich ziehen. Hier äußert sich denn eine auffallende Verschiedenheit. Es giebt Affekte des bloßen Anschauens, ohne in sich gezogenen Genuß, ohne Betasten, ohne correspondirenden Begriff von ergreifendem Besitz.

Dieser Affekt des Anschauens oder des Anblicks unterscheidet sich nun in unendlichen Stücken von denen des Saumens oder des Betastens. Er entsteht wie aus dem Inneren der physischen Constitution des Menschen, so wie die Begierde nach Nahrung aus dem Gefühle des Hungers entstehen kann. Folglich fühle ich mein körperliches Wohl und Weh nicht vorher, ehe ich den Genuß oder das Leiden des Anblicks empfinde.

Weiter: Bey dem Genusse oder dem Leiden selbst ist der Gegenstand des Anblicks von meinem Körper entfernt. Dahingegen ist der Gegenstand, der dem Gaumen oder dem betastenden Gefühle Genuß oder Leiden giebt, mit demselben vereinigt. Folglich fühle ich bey dem letzten ganz eigentlich den Eindruck auf meinen Körper.

Ferner: Wenn dasjenige, was ich sehe, mir Begierden giebt, so giebt es mir nie Begierden, die ich mit dem Fortstreben des Auges weiter zu befriedigen denke. Das Auge hat seinen vollständigen Genuß an der stillstehenden Ansicht. Wenn es noch weiter sich bewegt, mehr sehen will; so ist es blos ein Agent der Kräfte meiner Seele, oder der übrigen Sinne. Es forscht für den Verstand, es wendet sich herum, zieht ein für das betastende Gefühl, den Gaumen, die Nase, und die eigentliche Sinnlichkeit. Mit dem Auge begehren, heißt nichts weiter, als mittelst des Auges einen Genuß für den Geist und die übrigen Sinne begehren. Hingegen beym Betasten, beym Einziehen der Speise und des Getränks strebt man ganz eigentlich nach weiterer Befriedigung des körperlichen Gefühls dieser Sinne, wie solches bey den lasciven Berührungen, dem Essen und Trinken mit Begierde ganz deutlich erscheinet. Bey dieser fortgesetzten Thätigkeit meiner körperlichen Organe wird folglich die Aufmerksamkeit auf das Wohl und Weh meines Körpers ganz eigentlich hingeleitet, und der Zustand meines Körpers wird ein besonderer Gegenstand meiner Vorstellung.

Mehr: Die Speisen, die wir einziehen, den Körper, den wir ergreifen, nehmen wir ganz hin, und schließen Andere, wenigstens in dem Augenblicke des Genusses, von dem Mitgenusse, von dem Mitbesitze aus. Folglich wird auch dadurch die Vorstellung meines Ichs verstärkt. Noch unterscheidet sich der Affekt des Anschauens von dem des Geschmacks und des Betastens dadurch, daß Ideen von Zweck, Nutzen, Anwendbarkeit, Gebrauch für meinen Körper, beynahe unzertrennlich von letzterm sind. Denn mit der Nahrung stärke ich ihn, und was ich fasse, daran halte ich mich, damit wehre ich, damit bekleide ich mich, darauf ruhe ich u. s. w. Hingegen nutzt der Anblick meinen Körper im Grunde zu nichts, was seinen Bedürfnissen im geringsten abhelfen könnte.

Endlich ist der letzte Unterschied darin zu setzen, daß der Anblick befriedigt wird, ohne den Gegenstand des Genusses im geringsten aus seiner Lage zu bringen, dahingegen die Gegenstände, welche der Gaumen genießt, oder die betastet werden, allemal in ihrer Lage gestöret, und nicht selten zermalmet und verdorben werden.

Aus der Wahrnehmung dieser Verschiedenheiten entstehen ganz natürlich Ideen von einer näheren und entfernteren Beziehung der Dinge außer mir auf das Wohl und Weh meiner Individualität: von einer näheren oder entfernteren Vereinigung mit meinem Selbst. Denn so ist es eine Lächerlichkeit, wenn man sagt: man habe mit den Augen einen Besitz ergriffen, oder sich mit den bloßen Augen ein Eigenthum erworben. Dagegen sind die Begriffe von Fassen, Umfassen, Ergreifen, Ansichziehen, Insichhinüberziehen, mit denen der nähern und innigsten Vereinigung mit unserer individuellen Person correspondirend.

Hält man nun diesen Begriff von einer entfernten vortheilhaften und nachtheiligen Beziehung auf unser Selbst, auf unsere individuelle Person, mit dem eines Vergnügens zusammen, welches wir ohne Vorempfindung von Mangel genießen; so wird man finden, daß beyde zusammen treffen, und daß der erste nur eine Ausdehnung des letztern ist. Denn habe ich den Zucker mit Vergnügen genossen, ob ich gleich gar nicht vorher durch die Empfindung des Hungers, folglich eines Bedürfnisses, auf das Wohl und Weh meines Körpers aufmerksam gemacht war, so ist es begreiflich, daß, wenn mir der Anblick einer Farbe, einer Gestalt, Vergnügen macht, ohne daß ich durch ein körperliches Gefühl des Einziehens und Ergreifens das Bewußtseyn eines gestillten Bedürfnisses meines Körpers erhalte, diese letzte Art von Vergnügen zu der Klasse der ersten gehöre.

Dieß ist denn nun auch bey allen cultivirten Völkern außer allem Zweifel. Dasjenige, was wir vermittelst äußerer Eindrücke empfinden, und was uns bey dem bloßen Anschauen, ohne physisches Ein- und Ansichziehen Vergnügen macht; das nennen wir vorzugsweise: schön. Hingegen was nur durch Ergreifen, Einziehen Vergnügen macht, nennen wir nicht sowohl schön, als gut. Schon das Organ des Auges giebt davon den Beweis, wenn es einen Eindruck erhält, der dem des körperlichen Gefühls gleich ist. Denn die schmerzhafte Berührung desselben, etwa durch einen hineinfallenden Körper, oder durch einen Stoß, nennt man nicht häßlich, sondern übel: und wenn man es in Wasser kühlt, so sagt man nicht, es thut schön, sondern es thut gut.

Je nachdem nun die übrigen Sinnenorganen bey den äußern Eindrücken, die sie einnehmen, sich mehr der Handlung des Ein- und Ansichziehens, oder des bloßen Anschauens nähern; je nachdem rechnet man das Vergnügen, welches sie mit sich führen, mehr zu dem des Schönen oder des Guten. Das Ohr kommt mit dem Auge darin überein, daß es nicht ein- und an sich zieht, und darum wird der angenehme Klang eher schön als gut genannt.

Die Nase hingegen zieht den Geruch in sich hinüber, und was ihr schmeichelt, heißt gut, nicht schön.

Alles dieß ist unleugbar für jeden, der die Sprachen der cultivirten Völker in Europa in dem Umgange mit wohlerzogenen Menschen studirt hat.

Beyspiele: Belle vue, beau son, bonne odeur, bon gout, bon à toucher, pulchrum aspectu, bene olet u. s. w.

Nichts ist nun natürlicher, als die Anwendung dieser Verschiedenheit von Affekten, die wir durch sinnliche Eindrücke erhalten, auf diejenigen Affekte, welche uns durch Vorstellungen der Seele zugeführt werden. Wir nehmen hier symbolisch ein Ergreifen, einen Besitz, ein An- und Einziehen, und ein bloßes Anschauen an: mithin statuiren wir auch einen Unterschied zwischen näheren und entfernteren Vereinigungen der gedachten Gegenstände mit unserer individuellen Person, oder mit unserm Ich, und was davon abhängig ist, einen fühlbareren oder minder fühlbareren Gebrauch Nutzen und Gewinn, für unser Ich, für unsere individuelle Person. Hier muß ich an dasjenige erinnern, was im ersten Buche im ersten Kapitel über den Unterschied der Affekte, der Begierde, theils der strebenden theils der gestillten, und zwischen denen des bloßen Anschauens gesagt ist.

Es ist nämlich ganz offenbar, daß bey dem Bewußtseyn, daß wir nach etwas streben, es sey zu erlangen, zu erfahren, zu bilden, zu überwinden, allemal die Aufmerksamkeit ganz besonders auf unsere individuelle Person gerichtet wird. Das heißt, wir werden ganz eigentlich darauf geführt, uns diejenigen Eigenschaften, Verhältnisse und Umstände vorzustellen, welche das Besondere unsers Individuums ausmachen. Wir sehen zum voraus auf ein Ziel, wir sehen hinter uns her auf den Punkt, von dem wir ausgegangen sind, wir sehen um uns herum auf die Gegenstände, die uns umringen, und uns förderlich oder hinderlich seyn können. Eben so gewiß ist es, daß bey der Stillung dieser Begierde, es sey durch den erlangten Genuß oder durch das Leiden der aufgegebenen Hoffnung, unser Selbst in eine besondere Betrachtung schon dadurch kömmt, daß wir uns sagen: vorher strebten wir wornach, und jetzt streben wir nicht mehr, wir haben es, wir können es gar nicht erlangen, unser Zustand ist verbessert oder auch verschlimmert.

Alle Affekte des Vergnügens, die uns während des Strebens oder während der Stillung einer Begierde zugeführt werden, sind folglich mit einer besondern Aufmerksamkeit auf das Wohl und Weh unserer Person verknüpft.

Die Gegenstände, welche die Begierden erregen oder stillen, kommen daher in ein analoges Verhältniß zu uns mit demjenigen, worin wir uns zu denjenigen Gegenständen befinden, die wir durch ergreifenden Besitz, durch Einziehen in uns hinüber genießen. Folglich gründet sich das Vergnügen, welches uns das Streben der Begierde, oder ihre Stillung macht, allemal mit, und oft allein, auf ein hervorstechendes Vorgefühl eines näheren Verhältnisses zwischen dem

Gegenstande unserer Vorstellungen und unsers individuellen Ich's oder unserer Person.

Hingegen, wenn mir etwas ohne Streben und ohne Stillung meiner Begierde Vergnügen macht; so wird die Aufmerksamkeit gar nicht auf mein Ich besonders geleitet, sondern der Gegenstand der Anschauung nimmt sie ganz oder größtentheils hin. Die Thätigkeit meiner Kräfte ist zu schnell, als daß ich durch ihre Würksamkeit an mein Selbst erinnert würde. Unstreitig ist das Bewußtseyn meiner Existenz und meiner Person vorhanden; aber der Zustand, in dem ich mich befinde, wird kein besonderer Gegenstand meiner Vorstellungen. Ich komme also hier mit dem Gegenstande des moralischen Anschauens gerade in das Verhältniß, worin ich mich mit dem Gegenstande des physischen Anblicks befinde, wenn dieser Affekte bey mir erregt. Die Annäherung ist entfernter, sie ist so entfernt, daß wir sie nicht in Betrachtung ziehen.

Also: Ein jeder Gegenstand, dessen Vorstellung in Begleitung einer hervorstechenden Vorstellung von dem Zustande meiner individuellen Person Affekte des Vergnügens oder Mißvergnügens in mir erweckt, ist nicht schön, nicht häßlich, sondern gut und übel. Er interressirt mich, das heißt, er regt Begierden in mir auf, die er zum Streben bringt, oder die er stillt, und durch dieses Streben, durch diese Stillung, werde ich besonders an sein näheres Verhältniß zu meiner Person erinnert.

Diese Begierden mögen noch so zwanglos, noch so sittlich, noch so uneigennützig seyn, das heißt: der Genuß, den das Streben und die Stillung geben, mag mit noch so vielen Menschen getheilt werden können; kömmt der Besitz, kömmt der Vortheil, den ich davon habe, hervorstechend in Betracht; so ist der Gegenstand, dessen Vorstellung mir Affekte des Vergnügens oder des Mißvergnügens giebt, nicht schön, nicht häßlich, sondern gut und übel.

Alles nun, was in Rücksicht auf einen Zweck, oder in Rücksicht auf einen Vortheil, bestände er auch nur im Zeitvertreib, als Mittel, beydes bequem zu erreichen, Affekte, das heißt, lebhafte Sensation des Vergnügens erweckt, gründet sich auf Begierden, ist mithin nicht schön, sondern gut.

Durch Beyspiele wird dieses deutlich werden. Zuerst werden Gegenstände des groben Eigennutzes, das heißt solche, welche Herabwürdigung, Ausschließung Anderer voraussetzen, wenn sie mir Vergnügen machen, sollte ich sie auch noch so zwanglos begehren, nie für schön gehalten. Glücksgüther, Ehrenbezeugungen, als Gegenstände allgemeiner Begierden, sind keine schöne Gegenstände, außer in dem rohen Sinne, worin aller Ueberfluß, alles Ueberher über die Befriedigung nothwendiger Bedürfnisse für schön genommen wird. Zweytens: Alles, was vermittelst

telst eines zusammenfassenden Begriffs erkannt wird, kann, wenn es mir in der Vorstellung Vergnügen macht, nicht schön genannt werden. Denn die Mühe, welche mir das Zusammenfassen macht, erinnert mich zu deutlich an meine Person, an mein Ich: Daher muß alles Schöne mittelst eines anschaulichen Begriffs erkannt werden, wenn der Gegenstand nicht zu den bloßen Vorstellungen der Rührung, oder zu den Emotionen gehört. Erstes Buch, zweytes Kapitel, no. 3, Drittens: Selbst Mittel zum bloßen Zeitvertreib, ja der Zeitvertreib, die Belustigung selbst, wenn die Affekte des Vergnügens, welche diese Gegenstände erwecken, von dem hervorstechenden Gefühle des strebenden Zustandes meiner Person begleitet sind, werden nicht für schön gehalten. Wenn ich ein Spiel Karten darum mit Vergnügen ansehe, weil ich dasselbe als ein Mittel betrachte, mich damit zu belustigen, so ist darum das Spiel nicht schön. Wenn ich zum Zeitvertreib ein Gevatterngeschwätz halte, um mich vor quälender Langenweile zu retten, so ist darum das Geschwätz nichts Schönes. Wenn ich zur Belustigung auf einem Beine herumspringe, wenn ich mir einen unbedeutenden Gegenstand ausfragen lasse, wenn ich ein Räthsel auflöse, wenn ich einen Ball aufwerfe und wieder fange u. s. w. so sind alle diese belustigenden Beschäftigungen nichts Schönes. Ja! wenn ich auch nur diesen Spielen zusehe, und sympathetisch an dem

Streben anderer und an dem, was ihnen gelingt, Antheil nehme; so ist alles dieß nichts Schönes. Warum? Das Vergnügen liegt blos in dem Bewußtseyn meines interessirten Zustandes, der als der Gegenstand einer besonderen Vorstellung hervorstechend bey mir aufsteigt: in dem Streben und in der Stillung einer Begierde.

Es giebt nun höchst sittliche Begierden, deren Streben, deren Stillung mit Vergnügen verknüpft ist, und welche dem ohngeachtet keine Affekte des Schönen geben.

Die Wißbegierde, wenn sie auch auf Kenntniß der selbstständigen Wahrheit und Zweckmäßigkeit gehen sollte, kann, wenn sie durch einen Gegenstand erregt und gestillt wird, nie diesem Gegenstande den Charakter des Schönen beylegen. Kants philosophische Untersuchungen sind weder für ihn, während des Strebens nach Wahrheit, noch während ihres Ausfindens, schöne Gegenstände gewesen, und sie sind es gewiß für keinen, den er dergestalt mit in sein Interesse zieht, daß dieser die Untersuchung mit ihm anstellen möchte.

Die Begierde zu bilden, während des Strebens und des Gelingens, kann, wenn sie durch einen Gegenstand erregt und gestillt wird, diesem Gegenstande nicht den Charakter des Schönen beylegen. Fünf Punkte an die Wand gemahlt, aus denen ich mir eine höckrigte Menschenfigur zusammensetze, sind nichts Schönes. Die bloße

Spannung der Phantasie, in welche mich ein Dichter versetzt, ist an und für sich nichts Schönes, denn auch das elendeste Feenmährchen kann diese Wirkung auf mich hervorbringen.

Das bloße Streben, in welches meine Erinnerungskraft gesetzt wird, die leichte Befriedigung, welche die Begierde, etwas zu behalten, findet, kann dem Gegenstande, der diese Wirkung hervorbringt, nicht den Charakter des Schönen geben; denn ein gereimtes Verzeichniß grammatikalischer Regeln ist nichts Schönes.

Das Streben, in welches meine sympathetischen Kräfte durch einen Gegenstand gesetzt werden, die Stillung dieses Strebens giebt diesem nicht unbedingt den Charakter des Schönen.

Wenn ich für einen Andern theilnehmend hoffe, fürchte, mich über das Gelingen seiner Plane freue, und mir hervorstechend bewußt bin, daß die strebende Lage, in der ich mich befinde, der Grund meines Vergnügens ist; so bin ich keinesweges berechtigt, dieß Vergnügen dem Affekte des Schönen beyzulegen. Wer an einer Pharobank für die Spieler sich interessirt, und an ihrem Gewinnste sympathetisch Theil nimmt, schauet gewiß nichts Schönes an. Wer einen elenden Roman lieset, und dadurch in Furcht und Hoffnung geräth, wird gewiß den Roman darum für nichts Schönes halten.

Hingegen in allen Fällen, worin ich mir ohne Spitzfindigkeit sagen kann, ich fühle mich nicht begehrend, ich fühle keine Begierde gestillt, und dennoch macht mir die Vorstellung Vergnügen; da habe ich den Affekt des Schönen gehabt.

Wenn mir daher von einem Manne in ganz entfernten Ländern erzählt wird, daß er um seiner Tugenden und Verdienste willen mit Ehre und Glücksgüthern belohnt sey; und dieß macht mir Vergnügen, ohne daß ich mir bewußt wäre, nach einem ähnlichen Vortheile zu streben; so gehört der Affekt dem Schönen.

Wenn ich ein Spiel Karten, von der Hand eines Raphaels gemahlt, mit Vergnügen ansehe, ohne mir bewußt zu seyn, daran zu denken, wie sich damit spielen lasse; so empfinde ich den Affekt des Schönen.

Wenn ich Kants höchstes sittliches Gesetz mit Vergnügen anschaue, ohne mir bewußt zu seyn, daß ich es darum mag, weil ich es einleuchtend, weil ich es von so begreiflichem Nutzen gefunden habe, daß ich es zu meinem eigenen Gedanken machen kann, und ich es selbst anzuwenden denke; so ist es schön.

Wenn ich das Gemählde, welches Leonhard da Vinci aus fünf Punkten an der Wand zusammengesetzt hat, mit Vergnügen anschaue, ohne es mir bewußt zu seyn, daß ich es darum mit Vergnügen ansehe, weil ich gleichsam mit ihm die Schwierigkeit überwunden habe; so ist es schön. Wenn ich eine sittliche Regel in Versen mit Vergnügen anschaue, ohne es mir bewußt zu seyn, daß die leichtere Aufbewahrung für mein Gedächtniß der einzige Grund sey, warum ich sie mag; so ist sie schön.

Wenn ich an dem glücklichen Schicksale Anderer Vergnügen nehme, ohne es mir bewußt zu seyn, daß ich dieß blos der Stillung meines sympathetischen Mitstrebens verdanke; so ist dieß schön.

Kurz! Schön ist alles, was mir Vergnügen macht, ohne daß Rücksicht auf Besitz oder auf den Zustand der strebenden oder gestillten Begierde, in hervorstechender Maaße empfunden, meine Person mit dem Gegenstande meiner sinnlichen Eindrücke oder meiner Vorstellungen in ein näheres Verhältniß gesetzt hätte, als dasjenige ist, welches ich zwischen mir und dem Gegenstande meines Anblicks bey einer nicht begehrten und nichts weiter begehrenden Ansicht wahrnehme.

Sechstes Kapitel.

Diese Begierde und diese Rücksicht auf Besitz und Vortheil für die individuelle Person des empfindenden Wesens dürfen wenigstens nicht als Gegenstände einer besondern Vorstellung bey mir aufsteigen.

Der gesunde praktische Verstand, der nicht in Spitzfindigkeit ausartet, darf es sich nicht bewußt seyn, daß körperlicher Besitz und Begierde der Seele einen hervorstechenden Antheil an seinem Vergnügen haben.

Es giebt vielleicht keinen Genuß für das Auge und das Ohr, woran nicht die übrigen Sinne mit Antheil nehmen. Gemeiniglich schmiegen sich alle übrigen Sinne, der Geschmack, der Geruch, das betastende Gefühl, sogar die eigentliche Sinnlichkeit, an die feineren Organe des Auges und des Ohres an, und erhalten durch diese Gänge eine Begünstigung. Die Beywörter: sanft, süß, duftig u. s. w., die wir von sichtbaren und hörbaren Gegenständen brauchen, können dieß schon allein erweisen. In dem Kapitel von dem Schönen sichtbarer Körper werde ich dieß noch weiter zeigen. Sind wir uns nun hervorstechend bewußt, daß wir um des Geruchs, um des Geschmacks, um der Betastung, oder gar um der groben Sinnlichkeit willen, allein den sinnlichen Eindruck gern gemocht haben; so glauben wir an keinen Affekt des Schönen. Hingegen wirken diese Sinne nur ins geheim, ist die Befriedigung ihrer Triebe ein unbemerkter Grund des Wohlbehagens während des Affekts, den der sinnliche Eindruck hervorbringt; so rechnen wir ihn immerhin zu den Affekten des Schönen.

B e y s p i e l e: Der markigte Auftrag der Farben afficirt offenbar den Sinn des Geschmacks durch das Auge. Aber wir schreiben es blos dem letzten zu, daß wir ihn mögen, und rechnen den Affekt, den dieser Eindruck uns giebt, zu denen des Schönen. Der sanfte Umriß beweiset dieß gleichfalls: wir denken dabey ans Betasten, Streicheln u. s. w. Hingegen wird Niemand den Affekt, den ihn der würkliche Geschmack des Marks, oder das Streicheln auf dem Sammet giebt, einen Affekt des Schönen nennen. Doch, wie gesagt, davon mehr im Buche über das Schöne sichtbarer Körper.

Auch unsere Seele hat Affekte des Anschauens, in die sich bald mehr bald minder einige Begierde, mithin einige Rücksicht auf Vortheil für meine individuelle Person, mischt. So läßt es sich gar nicht leugnen, daß sich in das Anschauen einer mir längst bekannten Wahrheit, z. E. dieser: der Schöpfer, der Erhalter so vieler Weltkörper, erhält jedes noch so kleine Geschöpf, einiges Interesse mische, indem ich an die Folgen denke, welches dieß auch für mich, der ich gleichfalls ein Geschöpf bin, haben muß.

So mischt sich in das Anschauen jenes Lessingischen Satzes: der Trieb nach Wahrheit ist des Menschen Antheil, nicht die Wahrheit selbst, die ist für Gott; unstreitig einige eigennützige Rücksicht darauf, daß ich dieß so einleuchtend, so fein, so auffallend finde.

Aber der Antheil, den ich daran nehme, wird mir nicht merkwürdig, steigt nicht als Gegenstand einer besonderen Vorstellung bey mir auf. Hingegen wird weder ein Kant noch ein Kästner leugnen, daß, wenn sie nach einer wichtigen metaphysischen und mathematischen Wahrheit suchen, oder sie zuerst finden, und dabey Vergnügen empfinden, ihr Ich, ihre individuelle Person auf eine hervorstechende Art zum Gegenstande einer besonderen Vorstellung bey ihnen werde. Sie werden erst dann die Wahrheit selbst für schön halten, wenn sie nach langer Zeit dieselbe wieder mit Vergnügen betrachten, und die Vorstellung des Antheils, den sie daran haben, ihnen so gewöhnlich geworden ist, daß sie nicht besonders daran denken. Welch ein Unterschied ist nicht ferner zwischen der Betrachtung: Jeder Wurm zeigt den Endzweck Gottes, seine Geschöpfe zu beglücken, und ferner: ich darf mich der Obhut Gottes getrösten! Nur der Gegenstand der ersten ist etwas Schönes: der der zweyten ist offenbar etwas Gutes.

Ich würde in unnütze Weitläuftigkeit gerathen, wenn ich noch weiter zeigen wollte, wie sich zwar in jede Ausfüllung meiner Seele mit einem schönen Bilde, immer einige Rücksicht auf den thätigen Zustand meiner Kräfte mische, daß sich aber diese ganz von derjenigen unterscheide, womit ich nach der Zusammensetzung dieses Bildes strebe: Ferner, wie verschieden das Vergnügen an der Rettung eines Unglücklichen von demjenigen sey, mit dem ich einen frohen glücklichen Menschen anschaue, ob sich gleich nicht leugnen läßt, daß auch in dem letzten Falle eine Rücksicht auf irgend einen Vortheil für meine individuelle Person im Geheimen mitwirke. Genung! jedesmal, wo ich bey einer unbefangenen Prüfung mir sagen muß: ich habe den Gegenstand meiner Betrachtung nur darum gern gehabt, weil er einem Bedürfnisse abgeholfen, oder einen Vortheil für meine Person, wäre es auch der eines angenehmen Zeitvertreibs oder einer Hoffnung, mit sich geführt hat, und hätte ich keinem Bedürfnisse abgeholfen, hätte ich keinen Vortheil davon gezogen, oder abgesehen, ich würde die Sache nicht mit Vergnügen betrachtet haben; wo ich mir das sagen muß, da ist der Gegenstand meiner Betrachtung gut, nicht schön, und sollte ich den Vortheil auch mit der ganzen Welt theilen können.

Inzwischen ist es nicht allein wahr, sondern höchst wichtig für die Folge meiner Ausführung, daß mancher Gegenstand mir zugleich Affekte des Schönen und des Guten geben kann, oder daß das Vergnügen, welches dessen Betrachtung mir giebt, nicht allein mit Affekten des Anschauens, sondern auch der Begierde vergesellschaftet sey. Allein dann hat dieser Gegenstand mehrere Eigenschaften, von denen einige mir Vorstellungen geben, welche die Triebe zum Schönen bey mir erwecken und begünstigen, mithin diese zur Aeußerung durch Affekte des Anschauens auffordern, andere, welche mir Vorstellungen geben, die Triebe zum Guten bey mir erwecken, und diese zur Aeußerung durch Affekte der Begierde auffordern.

Siebentes Kapitel.

Definitionen des subjektiv Schönen, Guten, Häßlichen und Uebeln, nach verfeinerten Begriffen.

Das Schöne nach diesem geläuterten Begriffe ist die subjektive Beschaffenheit unserer sinnlichen Eindrücke, und der Vorstellungen unserer Seele, uns ein Vergnügen zu machen, welches sich nicht auf Vorempfindung eines eigennützigen Verhältnisses meines individuellen Ichs zu dem sinnlichen oder gedachten Gegenstande außer mir gründet: oder was mir ohne hervorstechendes Bewußtseyn einer Begierde und ohne Rücksicht auf Besitz und Vortheil für meine individuelle Person Vergnügen machen kann. Das Gute ist nach eben diesem geläuterten Begriffe die subjektive Beschaffenheit unserer sinnlichen Eindrücke und der Vorstellungen der Seele, uns ein Vergnügen zu machen, mittelst einer Vorempfindung eines eigennützigen Verhältnisses zwischen meinem individuellen Ich und dem sinnlich empfundenen oder gedachten Gegenstande außer mir: oder was mittelst einer hervorstechenden Begierde und einer

Rücksicht auf Besitz und Vortheil für meine individuelle Person Vergnügen macht. Das Häßliche ist dann, was ohne Begierde und Rücksicht auf Besitz und Vortheil für meine individuelle Person Misvergnügen macht. Das Ueble dasjenige, was mittelst einer Begierde und Rücksicht auf Besitz und Vortheil für meine individuelle Person Mißvergnügen macht.

Achtes Kapitel.

Das subjektiv Schöne nach verfeinerten Begriffen beruht auf Begünstigung besonderer Triebe nach bloßem Anschauen, welche Ausströmungen des Grundtriebes nach freyer und geselliger Zuneigung, oder Unterarten derselben sind.

Wenn man die uneigennützigen Triebe, deren Begünstigung den Affekt des Schönen nach gebildeten Begriffen hervorbringt, mit denen vergleicht, deren Erregung unsere Zuneigung und die davon abhangende Thätigkeit unserer Kräfte nach freyer Wahl bestimmen; so werden wir finden, daß die ersten nur eine eingeschränktere Art der letzten sind. Denn was ich ohne Begierde, ohne Rücksicht auf Besitz und Vortheil für meine individuelle Person gern habe, gern thue, das ist gewiß frey, am unzweydeutigsten frey, indem die gespannte Begierde, oder die

Rücksicht auf Besitz und Vortheil allemal einen gewissen Zwang mit sich führt. Es sind ferner diese uneigennützigen von Begierde freyen Triebe eine Art der geselligen Triebe überhaupt, welche uns zu anderen von uns abgesonderten Gegenständen hinziehen, und uns mit ihnen verbinden. Sie wirken bey aller näheren, engeren Verbindung mit empfindenden Geschöpfen mit, und ohne ihre Mitwirkung ist dasjenige, was man Liebe oder Wesenvereinigung nennt, ein partikulaires Verhältniß von Sinnlichkeit, Ehrfurcht, Sympathie, aber keine wahre Liebe.

Die Triebe nach bloßem Anschauen anderer von uns abgesonderten Gegenstände, und die Affekte, die auf ihrer Begünstigung beruhen, sind also zuerst Ausströmungen des allgemeinen Grundtriebes nach freyer Zuneigung überhaupt, der sich nicht auf Voreinpfindung von Mangel und Bedürfniß gründet. Denn alle Triebe, die sich darauf gründen, sind, ihrer Natur nach, fliehend oder zerstörend, aufreibend, verzehrend, mithin aller Annäherung und Anknüpfung zuwider.

Diese Triebe nach dem bloßen Anschauen sind ferner einzelne Ausströmungen von dem allgemeinen Grundtriebe nach Geselligkeit, welcher selbst nur eine Emanation des noch allgemeineren Grundtriebes nach freyer Bestimmung unserer Zuneigung ist. Das Vermögen in uns, welches fähig ist, den Affekt des Schönen zu empfinden, wird daher eben sowohl Herz genannt, als das Vermögen, welches gesellige Triebe gegen andere Gegenstände zu hegen im Stande ist. Er hat kein Herz, sagt man von demjenigen, der nur für Eigennutz empfindlich ist; man sagt es auch von demjenigen, auf den das Schöne der Natur und der Kunst keinen Eindruck macht. Eben diejenigen Gegenstände, die wir nicht berechtigt halten, das Gefühl des Schönen zu erwecken, eben die sollen nach gebildeten Begriffen auch keine Liebe auf sich ziehen. Speise, Trank, alle Mittel des groben Eigennutzes; Geräthschaften zum ökonomischen Gebrauch, Mittel des Erwerbes, Geld, Obligationen, Dinge, die uns nur werth sind, weil wir sie besitzen, Begebenheiten, die nur auf unser künftiges individuelles Wohlseyn abzielen, nennen wir nicht schön. Gleiche Symptomen, gleiche Folgen bezeichnen die Aufregung dieser Triebe. Seht den Beschauer des leblosen Schönen an, und vergleicht ihn mit dem Liebhaber empfindender Wesen! Beyde suchen sich zu nähern, beyde gewöhnen sich an, beyde sorgen für Erhaltung und Fortdauer des Schönen und des Geliebten!

Wir nennen es nicht Liebe und nicht schön, wenn wir darum Andere aufsuchen oder neben uns leiden, weil sie vor uns kriechen, weil wir sie beherrschen wollen. Wir nennen es nicht Liebe und nicht schön, wenn wir unsere Lascivität unbekümmert um die Theilnahme des Gegenstandes, der sie erregt, befriedigen.

Alle Annäherung an andere Gegenstände, die wir, ohne auf weitere Wohlthaten rechnen zu können, um einer empfangenen Wohlthat willen, oder um der süßen langen Gewohnheit willen, oder um des bloßen Ansehens und Anhörens willen, gern gegenwärtig um und bey uns haben; alle Annäherung um dieser Ursachen willen nennen wir Liebe. Lieb haben wir dann den Baum, unter dem wir in unserer Kindheit spielten; lieb haben wir das veraltete Meubel, dessen wir uns lange bedienten; lieb haben wir gewisse Töne, gewisse Formen und Farben: und weil wir alles dieß lieb haben, und lieb haben dürfen; so hat es auch den Hang in uns erregt, mit dem wir uns zu demjenigen hinneigen, was wir nicht um der Nothdurft und Nothwendigkeit willen aufsuchen; so hat es diesen Hang befriedigt, und uns den Affekt des Schönen gegeben.

Aber freylich sind diese geselligen Triebe noch mancher Verfeinerung fähig. Einer Verfeinerung, deren Würklichkeit vielleicht sogar dem gewöhnlichen Auge entschlüpft. Aber dem Daseyn dieser Triebe verdanken wir es doch unstreitig, daß wir ohne Rücksicht auf Folge und Wirkung an dem Anschauen der Vorzüge Anderer Gefallen nehmen. Ja! es ist eine Schwärmerey aller Jahrhunderte gewesen, daß die Geschlechtsliebe von aller Begierde, von aller Rücksicht auf Besitz gereinigt, sich auf bloßes Anschauen beschränken könne.

Venus Urania, Göttinn der himmlischen Liebe! laß Schwärmerey von meinem Herzen fern seyn! Aber dem geläuterten Triebe nach Anschauen des Schönen, laß mich immerdar huldigen! daß er zu allen den übrigen Banden der Nothwendigkeit, der Sympathie, der belustigenden, ergötzenden Spannung meiner Kräfte hinzutrete, mit denen du den Menschen an Menschheit und Vaterland, an Gatten, Freunde, Kinder, und selbst an die leblose Schöpfung, die ihn umgiebt, geknüpfet hast. Er erwärme in meinem Herzen die Liebe zu meinem bessern Selbst! Dreymal glücklich durch die Ahndung, daß ich vielleicht in einem künftigen Leben zu dem Anschauen meines eigenen Wesens, als eines durch das genaueste Verhältniß aller meiner Fähigkeiten, Gesinnungen und Handlungen zu meiner sittlichen Bestimmung, von dem thierischen Menschen abgesonderten selbstständigen Ganzen, und dadurch zu dem edelsten Gefühle der Schönheit, zu der edelsten Liebe zu gelangen hoffe, welche der dunkle, aber endliche Zweck alles Strebens nach Vollkommenheit in dem gegenwärtigen Leben zu seyn scheint!

Neuntes Kapitel.

Die Spannung oder Schwingung, in welche wir bey Erregung unserer Triebe gesetzt werden, ist von dreyfacher Art. Sie zieht entweder unsere Kräfte zusammen, oder dehnt sie den sinnlichen Eindrücken und den Vorstellungen unserer Seele nach, oder versetzt sie in eine blos hüpfende Lage. Sie ist nicht unbedingt mit Vergnügen verbunden. Aber der Regel nach giebt uns das Gefühl der Spannung unserer Kräfte, welches die Erregung unserer Triebe begleitet, Vergnügen. Dieß Vergnügen, wenn es allein und bey dem strebenden Zustande während der Begierde empfunden wird, gehört nicht zu den Affekten des Schönen nach geläuterten Begriffen: denn der Trieb, auf dessen Begünstigung er beruht, ist ganz eigennützig. Wenn aber die Empfindung der Spannung, in die wir durch die Erregung unserer Triebe nach Anschauen gerathen sind, deren Begünstigung nur begleitet; so giebt sie unsern Affekten des Schönen einen erhöheten Reiz, und eine besondere Modification. Sie theilen sich dann in feyerliche, zärtliche und ergötzende Affekte, und die uneigennützigen Triebe, mit denen wir uns zu den Gegenständen unserer sinnlichen Eindrücke und der Vorstellungen unserer Seele hinneigen, erhalten den Charakter

rakter der Bewunderung, der Liebe und des Wohlwollens.

Es kann kein Affekt entstehen, wenn nicht vorher ein Trieb, oder mehrere stark aufgeregt sind, um an der Begünstigung oder Beleidigung derselben ein merkliches Vergnügen zu empfinden. Die Aufregung unserer Triebe ist allemal mit einer Anspannung unserer physischen und Seelenkräfte verbunden, und folglich ist auch die Erregung unserer Triebe nach Anschauung mit Anspannung verbunden. Diese ist aber von dem Streben, welches wir bey der Begierde empfinden, wesentlich verschieden. Denn hier sind wir uns eines Weiterwollens, eines Verlangens deutlich bewußt, welches bey der Spannung, welche die Triebe des Anschauens begleitet, nicht bemerkt wird.

Diese Anspannung nun, welche wir bey Erregung unserer Triebe nach Anschauung empfinden, ist allemal von dreyfacher Art. Entweder zusammenziehend, oder nachdehnend, oder hüpfend. Die Art, wie die körperlichen Nerven bey einer Berührung, die wir angenehm oder unangenehm finden, angegriffen und erschüttert werden, macht dieß völlig deutlich. Werde ich stark angefaßt, gekneipt, geschlagen, geschüttelt; so ziehen sich alle Nerven meines Körpers stark zusammen. Werde ich gestreichelt; so dehnen sich die Nerven meines Körpers dem äußern Eindruck nach. Werde ich gekitzelt, so gerathen diese Nerven in eine hüpfende Schwingung.

Die Musiker, welche uns durch Töne erschüttern wollen, verfahren auf eben diese Weise bey der Art, wie sie die Saiten angreifen, aus denen sie ihre Töne herausziehen. Der starke Bogenstrich, der starke Anschlag, zieht die Saite gleichsam zusammen, und giebt ihr eine drönende Schwingung; die allmählige Dehnung giebt ihr eine gezogene, das leichte und wiederholte Anstoßen eine hüpfende.

Es mag aber diese Spannung oder Schwingung unsers Wesens, in welche wir bey Entstehung eines jeden Affekts des Anschauens gerathen, eine zusammenziehende, nachdehnende oder hüpfende seyn, so ist damit nicht unbedingt Vergnügen verbunden. Nein! sie kann eben sowohl mit dem Affekt des Mißvergnügens in Verbindung stehen. Der schreyende Ton, die schreyende Farbe, geben den physischen Empfindungskräften zusammenziehende Erschütterungen, die gewiß, der Regel nach, nicht angenehm sind. Es giebt ein widriges Dehnen der Töne, widrig geschlängelte Formen, welche uns in eine unangenehme nachdehnende Schwingung versetzen. Wie wenig die hüpfende Bewegung unserer sinnlichen Organe unbedingt mit Vergnügen verknüpft sey, das mag der Taumel beweisen, in den uns Gelärm und Gewimmel von Gestalten und Farben setzen können. Eben so wenig ist jede Spannung unserer Seelenkräfte bey dem Affekt des Anschauens unbedingt mit Vergnügen verbunden. Dieß beweiset alle moralische Häßlichkeit.

Inzwischen so viel bleibt ausgemacht, der Trieb nach Spannung ist tief in uns gegründet. Wir mögen, der Regel nach, lieber das Bewußtseyn haben, daß unsere Kräfte in Thätigkeit sind, als daß sie nicht darin sind.

Dieß Bewußtseyn erhalten wir mit jedem erregten Triebe, denn diese spannen allemal unsere Kräfte an, und mit dieser Spannung ist allemal ein Vergnügen verknüpft; wenn nicht die Hemmung anderer uns noch wichtigerer Triebe, als derjenige ist, gespannt zu seyn, jenes Vergnügen an einem gespannten Zustande zerstören. Nur frägt es sich, gehört der Trieb nach Spannung zu den uneigennützigen geselligen Trieben? Ist der Affekt, den dessen Begünstigung erweckt, zu denen des Schönen nach geläuterten Begriffen zu rechnen? Und hier antworte ich in Uebereinstimmung mit meinen vorhergehenden Sätzen: das Vergnügen an dem blos gespannten Zustande meines Wesens (der sich als ein besonderer Gegenstand meiner Vorstellung ankündigt) beruht auf einer Begierde, welche von der Rücksicht auf Besitz und Vortheil für meine individuelle Person nicht zu trennen ist, folglich gehört es auch nicht den Affekten des Schönen, sondern des Guten.

Wenn ich bey finsterer Nacht über Feld gehe, und der Glanz eines Irrlichts, oder ein anderes Schreckbild meiner Phantasie, stößt mir auf, mein ganzes Wesen schrumpft krampfartig zusammen, aber den Augenblick darauf zeigt mir die Vernunft den Irrthum; so entsteht dadurch eine heftige Anspannung der Kräfte meines ganzen Wesens: gerettet von der Gefahr fühle ich einen wohlbehagenden Affekt. Aber es ist ein Affekt der Beglerde. Blos der Rücksicht auf den Vortheil für meine individuelle Person ist er beyzuschreiben.

Weiter: Ich halte eine heftige Operation an meinem Körper aus, (ich darf darüber reden, ich habe sie erfahren), den Augenblick, nach dem sie überstanden ist, fühle ich mein ganzes Wesen in einer wohlbehagenden Spannung. Gehört dieser Affekt dem Schönen? Keineswegos! blos dem hervorstechenden Bewußtseyn der Erhebung meines individuellen Wohls ist er zuzuschreiben, er gehört der Begierde.

Ferner: Schulz erzählt in seiner Geschichte der französischen Revolution, daß eine Frauensperson zitternd, und in einem convulsivischen Zustande, auf eine Erhöhung gestiegen sey, und von dort ab begierig das Herumtragen der abgehauenen Köpfe der Foulon und Berthier angesehen habe. Daß diese Frau einen wohlbehagenden

Affekt erhalten habe, der, weil er nicht auf Gefühlen von Mangel und Verletzung unmittelbar beruhete, nach dem rohesten Begriffe zu denen des Schönen gehörte, läßt sich gar nicht bezweifeln. Aber der ganze Grund des Vergnügens lag lediglich in dem Gefühl der Spannung, der Thätigkeit der Kräfte ihrer individuellen Person, welche nothwendig als ein besonderer Gegenstand ihrer Vorstellung sich darstellen mußte, wenn sie Vergnügen an diesem fürchterlichen Anblicke nehmen wollte, mithin kann der Affekt nicht zu denen des Schönen nach geläuterten Begriffen gerechnet werden, er gehört der Begierde.

Endlich: Es ist nicht zu leugnen, daß wir nach befriedigter Rachbegierde, nach befriedigtem Hochmuthe, ja! sogar nach ausgelassenem Zorne, und bey dem eigensinnigen Anstämmen gegen das widrige Schicksal, eine heftige und wohlbehagende Anspannung unserer geistigen und thierischen Kräfte verspüren. Aber kann man diesen Affekt dem Schönen nach geläuterten Begriffen beylegen? Nimmermehr! Also die Begünstigung unserer Begierde nach einer zusammenziehenden Anspannung unserer Kräfte, nach Erschütterung des Körpers, nach Erhebung der Seele, kann an und für sich den Affekt des Schönen nicht begründen. Noch weniger mag die Begierde nach einer nachdehnenden Anspannung unsers Wesens dahin gerechnet werden. Die Regung der gröbsten Sinnlichkeit, die lächerliche

Empfindsamkeit-verschrobener Charaktere, welche trauren um zu trauren, begünstigt diese Begierde und erweckt Affekte, welche zu denen des Schönen nach geläuterten Begriffen nicht zu zählen sind.

Endlich mag auch die Begünstigung der Begierde nach einer hüpfenden Anspannung unserer Kräfte keinen Affekt des Schönen nach geläuterten Begriffen hervorbringen. Es giebt Menschen, welche bey ihren Unterhaltungen immer von dem Grundsatze ausgehen: es ist genung, wenn ich lache, gleichviel worüber. Niemand wird solchen Menschen einen wahren Affekt des Schönen beylegen.

So wahr dieß alles ist, so unleugbar bleibt es doch, daß die gleichzeitige Schwingung, in die unsere Kräfte bey dem Gefühl wahrer Affekte des Anschauens gerathen, das Vergnügen erhöhe, und nach der Art dieser Schwingung besonders modificire. Eine Musik, deren Melodie ich nicht verfolge, deren Geräusch nur mein Wesen zur Feyer, zur Zärtlichkeit oder zur muntern Lebhaftigkeit einladet, giebt mir an und für sich selbst noch keinen Affekt des Schönen nach geläuterten Begriffen. Denn auch der Bierfiedler, der während der Mahlzeit mit seiner Musik aufwartet, kann bey dem ganzen Gefühle seines elenden Spiels bey mir eine wohlbehagende Spannung erwecken.

Allein wenn der Virtuose spielt, so wird doch dasselbe Stück, bald als Maestoso; bald als Adagio, bald als Presto gespielt, ganz verschiedene Rührungen erwecken, die das Vergnügen auf besondere Art modificiren, welches die Wahrnehmung der Melodie und Harmonie bey mir hervorbringt. Und so verhält es sich mit allen sinnlichen Eindrücken, mit allen Vorstellungen der Seele, welche einen Affekt bey mir erwecken. Begünstigen sie blos die Begierde nach Spannung meiner Kräfte, und nach Spannung einer gewissen Art; so gehört der Affekt nicht zu denen des Schönen nach gebildeten, sondern nur nach rohen Begriffen. Begünstigen sie aber würklich Triebe nach bloßem Anschauen, und trägt die Spannung, Schwingung, womit die vorhergegangene Erregung derselben begleitet ist, nur dazu bey, das Vergnügen zu erhöhen und zu modificiren; so schließt dieß den Affekt des Schönen nach gebildeten Begriffen nicht aus, sondern giebt ihm nur eine besondere Modification.

So wie nämlich die Erregung eines Triebes, der sich auf Anschauen beschränkt, meine Kräfte stark zusammenzieht, wird der Affekt feyerlich; so wie diese Erregung meine Kräfte den sinnlichen Eindrücken und den Vorstellungen der Seele nachzieht, wird der Affekt zärtlich: so wie diese Erregung endlich meine Kräfte in eine hüpfende Lebhaftigkeit setzt, wird der Affekt munter, wacker, aufgeweckt, ergötzend. Die Triebe selbst nehmen den Charakter dieser besonderen Schwingung an. Neigen wir uns mit zusammengezogenen Kräften zu den Gegenständen unserer sinnlichen Eindrücke und der Vorstellungen unserer Seele hin; so nennen wir die besondere Modification, welche unsere Triebe nach Anschauen annehmen, Bewunderung; neigen wir uns zu ihnen hin mit nachdehnenden Kräften, so nennen wir dieß eigentlich, Zärtlichkeit: hüpfen ihnen aber unsere Kräfte gleichsam nur gekitzelt nach; so nennen wir dieß Wohlwollen.

Zehntes Kapitel.

Resultat dieses Buches.

Aus dem Vorgesagten fließt:

1) Daß das subjektiv Schöne in der Bedeutung, wie es sittlich wohlerzogene Menschen allein annehmen, die Beschaffenheit unserer sinnlichen Eindrücke und der Vorstellungen unserer Seele ist, durch Begünstigung unserer Triebe nach Anschauen, ohne hervorstechendes Bewußtseyn einer Begierde, ohne Rücksicht auf Besitz und Vortheil für unsere individuelle Person, Vergnügen zu machen.

2) Daß es sich dadurch nicht allein von dem physisch und moralisch Guten nach rohen Begriffen absondere; (als welches allemal ein Gefühl oder eine Vorstellung von abgeholfener

Nothdurft und Nothwendigkeit voraussetzt, dahingegen das Schöne von einer freyen Bestimmung unserer Zuneigung überhaupt); sondern daß es sich

3) auch von dem Schönen nach rohen Begriffen absondere, indem dieß entweder eine hervorstechende Vorstellung von gestillter Begierde oder eine Rücksicht auf Besitz und Vortheil für unsere individuelle Person, wenn gleich aus freyer Zuneigung, zuläßt.

4) Daß folglich auch nakte Rücksicht auf den angenehm gespannten Zustand unsers Wesens, auf die wohlgefällige Rührung unserer Kräfte bey der Erregung unserer Triebe nicht hinreiche, den Affekt des Schönen nach geläuterten Begriffen zu gründen, indem es die Begünstigung eines eigennützigen Triebes voraussetzt: Daß aber

5) die besondere Art der Spannung, die mit jeder Erregung unserer Triebe, selbst der uneigennützigen nach bloßem Anschauen, verbunden ist, den Affekt und die Triebe selbst besonders modificire, indem es jenen den Charakter feyerlicher, zärtlicher und ergötzender Affekte, diesen aber der Bewunderung, der Liebe und des Wohlwollens giebt.

6) Daß wir die Beschaffenheit unserer sinnlichen Eindrücke und der Vorstellungen unserer Seele diese besondere Arten von Vergnügen zu

erwecken, den Gegenständen, die darin enthalten sind, oft als eine ihnen zukommende Eigenschaft beylegen, und daher die Gegenstände oft um der besonderen Wirkung willen, feyerlich, zärtlich und ergötzend schön nennen.

Dasjenige, was in den folgenden Büchern, besonders in dem über das Schöne in den Künsten vorkömmt, wird diese Sätze noch mehr aufklären.

Drittes Buch.

Von dem objektiv Schönen, dem Schönen in sich, oder von dem Schönen, als eine Eigenschaft oder Kraft der Gegenstände unserer sinnlichen Eindrücke und der Vorstellungen unserer Seele betrachtet.

Erstes Kapitel.

Es giebt keine Gegenstände, welche die Affekte des Schönen unbedingt, das heißt, unter allen Lagen und Verhältnissen bey dem empfindenden Wesen, und bey allen Menschen unter allen Völkern erwecken sollten. Also in dem Verstande giebt es kein Schönes in sich.

Ob der Grund einer durch einen sinnlichen Eindruck oder durch eine Vorstellung der Seele erregten Wirkung des Mögens und Nichtmögens bey dem empfindenden Wesen in dem Gegenstande, als eine ihm eigenthümliche Kraft, liege, oder ob er in einem vorübergehenden Verhältnisse liege, worin wir zu demselben kommen; das pflegen wir im gemeinen Leben auf eine doppelte Art zu prüfen. Wir machen selbst mehrere Versuche, den nämlichen sinnlichen Eindruck, die nämliche Vorstellung zu verschiedenen Zeiten wieder zu erhalten, untersuchen, ob die nämliche Wirkung erfolge; und wir fragen Andere, ob sie bey ähnlichen Versuchen die nämliche Wirkung erfahren. Folgt nun immer die nämliche Wirkung bey uns und bey andern auf wiederholte sinnliche Eindrücke und Vorstellungen der Seele, so legen wir dem Gegenstande die Kraft, uns auf diese oder jene Art zu bewegen, als etwas Eigenthümliches bey, als etwas, was in ihm, nicht in uns liegt.

(Beyspiele: Wenn ich bey wiederholter Berührung eines glühenden Eisens allemal, sowohl bey mir als bey Andern, die Empfindung, wir mögen es nicht, verspüre; so lege ich dem glühenden Eisen die eigenthümliche Kraft bey, widrig zu rühren. Wenn ich mit der Vorstellung der Vernichtung allemal bey mir und bey Andern die Empfindung, wir mögen es nicht, verspühre; so lege ich der Vernichtung diese widrige Wirkung als etwas Eigenthümliches bey; wenn ich aber die weiße Farbe, oder die Vorstellung des Geradlinigten oder des Krummen, bey mir und Andern, bald mit der Empfindung, wir mögen es gern, bald mit der, wir mögen es nicht, antreffe; so lege ich der geraden oder krummen

Linie die Kraft, uns wohlgefällig oder ungefällig zu rühren, nicht als etwas Eigenthümliches bey, sondern ich suche den Grund des Wohlgefallens und Mißfallens, in einem besondern vorübergehenden Verhältnisse, in welches wir alle uns mit dem Gegenstande unserer Vorstellung oder unsers sinnlichen Eindrucks gesetzt haben.)

Beynahe in jeder Gesellschaft wird nun darüber gestritten, ob das Schöne, oder dasjenige, was unsere Triebe nach Anschauen begünstigt, und uns ohne Begierde, ohne Besitz und Vortheil für unsere individuelle Person, Vergnügen macht, von einer den Gegenständen unserer sinnlichen Eindrücke und Vorstellungen unserer Seele eigenthümlichen Kraft herrühre, und mithin unter allen Lagen bey allen Menschen die nämliche Wirkung hervorbringen müsse; oder ob der Grund des erregten Affekts des Schönen blos in dem besonderen Verhältnisse liege, worin das einzelne anschauende Wesen mit dem angeschauten Gegenstande gekommen ist, zu suchen sey. Man drückt die Frage auch so aus: Giebt es einen allgemeinen Geschmack, oder hat ein jeder seinen eigenen?

Ein ganz allgemeiner Geschmack ist nun schlechterdings nicht zu behaupten, und wird von aller Erfahrung widerlegt.

Schon von der mehreren oder minderen Reizbarkeit der Organe hängt vieles ab, in wiefern die Gegenstände, von denen wir einzelne sinnliche

Eindrücke erhalten, angenehm seyn können oder nicht. Es giebt Ohren, die für allen Unterschied von Tönen, Augen, die für alle Verschiedenheit von Farben unempfindlich sind, ohne daß der Unterschied in irgend einer temporairen physischen Indisposition zu suchen wäre. Daß die Erziehung besonders den wichtigsten Einfluß auf die Macht der sinnlichen Eindrücke habe, beweiset der so sehr von einander abweichende Geschmack an den nämlichen Gegenständen nicht allein bey verschiedenen Völkern, sondern auch bey verschiedenen Klassen eines und des nämlichen Volks. Die schreyenden Töne und Farben thun dem Wilden wohl, und sind für den Europäer unangenehm. Diejenige Klasse von Bürgern policirter Völker, die nur für groben Eigennutz Sinn zu haben scheint, wählet gleichfalls, um sich zu schmücken, ein schreyendes Gelb oder Roth, welches den höheren und verfeinerten Klassen widersteht. Eben so verhält es sich mit den Emotionen des Herzens. Die niedrigen Volksklassen finden das größte Gefallen an Blutgerüsten und Halsgerichten, bey deren Anblick Personen aus den höheren Ständen in Ohnmacht fallen. Inzwischen gesetzt, es gäbe würklich Gegenstände, welche unbedingt einzelne angenehme Eindrücke auf unsere Sinnen machen, und wohlgefällige Vorstellungen in unserer Seele erwecken könnten, so wird doch ein jeder einsehen, daß sich dieß gar nicht weiter ausdehnen lasse, als auf solche abstrahirte Gegenstände, welche eigentlich niemals einzeln angetroffen werden, sondern immer in Verbindung mit andern, welche zusammen unter den gemeinsamen Begriff eines Wesens gebracht sind. So kann man sich z. E. keine Farbe ohne eine Gestalt denken, und diese Gestalt wieder ohne einen Körper, der gewissen Gattungen und Arten beygezählet wird. Nun ist es aber bekannt, wie die Farbe, die Gestalt, die an einem Gegenstande sehr schön ist, an dem andern als häßlich erscheint. Z. E. Ponßeau ist gewiß eine schöne Farbe, aber ein Gesicht mit Ponßeau gefärbt, ist etwas Gräßliches. Die Schlangenlinie ist gewiß eine schöne Form. Aber die Faßade eines Gebäudes, die aus Schlangenlinien bestünde, wäre etwas Häßliches. Man darf also dreist sagen: es giebt, genau genommen, kein Schönes in sich, keinen allgemeinen Geschmack. Kein Gegenstand wird jemals so unabhängig von den Verhältnissen, worin das empfindende Geschöpf mit ihm steht, für schön erkannt werden, wie gewisse Gegenstände für wahr, physisch und moralisch gut erkannt werden. Die Sätze: Alle Menschen müssen sterben; Mittel der Nahrung und der Bequemlichkeit sind etwas Gutes; gut ist es, gegen Andere dasjenige ausüben, was man selbst gegen sich ausgeübt wissen möchte. Solche Sätze, sage ich, werden von allen Menschen, unter allen Lagen anerkannt werden. Aber der Satz: eine Schlangenlinie ist etwas Schönes, wird nie anbedingt angenommen werden.

Daß das Schöne nie einem reinen Verstandesbegriffe unterworfen werden könne, wie etwa: zweymal zwey sind vier, das leuchtet von selbst ein, und ist schon von mir gesagt. (Siehe erstes Buch, viertes Kapitel.)

Zweytes Kapitel.

Aber in sofern giebt es allerdings ein Schönes in sich, als wir bey gewissen Affekten des Schönen es uns nicht bewußt sind, daß das Vergnügen von einer besonderen Beziehung abhänge, worin der Gegenstand unserer sinnlichen Eindrücke und der Vorstellungen unserer Seele mit dem früheren Zustande unserer Individualität stehen könnte. Gegenstände, welche ohne Bewußtseyn einer besonderen Beziehung auf den früheren Zustand unserer Individualität den Affekt des Schönen erregen, halten wir für fähig, diesen Affekt bey allen mit uns gleich gebildeten Menschen zu erregen. Die angenehme Wirkung der einzelnen sinnlichen Eindrücke auf wohl organisirte gleichgebildete Menschen giebt darüber den unzweydeutigsten Beweis, und dient zur Norm für alle Affekte, die mittelst Vorstellungen der Seele entstehen.

Dem-

Demohngeachtet bleibt es eben so ausgemacht, daß es Gegenstände giebt, von denen wir voraussetzen, daß sie allgemein als schön gefühlt werden müssen, bey deren gemeinschaftlicher Wahrnehmung mit Andern wir es diesen zum Vorwurf machen, daß sie dieselben nicht als schön fühlen, und wieder andere, von denen wir selbst überzeugt sind, daß es blos an einer besonderen Beziehung zwischen uns und dem Gegenstande liege, wenn wir ihn nicht mit den Uebrigen als schön empfinden. Es ist eine ganz gewöhnliche Redensart, wenn man sagt: ich finde jenes schöner, aber dieß gefällt mir besser, und wir sind dabey sogar sicher, daß Andere unsern Geschmack nicht verdammen, und die Affekte, die dabey zum Grunde liegen, von der Klasse derer des Schönen nach gebildeten Begriffen nicht ausschließen werden.

Wenn mir ein unregelmäßiges Gesicht besser als der Kopf der Venus von Medices gefällt, weil jenes meiner verstorbenen Mutter gleicht; so wird Niemand das Vergnügen, welches die Begünstigung dieses uneigennützigen Triebes nach bloßem Anschauen bey mir erweckt, mißbilligen. Ich werde daher dreist meinen Geschmack zu erkennen geben, ohne jedoch zu verlangen, daß Andere diesen Geschmack mit mir theilen sollen. Ja! ich selbst werde nicht einmal sicher seyn, daß unter allen Lagen und Verhältnissen dieses häßliche Gesicht den nämlichen Affekt bey mir hervorzubringen im Stande sey. Hingegen werde ich mich allemal berechtigt halten, den Kopf der Venus von Medices, vorausgesetzt, daß nicht besondere Beziehungen desselben auf den einzelnen Beschauer es hindern, als den Gegenstand solcher Empfindungen aufzustellen, welche Affekte des Schönen erwecken können. Ja! wenn mich selbst besondere Beziehungen und Verhältnisse abhalten, bey dem Anblicke dieses Kopfes den Affekt des Schönen zu empfinden; so werde ich mich doch überzeugt halten, daß diese Beziehungen und Verhältnisse sich ändern, und alsdann der wahrgenommene Gegenstand seine ihm eigenthümliche Wirkung ausüben werde. Wie läßt sich dieses erklären? Vorhin habe ich gesagt, es giebt keinen Gegenstand, der unbedingt den Affekt des Schönen erwecken könnte, und jetzt behaupte ich, daß wir demohngeachtet solche Gegenstände anerkennen? Wäre es nicht möglich, daß, wenn wir gleich eine unmittelbar von den Gegenständen ausgehende Kraft, uns den Affekt des Schönen zu geben, bezweifeln müssen; wir dennoch gewisse Verhältnisse, worin der angeschauete Gegenstand mit dem Anschauer stehen kann, so allgemein übereinstimmend bey vielen Menschen annehmen zu können glaubten, daß wir beynahe darauf so gut, als auf eine eigenthümliche Kraft selbst rechneten? Gewiß dieß scheint der Fall zu seyn. Menschen, die ungefähr unter dem nämlichen Himmelsstriche geboren, von den nämlichen Gegenständen umgeben, unter den nämlichen Einrichtungen zu ihrer bequemeren Fortdauer und zur Erheiterung ihres Daseyns aufgewachsen sind, erhalten beynahe die nämliche Reizbarkeit der Organe ihrer äußeren Sinne. Diese Erfahrung wird sehr leicht gemacht. Sie wird so früh gemacht, daß wir ihrem ersten Ursprunge nicht einmal auf die Spur kommen können, denn schon Kinder handeln darnach bey der Mittheilung ihres gröbsten Genusses physischer Nahrung. Sie erhält sich durch unser ganzes Leben durch, und erstreckt sich auf alle Sinne. Was mir wohl schmeckt, das schmeckt auch andern gut, was ich wohlriechend finde, das finden auch andere wohlriechend u. s. w. Nach dieser Regel bereitet der Koch seine Speisen. Ja! ich erinnere mich eines Eheprozesses, worin der Bräutigam von seiner Braut durch die Entschuldigung loszukommen hoffte, daß er behauptete, sie hätte einen häßlichen Geruch an sich. Der Richter ließ die Sache untersuchen. Man fand das Vorgeben falsch. Der Bräutigam sagte: sie röche häßlich für ihn; worauf jener versetzte: seine Nase könne darüber nichts entscheiden. Also ist so viel gewiß: vermöge einer selten trügenden Erfahrung werden bey gleichgebildeten Menschen dieselben Affekte von denselben Gegenständen ihrer sinnlichen Eindrücke erregt, und wenn sie nicht davon erregt werden, so liegt dieß an einer fehlerhaften Organisation ihres

Körpers. Nun ist mit der Empfindung dieses affekterregenden sinnlichen Eindrucks die Wahrnehmung verbunden, daß der Affekt unmittelbar, ohne daß irgend eine andere Vorstellung dazwischen getreten wäre, welche die geringste Beziehung auf unsern vorhergegangenen Zustand gehabt hätte, entstanden sey. Woher kömmt denn die Kraft dieser sinnlichen Eindrücke? Offenbar daher, daß sie unsere Nerven auf diese oder jene Art zusammenziehen, die uns entweder angenehm oder unangenehm ist. Es müssen also unleugbar gewisse Gegenstände so geschaffen seyn, daß sie unmittelbar durch den sinnlichen Eindruck, den sie auf uns machen, unsere Sinnenorganen angenehm oder unangenehm afficiren, und wenn diese Kraft sich in diesem oder jenem Falle nicht äußert, so liegt dieß an einem (der Regel nach nicht anzunehmenden) Mangel der Fähigkeit, den Eindruck zu leiden. Der Stahl ist darum nicht minder hart, weil er an gewissen Steinarten abspringt.

Kaum ist diese Erfahrung gemacht, daß die Affekte, welche durch sinnliche Eindrücke bey uns entstehen, der Regel nach von allen gleichgebildeten Menschen getheilt werden, und daß der Affekt unmittelbar mit dem sinnlichen Eindrucke ohne alle dazwischen tretende Vorstellung eines Verhältnisses, einer Beziehung zwischen dem Gegenstande und meinem früheren Zustande entstehe; so wird dieser letzte Umstand zur Norm für alle Affekte, die mittelst einer Vorstellung der Seele bey mir entstehen, um auf deren allgemeine Mitempfindung zu rechnen.

Alle diejenigen, welche mir wohlgefällig sind, ohne daß ich mir sagen kann: hätte ich nicht eine frühere Vorstellung mit hinzugebracht, die nicht leicht ein Anderer mit mir theilt, so würde ich den Gegenstand nicht schön gefunden haben, die sehen wir nicht als Wirkungen einer eigenthümlichen Kraft des Gegenstandes an. Hingegen alle diejenigen Affekte, bey deren Entstehung wir uns einer solchen Beziehung nicht bewußt sind, die legen wir einer eigenthümlichen Kraft der Gegenstände unserer Vorstellungen selbst bey, und bezeichnen sie mit dem Adjektiv: schön, und zum Unterschiede von dem blos subjektiv Schönen, mit dem Namen: schön in sich. Affekte, welche so unmittelbar mit der Vorstellung eines Gegenstandes in uns aufsteigen, sollen denn alle Menschen mit uns auf gleiche Art rühren. Und hiebey haben wir nicht blos die Analogie mit unsern sinnlichen Eindrücken auf unserer Seite, sondern auch Gründe der Vernunft. Denn wenn wir zuweilen in unsern Affekten von den Affekten Anderer abgestimmt haben, woran hat es gelegen? Gemeiniglich daran, daß wir andere frühere Vorstellungen mit zu dem Gegenstande hinzugebracht haben, welche von denen, welche Andere hinzubrachten, verschieden waren, und welche uns verhinderten, mit ihren Affekten übereinzustimmen. Fallen aber dergleichen zwischentretende Vorstellungen weg, so läßt sich auch die gemeinschaftliche Wirkung eher voraussetzen.

Drittes Kapitel.

Ich nehme viererley Arten des Objektiv-Schönen an.

Das Angenehme ist die erste, und ich verstehe darunter a) den einzelnen wohlbehagenden Eindruck, den gewisse Gegenstände unmittelbar auf meine edleren Sinnenorgane des Auges und des Ohres machen, ohne weitere Erkenntniß von dem Gegenstande zu geben, und ohne eine Begierde deutlich zu erregen, oder zu stillen. b) Die wohlbehagende Rührung oder Emotion, in welche mein Inneres durch das Spiel, durch die Bewegung mehrerer schon einzeln wohlbehagender sinnlicher Eindrücke, oder durch die Beziehung gewisser Gefühle auf sittlich sympathetische Zustände des Menschen versetzt wird, ohne eine Erkenntniß von dem Gegenstande der Rührung zuzulassen, und ohne eine Begierde deutlich zu erregen oder zu stillen.

Nach der eben gegebenen Erklärung des Objektiv-Schönen nehme ich nun viererley Arten desselben an: das Angenehme, das Wohlgefällige, das Vortreffliche und das Interessante. Von diesen Arten schöner Eigenschaften der Dinge gehören einige vor das Forum des Instinkts, andere vor das Forum der Vernunft, wie solches gezeigt werden soll im zweyten Kapitel des vierten Buches, und in dem ganzen ferneren Laufe dieses Werks.

Hier zuerst von dem Angenehmen. Unter diesem Worte verstehe ich alles, was uns eine vergnügende, wohlbehagende Bewegung, Empfindung giebt, ohne daß wir eine Erkenntniß von dem Gegenstande, der uns bewegt, nähmen, (das heißt, ohne daß wir beachteten, was das Ding ist, das uns bewegt, oder wozu es ist. Vergl. erstes Buch, zweytes Kapitel no. 2.) und ohne daß wir dadurch eine Begierde in uns zum Streben gebracht, oder gestillet fühlten. (Vergl. erstes Buch, erstes Kapitel no. 12 und 13. zweytes Buch, fünftes und sechstes Kapitel.)

Wir nehmen also blos wahr: es ist etwas da, das berührt uns äußerlich, das rührt uns innerlich, ein sinnlicher Eindruck, ein inneres Gefühl, aber was es ist, wozu es ist, das beachten wir nicht, das unterscheiden wir nicht nach Gattung, Art und Individualität, das prüfen wir noch weniger in Rücksicht auf Wahrheit oder Zweckmäßigkeit: aber es macht uns Vergnügen, und zwar ein Vergnügen, was nicht von Bestrebung oder Stillung der Begierde abhängt. (Vergleiche erstes Buch, erstes Kapitel durchaus.)

Aus dieser Erklärung folgt: 1) daß das Angenehme, welches blos dem Zeitvertreibe, der Belustigung, oder gar der Erregung grobeigennütziger Begierden zuzuschreiben ist, gar nicht hieher gehöre. Also auch nicht das Ausgaffen aus dem Fenster, um etwas Neues zu sehen, das Häßlichlächerliche, oder gar die Wirkung des Hochgerichts, der Thierhatze auf den Pöbel u. s. w. Jeder interessirte Zustand, wobey die Bestrebung oder Stillung einer Begierde ein besonderer Gegenstand meiner Vorstellung wird, gehört nicht hieher. (Vergl. zweytes Buch, fünftes und sechstes Kapitel.)

2) Daß das Angenehme, welches einzelne sinnliche Eindrücke auf die gröberen Sinne, des Geschmacks, des Geruchs, des betastenden Gefühls und der eigentlichen Sinnlichkeit dergestalt machen, daß sie die ihnen anklebenden Begierden deutlich aufreizen oder stillen, nicht hierher gehören. (Vergl. zweytes Buch, fünftes Kapitel.)

3) Daß die wohlbehagenden Empfindungen, welche zugleich mit einer Erkenntniß bey uns aufsteigen, wäre es auch blos eine instinktartige, von den objektiven Unterscheidungszeichen der Dinge außer uns, nach Gattung, Art und Individualität: z. E. die wohlbehagende Wirkung, welche die unbedeutende Wohlgestalt der Schlangenlinie auf uns macht u. s. w. nicht hierher, sondern zu dem Wohlgefälligen, dem Vortrefflichen, dem generisch und specifisch Interessanten gehören.

(Vergl. das vierte, fünfte und sechste Kapitel in diesem Buche.)

Das angenehm Schöne, in dem Sinne, wie ich es annehme, ist also

1) der einzelne wohlbehagende sinnliche Eindruck, den unsere edleren Sinnenorgane, das Auge, das Ohr, durch gewisse Farben und Töne unmittelbar erhalten.

Damit ist genau verbunden

2) die Wirkung, welche diese einzelnen sinnlichen Eindrücke durch das Auge und durch das Ohr auf unsere gröberen Sinnenorgane machen, jedoch ohne diese zum Streben, oder zur deutlichen Empfindung eines Genusses zu bringen. Z. E. das Markigte, Frische, Saftige, Sanfte, Duftige, Sammetne, Glatte, an den körperlichen Gegenständen, die wir mittelst des Auges und des Ohrs wahrnehmen, ohne sie würklich schmecken, einathmen, streicheln zu können, oder zu wollen.

3) Was mittelst der Bewegung, welche unsere innere Empfindungsfähigkeit, durch die Bewegung der sichtbaren und hörbaren Gegenstände außer uns, oder durch die Bewegung unsers Auges und unsers Ohres an ihnen hin, oder ihnen nach, in Begleitung angenehmer sinnlicher Eindrücke, erhält — wohlbehagend rührt, oder wohlbehagende Gefühle erweckt. Kurz! das angenehme Spiel unerkennbarer Gestalten, Farben und Lichter, unvernehmlicher Töne.

z. E. das Brillantiren des Schnees, das glänzende Zittern der Silberpappel, die Fluktuation der Flamme, der Wohllaut der Deklamation einer Rede in einer Sache, die ich nicht verstehe, das Plätschern des Wassers, das Gemurmel des Bachs, der Wiederhall eines Wohllauts u. s. w.

Alles angenehme Gewimmel bewegter oder sich selbst bewegender Körper: alles angenehme Gewirre von Wohllauten gehört hierher.

4) Alle dunkle Rührungen, Gefühle, Emotionen, die uns durch die Beziehung auf sittlich sympathetische Zustände, Situationen, worin wir uns wohl eher befunden haben, und uns zu befinden lieben, wohlbehagend wird.

Dahin gehört das Dunkle, Düstere, Neblichte, Heitere, Anlachende gewisser sichtbarer und hörbarer Gegenstände, aber auch gewisser unsinnlicher Vorstellungen, welche sich als unerkennbare Ahndungen ankündigen, und uns zur Feyer, zur süßen Melancholie, zur heiteren Lebendigkeit einladen, ohne daß wir den Gegenstand, der uns bewegt oder rührt, beachteten, oder dadurch eine Begierde erregt oder gestillt fühlen.

Hierbey ist diese allgemeine Bemerkung zu machen:

Sehr oft könnten wir von den Gegenständen, welche uns angenehme sinnliche Eindrücke oder angenehme innere Rührungen geben, Erkenntnisse, wenigstens instinktartige, haben; allein wir sind zu sehr mit der Beachtung des Maaßes, der Rührung, der Wirkung der Bewegung, die wir erhalten, beschäftigt, als daß wir den Gegenstand, der sie hervorbringt, beachten sollten. So verhält es sich bey manchem Genuß, den wir von Aufzügen, festlichen Pompen und von der Musik nehmen. Wir sehen die ersten oft wie ein bloßes Gewimmel unerkennbarer Gestalten, und hören diese oft blos als ein Gewirre unvernehmlicher Töne an.

Viertes Kapitel.

Eine zweyte Art des Objektiv-Schönen ist das Wohlgefällige, oder der Gegenstand, der mittelst einer anschauenden Erkenntniß, jedoch ohne Bewußtseyn einer Beziehung auf den früheren Zustand des Anschauenden, und ohne Rücksicht auf Besitz und Vortheil für seine individuelle Person, Vergnügen macht.

Wie weit die Gränzen solcher angenehmen einzelnen sinnlichen Eindrücke, und solcher angenehm rührenden Vorstellungen der Seele gehen, das ist eine der schwierigsten Fragen, die man aufwerfen kann. Gehören die unbedeutende Wohlgestalt, die unbedeutende Zusammenstimmung, z. E. die Schlangenlinie, die einzelne geometrische Figur, das harmonische Spiel der

Farben, der Accord u. s. w. mit dazu oder nicht? Wahrscheinlich ist es nicht.

Sobald wir einen Gegenstand von andern nach Gattung, Art und Individualität unterscheiden, so haben wir eine Erkenntniß davon erhalten, und so sind sowohl die Schlangenlinie als der Accord einer solchen, wiewohl gemeiniglich instinktartigen, Erkenntniß unterworfen, die jedoch zuweilen sogar ein reines Verstandesurtheil (Vergleiche erstes Buch, zweytes Kapitel no. 4 und 5) seyn kann, indem ich ohne Rücksicht darauf, ob ich die Sache mag oder nicht mag, mir sagen kann: die Schlangenlinie nimmt diese oder jene Direktion, und unterscheidet sich dadurch von der graden Linie. Der Accord ist der gleichzeitige Anschlag mehrerer Töne, die sich in Eins verbinden. Dabey wird gar nicht unbedingt vorausgesetzt, daß jede Schlangenlinie oder jeder Accord mir wohlgefällig seyn müsse. Der Accord auf einem widrigtönenden Instrumente angeschlagen, die Schlangenlinie an der Säule des Gebäudes, sind davon unleugbare Beweise.

Sind also diese Gegenstände, und andere ähnliche, einer Erkenntniß unterworfen, so ist auch als gewiß anzunehmen, daß sie mit meinem früheren Zustande in Beziehung stehen müssen. Denn ich kann nichts nach Gattung, Art und Individualität unterscheiden, wenn ich nicht früher andere Gegenstände gekannt habe, an welche mich der gegenwärtige durch Aehnlichkeit und

Unähnlichkeit erinnert. Steht aber die gegenwärtige Wahrnehmung mit früheren Vorstellungen in Beziehung, so treten diese auch zwischen die Wahrnehmung und das Vergnügen, das ich empfinde, mithin entsteht das letzte nicht unmittelbar mit der ersten.

Inzwischen ist doch noch ein gewaltiger Unterschied zwischen der Art anzutreffen, wie ich den freyen Schwung einer Linie, und wie ich die bestimmte Gestalt eines Kopfs, wie ich den einzelnen Accord, und wie ich eine den bestimmten Ausdruck einer Leidenschaft darstellende Arie empfinde. In dem einen Falle ist sich die Seele gar nicht bewußt, daß sie die Bilder oder die Erinnerungen früher wahrgenommener Gegenstände herbeyruft; eine Vergleichung zwischen beyden anstellt, und sich dadurch in ihrem Wohlgefallen bestimmt; in dem andern ist sie sich dieser Operation allerdings bewußt. Die Schlangenlinie gefällt ihr der Regel nach immer besser, als die grade: der Accord der Regel nach immer besser, als das nicht Zusammenstimmende, ohne daß sie sich bewußt ist, in dem Augenblicke der Wahrnehmung an die grade Linie oder das Nichtharmonische gedacht zu haben. Hingegen in dem Falle, wo ihr die Form des Gesichts, die ausdrucksvolle Arie gefallen hat, da ist sie sich wenigstens in dem Augenblicke nach dem gehabten Affekte deutlich bewußt, das Gesicht mit andern Gesichtern, oder den gespannten Zustand, in den sie durch die Arie versetzt ist, mit einem früher gehabten ähnlichem oder unähnlichem Zustande verglichen zu haben. Etwas, welches nun den Affekt des Schönen zwar mittelst einer anschauenden Erkenntniß, jedoch ohne Bewußtseyn einer dabey eingetretenen Operation der Seele erregt, vermittelst deren wir eine Beziehung auf einen früheren Zustand unserer Individualität aufgesucht hätten, wird gleichfalls als eine den Gegenständen selbst anklebende Kraft, uns unmittelbar den Affekt des Schönen zuzuführen, also wie etwas Objektiv-Schönes, als etwas Schönes in sich, angesehen, aber durch den besondern Namen des Wohlgefälligen von dem blos Angenehmen unterschieden. Wie geht es aber zu, daß wir einen Gegenstand, der doch allemal in Beziehung mit dem früheren Zustande unserer Individualität steht, so empfinden, als ob er in gar keiner Beziehung damit stände? Ich glaube, ein einziger Grund reicht hier nicht zur Erklärung zu.

Es läßt sich gar wohl annehmen, daß die unbedeutende Wohlgestalt, die unbedeutende Zusammenstimmung in einigen Fällen, würklich in einem solchen unmittelbaren Verhältnisse mit unsern Gesichts- und Gehörnerven stehe, daß sie so wie der einzelne Glanz und der einzelne Wohllaut ihnen eine angenehme Spannung geben. Es ist auch möglich, und das Gegentheil läßt sich gar nicht erweisen, daß unsere Seele an der

Spannung ihrer Kräfte, welche sie durch die leichte Vereinigung mehrerer sinnlichen Eindrücke unter ein gemeinschaftliches Verhältniß erhält, ein Behagen mittelst einer angenehm rührenden Vorstellung erhalte. In beyden Fällen würde dann die Empfindung der angenehmen Spannung der edleren sinnlichen und geistigen Kräfte ein solches Uebergewicht erhalten, daß dadurch das Bewußtseyn einer Beziehung der Schlangenlinie, oder des Accords, auf früher gehabte Vorstellungen gänzlich aufgehoben würde. Möchte dann immerhin die Schlangenlinie uns zugleich an die Form aller Bewegung und Fortschreitung animalischer und vegetabilischer Körper erinnern: möchte dann immerhin der Accord, das harmonische Spiel der Faden, uns auf alles Wohlgeordnete zurückführen; wir vermöchten nicht daran zu denken, so sehr hätte uns die angenehme sinnliche Berührung, die angenehme geistige Rührung hingerissen. Allein warum sollen wir nicht beydes zusammenwirkend annehmen? Ich nehme es an, und, wie ich glaube, nicht aus schlechten Gründen.

Es hat gar keinen Zweifel, daß dasjenige, was uns ehemals angenehm, oder auch nützlich gewesen ist, nach einem gewissen Zeitverlaufe dankbare Rückerinnerungen einflößen könne, wenn wir auch gegenwärtig die vorige Art des angenehmen Genusses von dem Dinge nicht nehmen, gegenwärtig das Ding nicht zu einem nützlichen

Gebrauche anwenden. Diese dankbare Rückerinnerung kann uns so geläufig, so mechanisch werden, daß wir gar nicht einmal weiter daran denken, daß sie uns wie ein baarer sinnlicher Eindruck rührt.

Wir vergessen es nie, wie dasjenige, was uns süß im Geschmack, sanft bey der Berührung gewesen ist, nach Farbe und Gestalt von andern Gegenständen unterschieden war. Das Oval, die Birnenform, die Busenwölbung, das Saftige, Markigte u. s. w. sind sichtbare Merkmahle von Gegenständen, die uns ehemals groben sinnlichen Genuß gegeben haben. So lange wir an diesen denken, gehört der Affekt, den er einflößt, nicht zu denen des Schönen. Aber nun treffen wir die sichtbaren Merkmahle an Gegenständen, die eines so groben Genusses nicht fähig sind, wieder an, an Gebäuden, an Meublen, an gewissen Theilen des menschlichen Körpers; was ist natürlicher, als daß die dunkle Erinnerung an den ehemals gehabten Genuß wieder erweckt werde, und dazu beytrage, uns diese Gestalten angenehm zu machen! Wir lieben, der Regel nach, die strebende Thätigkeit unserer Kräfte: einen interessirten Zustand. Nicht jeder interessirte Zustand ist darum einem Affekte des Schönen nach gebildeten Begriffen zuzuschreiben. Aber gesetzt, wir haben während des grobangenehmen Strebens gewisse sichtbare oder hörbare Merkmale an den Gegenständen wahrgenommen, wel-

che

che uns in dieß Streben versetzten, und wir treffen diese an andern Orten wieder an; so entsteht eine angenehme Spannung in uns, die wir mit gutem Rechte dem Schönen beylegen dürfen, da wir gegenwärtig nicht eigennützig genießen. Das Düstere, das Dunkle gewisser Farben, und Lichttöne, das Gewirre gewisser musikalischer Sätze, die Läufe, das Wirbeln u. s. w. kann es nicht ohne alle Spitzfindigkeit den Grund seines Wohlgefälligen mit darin finden, daß es uns an die strebende Spannung eines leidenschaftlichen Zustandes überhaupt erinnert, der sehr oft mit Behagen verknüpft ist?

Weiter: Was allgemein nützlich ist, was wir täglich brauchen, täglich neben und um uns sehen, wird uns durch Eigennutz und Angewöhnung wichtig. Es erweckt dankbare Rückerinnerungen, ohne daß wir es uns selbst bewußt sind, so bald wir sinnliche Merkmahle ihrer specifiken Gestalt, oder solche sinnliche Merkmahle antreffen, welche uns auf ihre unsinnlichen Beschaffenheiten zurückführen. Die Bewegung, das Fortschreiten, die Wirkung alles Lebens, Wachsthums, Gedeihens vegetabilischer und animalischer Körper, wird durch die Schlangenlinie, durch das Schlängelnde versinnlicht; das Wohlgeordnete, die Wirkung aller Handlungen mit Vernunft begabter Geschöpfe wird durch den Accord, durch die Harmonie der Farben, Gestalten, Lichtarten versinnlicht. Sie erinnern zu gleicher Zeit an Abwechtelung und Uebereinstimmung, sie sind das Bild der täglichen Beschäftigung der Seele bey der Formirung ihrer Erkenntnißurtheile. Welch eine Menge von Fäden treffen hier zusammen, um diese unbedeutenden Wohlgestalten und Zusammenstimmungen durch Beziehung auf unsern früheren Zustand wohlgefällig zu machen!

Noch deutlicher wird dieß bey der symmetrischen und eurythmetischen Anordnung. Offenbar bezieht sich diese auf allgemeine sichtbare Kennzeichen aller Gestalt vierfüßiger Thiere. Ein Kopf, zwey Vorder- zwey Hinterfüße, ein Schwanz; das ist die gewöhnliche Form, in der man mehrere Gegenstände zusammenstellt, wenn man eine Fläche symmetrisch anordnen will. Darum behaupte ich nicht, daß das Wohlgefallen, welches wir an der Symmetrie nehmen, allein auf dieser Versinnlichung allgemein geschätzter Körper beruhe. Nein! Ideen von Ordnung, blos sinnlich oder geistig angenehme Rührungen, Emotionen, können mitwirken; nur schließe man jenen Grund nicht aus.

Wer kann aber die sinnliche Beziehung auf andere blos nützliche, blos angenehme sichtbare Gegenstände verkennen, wenn Vandyk der menschlichen Hand die Form der Birne; Albert Dürer dem Faltenschlage seiner Gewänder die Form mathematischer Figuren; Pietro da Cortona seinen Gruppen die Form der Kegel, und Rubens dem Spiele seiner Farben und Lichter die Eigenheiten der Weintraube giebt! Wer kann es verkennen, daß in unsern architektonischen Zierrathen eine beständige Beziehung auf die Gestalt gewisser Blumen, gewisser Früchte, gewisser Theile thierischer Körper, ja! sogar auf mathematische Figuren und Gegenstände des bloßen Nutzens und Gebrauches liegt!

Wer kann es verkennen, daß die Abwechselung der Formen, der Farben, der Gestalten, auf Vorstellungen von Reichthum, so wie der Glanz auf Pracht, mithin auf eine Menge ganz eigennützig schätzbarer Gegenstände zurückführt! Wer wird endlich leugnen, daß der Geschmack ganzer Völker oft durch den eigensinnigen Geschmack ihrer angesehensten Mitbürger eine besondere und sich auf die spätesten Generationen hinunter erstrekkende Modification erhalte?

Genung hiervon! Das Wohlgefällige ist dasjenige, was mittelst einer anschauenden Erkenntniß, aber ohne Bewußtseyn einer Beziehung des angeschaueten Gegenstandes, auf den früheren Zustand des Anschauenden, und ohne Rücksicht auf Besitz und Vortheil, Vergnügen macht.

Viele Lehrbücher nennen dieß Wohlgefällige eigentlich das Schöne.

Fünftes Kapitel.

Die dritte Art des Objektiv-Schönen ist das Vortreffliche: oder die Eigenschaft persönlicher Gegenstände, oder individueller Substanzen, welche sie, in Vergleichung mit andern Gegenständen ihrer Gattung und Art durch eine mehr als nothdürftige Ausfüllung ihrer selbstständigen Bestimmung auszeichnet, und uns vermittelst einer anschauenden Erkenntniß dieses Vorzugs den Affekt des Schönen zuführt.

Es giebt gewisse Gegenstände, die ich in der Natur, in der würklichen Welt als einzelne Körper, oder als Personen, oder als Körpern und Personen ähnliche, von andern Dingen abgesonderte Substanzen betrachte, und einem gewissen Begriffe von dem Wesen und der Bestimmung ihrer ganzen Art und Gattung unterwerfe. Wenn ich z. E. an Mensch, Tisch, Blume, Gebäude, Charakter, Seele u. s. w. denke; so sage ich mir gewiß, ich habe solche Gegenstände einzeln für Substanzen erkannt, und sie der ganzen Art und Gattung nach von andern Gegenständen unterschieden. Ich sage mir mehr: ich weiß nicht allein, woran ich sie ihrem Wesen, oder ihren Unterscheidungszeichen nach, von andern Gegenständen auskennen soll; ich weiß auch, wozu sie unabhängig von dem Gebrauch, den ich davon machen kann, im Verhältniß zu ihrem eigenen Wohl und dem Wohl des Ganzen, bestimmt sind. Solche Begriffe sind bey allen wohlerzogenen Menschen über alle gewöhnliche Gegenstände des gemeinen Lebens festgesetzt, wenn gleich diese Begriffe keinesweges wissenschaftlich bestimmt sind. En gros wissen wir alle, wozu der Mensch, der Tisch, die Blume, das Gebäude, die Seele u. s. w. taugen, sich selbst brauchen und von Andern gebraucht werden mögen, ohne daß die individuelle Person, welche sich diese Gegenstände vorstellt, gerade an den Gebrauch denkt, den sie davon machen kann.

Jemand, der nie zu Wasser zu fahren denkt, weiß doch, wie ein Schiff beschaffen seyn muß, um damit auf dem Wasser zu fahren, und zwar en gros: es muß nicht leck seyn, um nicht unter zu sinken, es muß sich leicht bewegen lassen u. s. w.

Wenn nun ein solcher praktischer Begriff von einem persönlichen Gegenstande festgesetzt ist, so kann er mir entweder in Gemäßheit, in der Uebereinstimmung mit dem Begriffe den Affekt des Schönen zuführen; oder er kann unabhängig davon durch einzelne Eigenschaften und Beschaffenheiten, die ich an ihm wahrnehme, den Affekt des Schönen bey mir erwecken.

Wir wollen das Beyspiel von dem Schiffe beybehalten. Daß seine Bestimmung die sey, auf dem Wasser zu fahren, das wissen wir.

Gesetzt aber, es wäre ohne Boden, gänzlich unbrauchbar, könnte es demohngeachtet nicht durch seine schöne Gestalt gefallen? Könnte es, wenn auch kein Mensch es für ein Schiff halten möchte, nicht durch den Glanz seiner Farben angenehm, durch das Schlängelnde seiner Linien wohlgefällig, durch die Vorstellung seiner Zertrümmerung interessant seyn? Allerdings! und so ist das Angenehme, das Wohlgefällige, das Interessante völlig unabhängig von dem Begriff, der von dem Wesen und der Bestimmung eines persönlichen Gegenstandes festgesetzt ist. Es sind allgemeine Eigenschaften und Beschaffenheiten, die an persönlichen Gegenständen von ganz verschiedener Art angetroffen werden, und nur mit Hülfe der Imagination davon abstrahirt, und als für sich bestehende Wesen betrachtet werden mögen. Von dieser Art ist der Glanz, die Schlangenlinie, die Symmetrie, die Eurythmie, der Ausdruck der Leidenschaft u. s. w.

Ganz verschieden hiervon ist das Vortreffliche, oder dasjenige, was uns in Gemäßheit des von der Substanz festgesetzten Begriffs, ohne Rücksicht auf Besitz und Vortheil, und ohne Bewußtseyn einer besondern Beziehung zwischen dem Gegenstande und dem Genießer, Vergnügen macht. Dieß hat seinen Grund darin, daß wir vermittelst einer ganz natürlichen Association der Affekte mit unsern Erkenntnißurtheilen allemal da Vergnügen empfinden, wo wir bey Zusammenhaltung des einzelnen persönlichen Gegenstandes mit dem Begriff, der von der ganzen Art und Gattung festgesetzt ist, an jenem Eigenschaften wahrnehmen, die ihm einen besonderen Grad von selbstständiger Zweckmäßigkeit geben. Z. E. das Schiff segelt außerordentlich geschwind: dieß ist etwas Vortreffliches. Denn es ist eine Eigenschaft, die ihm in Gemäßheit seiner selbstständigen Zweckmäßigkeit zukömmt.

Also um den Affekt des Vortrefflichen zu gründen, wird eine individuelle Substanz, ein persönlicher Gegenstand erfordert, der mit andern seiner Art in Rücksicht auf eine Zweckmäßigkeit verglichen wird, die gar nicht davon abhängt, ob der Genießer das Ding brauchen könne oder nicht. Finden wir nun Eigenschaften daran, welche das Ding für sich zweckmäßiger machen, als es zu seyn brauchte, um seine Bestimmung nothdürftig auszufüllen, so kommen diese mehr als nothwendigen und doch brauchbaren Eigenschaften in das nämliche Verhältniß zu denen, die blos nothdürftig zweckmäßig sind, worin dasjenige Vergnügen, welches wir an der Befriedigung unserer Nothdurft nehmen, zu demjenigen Vergnügen steht, welches wir ohne Rücksicht auf allen würklichen Gebrauch für unsere individuelle Person genießen: folglich entsteht durch eine höchst natürliche Assoriation der Ideen sogleich mit dem Erkenntnißurtheile einer vorzüglichen innern Zweckmäßigkeit ein schöner Affekt, oder ein Vergnügen ohne Rücksicht auf Besitz, Gebrauch, und ohne besondere Beziehung zwischen dem Gegenstande und dem Genießer.

Man darf mir hier schlechterdings nicht einwenden, daß ein Erkenntnißurtheil allemal den Affekt des Schönen aufhebe, und daß die Analyse der Schönheit das Gefühl derselben zu Grabe bringe. Dieß hat nur dann seine Richtigkeit, wenn ich das Erkenntnißurtheil wie einen Begriff mühsam zusammenfassen, zusammensetzen muß. Aber wenn es mir mechanisch geworden ist, wenn ich eine Anschauung davon habe, so zerstört er den Affekt keinesweges. Das Vortreffliche ist also die Eigenschaft persönlicher Gegenstände, oder individueller Substanzen, welche sie in Vergleichung mit anderen ihrer Gattung und Art, durch eine mehr als nothdürftige Ausfüllung ihrer selbstständigen Bestimmung auszeichnet, und uns bey der Anschauung, oder bey der anschauenden Erkenntniß, Affekte des Schönen giebt.

Es ist vielleicht nicht undienlich, dieß noch durch mehrere Beyspiele zu erläutern.

Das Herschelsche Telescop ist zum Sehen bestimmt. Unabhängig davon, ob ich damit sehe, oder damit etwas ausspähen lasse, kann es den Affekt des Schönen bey mir durch die anschauende Erkenntniß der Eigenschaft erwecken, daß es in Vergleichung mit allen andern Telescopen von der Welt den Blick des Menschen weiter führt, als er jemals vorher gegangen ist, mithin seine selbstständige Bestimmung in einem ausgezeichneten Grade ausfüllt. Dieß ist das Vortreffliche. Gesetzt aber, nahe dabey läge ein Tubus, der gar nicht zu brauchen wäre; könnte mir dieser demohngeachtet nicht durch den Glanz seiner elfenbeinernen Scheide angenehm, durch seine Gestalt wohlgefällig, durch die Vorstellung, daß Tycho de Brahe sich desselben zuerst zu seinen astronomischen Arbeiten bedient hätte, interessant seyn? Allerdings! und von allen diesen Eigenschaften könnte ich sicher voraussetzen, daß sie den Affekt des Schönen bey mir und bey allen mit mir gleichgebildeten Menschen erwecken, mithin ihnen mit mir ein Vergnügen ohne Rücksicht auf Besitz und Vortheil für ihre individuelle Person geben würden *).

*) Das Vortreffliche kann oft blos Affekte der Begierde erwecken, mithin des Guten, wenn nämlich die Brauchbarkeit des vortrefflichen Gegenstandes besonders in Anschlag gebracht, und dergestalt betrachtet wird, daß das Individuum des Anschauers irgend einen Antheil an den Folgen dieser Brauchbarkeit nimmt. So wird der Arzt, der die Vortrefflichkeit der China mit der Rücksicht betrachtet, wie sie bey Krankheiten, die er zu heilen hat, anwendbar sey, nur den Affekt des Guten von der Vorstellung der China erhalten, und eben so verhält es sich mit dem Astronomen, welcher mit dem Herschelschen Telescop nach den Sternen zu sehen denkt. Wer aber weder Arzt noch

Sechstes Kapitel.

Eine vierte Art des Objektiv-Schönen ist das Interessante, oder die Eigenschaft gewisser Gegenstände, jedem mit uns gleichgebildeten Anschauer eine unverkennbare Veranlassung zu geben, sich gewisser allen gleichgebildeten Menschen eigenen, früher gehabten Affekte des Vergnügens und ihrer Gegenstände bey der gegenwärtigen anschauenden Erkenntniß zu erinnern. Es ist entweder generisch, oder specifisch.

Es giebt unstreitig viele Fälle, worin wir bey der anschauenden Erkenntniß gewisser Gegenstände das Bewußtseyn haben: hätte ich diese oder jene mir schon durch den begleitenden Affekt des Vergnügens merkwürdige Vorstellung nicht mit hinzugebracht; so würde sie mich bey der gegenwärtigen Anschauung ganz gleichgültig gelassen haben. Wenn dieß Bewußtseyn zugleich von jenem begleitet ist: andere gleichgebildete Men-

Astronom ist, und die Vortrefflichkeit der China und des Herschelschen Telescops in dem entferntern Verhältnisse mit diesen Dingen anschauet, daß sie solche mehr als nothdürftige Kräfte zur Ausfüllung ihrer selbstständigen Bestimmung besitzen, der erhält blos Affekte des Anschauens, mithin des Schönen.

schen werden die Veranlassung zur dankbaren Rückerinnerung nicht so leicht wie ich finden; andere gleichgebildete Menschen können nicht allgemein die von mir früher empfundene wohlbehagende Vorstellung gehabt haben; so ist der Gegenstand nicht objektiv-, sondern nur subjektiv-schön. Kann ich mir aber sagen, die Veranlassung muß eben so allgemein leicht empfunden werden, als die früher gehabten Affekte des Vergnügens allgemein vorausgesetzt werden dürfen; so ist der Gegenstand objektiv-schön, und wird alsdann besonders mit dem Worte interessant bezeichnet.

Das Interessante ist entweder generisch oder specifisch interessant.

Generisch interessant ist die anschauende Erkenntniß gewisser unsinnlicher Eigenschaften, die allgemein geschätzt werden, an welche der gegenwärtig angeschauete Gegenstand, ohne derselben fähig zu seyn, durch Versinnlichung bestimmt erinnert. Dahin gehören Reichthum, Pracht, Simplicität, Naivetät, Zierlichkeit, Nettigkeit, Unschuld, Größe, Stärke u. s. w. wenn man diese Eigenschaften Gegenständen beylegt, welche derselben gar nicht fähig seyn können. Wie kann z. E. eine Rede reich, ein Gedanke stark, eine Gegend unschuldig, ein Gebäude naiv u. s. w. seyn, wenn wir nicht durch gegenwärtige Versinnlichung dieser Stücke aufgefordert werden, uns an die wohlgefälligen Affekte zu erinnern, welche wir ehemals von ihnen da erhalten haben, wo sie würklich und eigentlich vorhanden waren? Eine Begierde fällt hier völlig weg. Das gegenwärtige Vergnügen liegt in einer dankbaren Rückerinnerung ohne begleitende Rücksicht auf ferneren Besitz oder Vortheil.

Specifisch interessant ist hingegen die anschauende Erkenntniß gewisser allgemein geschätzter unsinnlichen Eigenschaften und Beschaffenheiten, welche dem einzelnen Wesen, das angeschauet wird, gehören, auf deren Erinnerung wir durch sinnliche Zeichen bestimmt zurückgeführet werden. Hieher gehört der interessante physiognomische und pathologische Ausdruck der Seele an den äußeren Formen des Körpers. Hieher gehört das Historisch-Interessante, das Symbolisch- und Allegorisch-Interessante. Ein Zug des Gesichts, der Herzensgüte andeutet, oder süße Schwermuth, kann, wenn er von wohlgefälligen Formen nicht begleitet wird, nur dadurch gefallen, daß er früher gehabte Affekte des Vergnügens, welche uns die würkliche Aeußerung jener Eigenschaften und Lagen ehemals eingeflößt hatte, wieder in Erinnerung bringt. Der Ausruf: Ein Cäsar, ein Marc Aurel, kann uns nur darum gefallen, weil er uns an früher gehabte Affekte des Vergnügens erinnert, welche uns die Kenntniß der Vorzüge, Tugenden, Schicksale und Begebenheiten dieser Männer eingeflößt hat. Eine Sonnenblume in der Hand eines traurenden Mädchens, kann uns nur darum gefallen, weil sie an die Geschichte der Clytia erinnert, die uns ehemals den Affekt des Vergnügens gegeben hat. Der Stein, der den Ort, wo eine große That begangen ist, bezeichnet, kann gleichfalls nur aus eben dieser Ursache gefallen u. s. w.

Dreyerley wird also erfordert, um den Begriff des Interessant-Schönen nach gebildeten Begriffen zu gründen.

1) Die gegenwärtige Veranlassung zur Erinnerung an früher gehabte Vorstellungen muß bestimmt und unverkennbar seyn.

2) Die früher gehabte Vorstellung muß bey allen gleichgebildeten Menschen im Durchschnitt vorausgesetzt werden können.

3) Die früher gehabte Vorstellung muß schon vorher einen Affekt des Vergnügens aufgeweckt haben. Eine Schandsäule ist kein interessant schöner Gegenstand, wohl aber eine Ehrensäule.

Das Interessante ist von dem Interessirenden unendlich verschieden. Denn das Interessirende beruht auf würklicher Begierde und dem Wohlgefallen an dem Streben, welches diese mit sich führt.

Siebentes Kapitel.

Das Angenehme-, das Wohlgefällig- das Interessant- und Vortrefflich-Schöne vollenden noch nicht den Begriff von Schönheit: Remission auf das folgende Buch.

Inzwischen ist weder das Angenehme, noch das Wohlgefällige, noch das Interessante, noch das Vortreffliche, einzeln und für sich betrachtet, fähig, den Begriff einer Schönheit zu gründen. Was dazu erfordert wird, werde ich in [illegible] folgenden Buche sagen.

Achtes Kapitel.

Definitionen des Objektiv-Schönen, Häßlichen, Guten und Uebeln.

Das Objektiv-Schöne, oder das Schöne in sich, ist derjenige Gegenstand unserer sinnlichen Eindrücke und der Vorstellungen unserer Seele, von dem wir ohne Bewußtseyn einer besondern Beziehung, worin er mit dem früheren Zustande unserer Individualität steht, ohne Bewußtseyn einer begünstigt strebenden und befriedigten Begierde, und ohne Rücksicht auf Besitz und Vortheil für unsere individuelle Person, Vergnügen erhalten, mithin voraussetzen, daß er allen mit uns gleichgebildeten Menschen den Affekt des Schönen geben müsse.

Das Objektiv-Häßliche ist derjenige Gegenstand unserer sinnlichen Eindrücke und der Vorstellungen unserer Seele, von dem wir ohne Bewußtseyn einer besonderen Beziehung zwischen ihm und unserm früheren Zustande, ohne Bewußtseyn einer gehemmten und beleidigten Begierde, und ohne Rücksicht auf Entbehrung und Nachtheil für unsere individuelle Person, Mißvergnügen erhalten, mithin voraussetzen, daß er bey allen mit uns gleichgebildeten Menschen den Affekt des Häßlichen erregen müsse.

Das Objektiv-Gute ist derjenige Gegenstand unserer sinnlichen Eindrücke und der Vorstellungen unserer Seele, von dem wir der allgemeinen Beziehung wegen, worin er mit dem gegenwärtigen und künftigen Zustande eines jeden mit uns gleichgebildeten Menschen steht, voraussetzen, daß er allgemein anzunehmende Begierden in ein begünstigtes Streben versetzen, selbige befriedigen, und in Rücksicht auf Besitz und Vortheil für die individuelle Person eines jeden, allgemeines Vergnügen verursachen, mithin den Affekt des Guten allgemein erregen müsse.

Das Objektiv-Ueble ist derjenige Gegenstand unserer sinnlichen Eindrücke und der Vorstellungen unserer Seele, von dem wir der allgemeinen Beziehung wegen, worin er mit dem gegenwärtigen und künftigen Zustande eines jeden mit uns gleichgebildeten Menschen steht, voraussetzen, daß er in Rücksicht auf Hemmung und Beleidigung allgemein anzunehmender Begierden, auf Entbehrung und Nachtheil für die individuelle Person eines jeden, allgemeines Mißvergnügen erwecken, mithin den Affekt des Uebeln erregen werde.

Neuntes Kapitel.

In Rücksicht auf alle Menschen überhaupt giebt es kein objektiv Schönes; sondern nur allein in Rücksicht auf gleichgebildete Menschen im Durchschnitt. Der Autor nimmt natürlicher Weise blos Rücksicht auf den wohlerzogenen Europäer im Durchschnitt.

Aus dem bisher Gesagten wird nun, meines Einsicht nach, völlig klar werden, warum im Allgemeinen alles Schöne relativ sey. Nicht alle Völker, nicht alle Menschen, haben gleiche Organen, gleiche Rührungsfähigkeit, von der Natur erhalten, gleiche frühere Bildung genossen, und gleiche Begriffe geformt. Dagegen wird es nun auch völlig klar werden, warum wir allen gleichgebildeten Menschen ansinnen, daß sie eben dasselbe schön finden sollen, was wir schön finden, und warum wir ein Schönes in sich annehmen.

Menschen

Menschen nämlich, die ungefähr unter dem nämlichen Himmelsstriche geboren, von den nämlichen Gegenständen umringt, unter denselben geselligen Einrichtungen zu ihrer bequemeren Fortdauer und zur Erheiterung ihres Daseyns auferzogen sind; solche Menschen erhalten beynahe die nämliche Reizbarkeit der Organe ihrer äußeren Sinne, und beynahe die nämliche Bildung des Verstandes, des Herzens und der Einbildungskraft. Sie knüpfen beynahe die nämlichen früheren Vorstellungen des Vergangenen an die gegenwärtigen Vorstellungen an. Sie erhalten beynahe die nämlichen Begriffe über Wesen und Bestimmung der Gegenstände des gemeinen Lebens, und beynahe die nämlichen Erinnerungen stellen sich bey ähnlichen äußeren Veranlassungen ein.

Dazu kömmt, daß sich nach dem Unterschiede der Stände ungefähr eine gleiche Lage für viele Menschen, mithin auch eine gleiche Regel für dasjenige, was zum Bedürfniß gehört und nicht gehört, annehmen läßt; folglich daß man ungefähr die Verhältnisse überschlagen mag, unter denen jemand zum Genuß des Schönen fähig seyn werde, oder nicht.

Endlich läßt sich sehr darauf rechnen, daß dasjenige, was das Gros und die angesehensten Bürger eines Staats als schön fühlen, die übrigen nach und nach zum Affekt des Schönen einlade. Denn der Ausdruck der Freude steckt an,

Frohsinn weckt Frohsinn, ohne daß wir eigentlich die Beschaffenheit des Gegenstandes, der Andere fröhlich macht, zu kennen brauchen. Bald wird dieß Verhältniß von Freude, worin wir einen Gegenstand mit einem allgemein geschätzten Menschen, oder mit dem großen Haufen der Bürger, unter denen wir aufgewachsen sind, gesehen, und in welches wir uns mit hineingesetzt haben, diesem Gegenstande als etwas Eigenthümliches beygelegt, das in allen Fällen, worin wir ihn wieder wahrnehmen, durch die Association der Ideen und Gefühle den Affekt des Schönen wieder aufweckt.

So können gewisse Gegenstände für ganze Nationen und Welttheile angenehm, wohlgefällig, interessant, vortrefflich werden, ohne daß wir dieserhalb etwas Schönes in sich, etwas absolut Schönes, oder Urbilder von Schönheit anzunehmen brauchten. Von dieser Art sind die durchsichtigen Corallen, welche den Südländern so sehr gefallen, die strotzenden Lippen der Kaffern, die spitzen Köpfe einiger Wilden, die schwärmerische Contemplation der Egyptischen Mönche, und so weiter. Ich habe bis jetzt blos auf den wohlerzogenen Europäer Rücksicht genommen, und kann allein auf diesen Rücksicht nehmen. Ich verstehe darunter diejenige Classe von Menschen, welche in den policirten Staaten von Europa nicht allein eine sittliche Bildung, sondern auch eine solche erhalten hat, wobey darauf gerechnet worden ist, daß sie ihre Muße auf eine Art erheitern sollten, die mit ihrer sittlichen Würde im Verhältnisse ständen. Das Nähere darüber in dem Buche von dem Schönen in den Künsten.

Zehntes Kapitel.

Das feyerlich Schöne, oder das Erhabene, ist eine besondere Modification des Schönen, welche es dadurch erhält, wenn der Affekt des Schönen uns in Gesellschaft einer zusammenziehenden Spannung unserer Kräfte zugeführt wird. Der Grund dieser Spannung liegt darin, daß gewisse Gegenstände, indem sie uns den Affekt des Schönen zuführen, uns zu gleicher Zeit an eigennützige Begierden nach abzuhelfender oder abgeholfener Nothdurft dunkel erinnern.

Es ist ein höchst gefährlicher Irrthum, wenn man das Erhabene von dem Schönen, als eine objektive Eigenschaft der Dinge betrachtet, absondert. Das Schöne kann erhaben und nicht erhaben seyn. Es ist aber nichts erhaben, was nicht zugleich schön wäre. Dieser Irrthum, der sich durch die gothische Empfindungsart einiger Engelländer, und besonders Burke's, in unsere neueren Lehrbücher der Aesthetik eingeschlichen hat, scheint wieder daraus verbannet werden zu müssen.

Ich habe bereits zu Ende des vorigen Buchs bemerkt, daß nicht jede wohlgefällige Spannung, in die wir durch die Erregung unserer Triebe gerathen, zu den Affekten des Schönen gehöre. Nichts ist gewisser! Was würden die Griechen sagen, wenn sie folgende Behauptung von Burke hörten?

„Daß das Gefühl des Erhabenen sich auf den „Trieb zur Selbsterhaltung gründe, der, weil „er nicht bis zur würklichen Zerrüttung der kör„perlichen Theile gehe — Bewegungen hervor„bringe, die, da sie die feineren und gröberen „Gefäße von gefährlichen und beschwerlichen „Verstopfungen reinigen, im Stande sind, an„genehme Empfindungen zu erregen, zwar nicht „Lust, sondern eine Art von wohlgefälligem „Schauer, eine gewisse Ruhe mit Schrecken „vermischt.

Gewiß, die Griechen würden glauben, daß hier von den Emotionen die Rede sey, welche Blutgerichte oder Thierhatzen erwecken können, und ihr feiner Sinn für das Schöne würde dasjenige nicht erhaben nennen, was eben so gut abscheulich seyn kann.

Noch unpassender scheint es mir zu seyn, wenn man Eigenschaften, die einzeln, und abgesondert von persönlichen Gegenständen, sich nie anders, als in Ideen antreffen lassen, in Begleitung persönlicher Gegenstände aber, bald indifferent, bald häßlich, bald nur gut seyn können, als zureichende Mittel anpreiset, den Affekt des Erhabenen zu erregen, und diese Eigenschaften selbst erhaben nennt. Dahin gehört denn das Große, das Starke, das Dunkle, Leere, Unendliche u. s. w. Der gesunde Menschenverstand versteht unter dem Großen und Starken dasjenige, was über das mittlere Maaß, wornach er den Umfang und die Kraft gewisser Gegenstände im Durchschnitt zu messen pflegt, überschießt. Wie läßt sich aber die Behauptung rechtfertigen, daß dieses Starke, dieses Große erhaben sey! So ist ja der Potsdammer Grenadier ein erhabener Gegenstand! So ist ja der eigensinnige Schwärmer, der sich lieber lebendig braten läßt, als einem offenbaren Irrthume zu entsagen, ein erhabener Charakter. Nein! In unzähligen Fällen ist das Große ungeheuer, und das Starke abscheulich. In unzähligen andern Fällen ist es völlig indifferent, und in vielen andern nur fähig, den Affekt des Guten zu erregen, z. E. bey der Betrachtung des Hebels und anderer mechanischer Werkzeuge. Das Leere ist eben so wenig an und für sich erhaben, und eben so wenig das Unendliche. Die Marquise de Genlis erzählt ein Feenmärchen, worin eine verwünschte Prinzessinn dazu verdammt war, den Blick auf einer unermeßlichen und unabsehlichen Ebene ohne Abwechselung ruhen zu lassen. Diese hatte gewiß keine Empfindung des Erhabenen, und ich für meinen Theil gestehe, daß ich gar nichts ekelhafteres kenne, als die Aussicht auf eine baare Fläche, auf der das Auge keinen Ruhepunkt, keine Abtheilungen findet. Ich will diese Ideen nicht weiter verfolgen. Ich glaube genung gesagt zu haben, um das Irrige in der gewöhnlichen Meynung über die Natur des Erhabenen zu zeigen. Das Wahre, was man daraus nehmen kann, ist dieß: Unsere Kräfte werden durch die Vorstellung gewisser Gegenstände auf eine zusammenziehende Art gespannt. Wenn diese Spannung Triebe aufregt, deren Befriedigung den Affekt des Schönen hervorbringt, so erhält dieser Affekt dadurch eine eigene Modification, die wir nachher der Vorstellung selbst und ihrem Gegenstande beylegen.

Das Große, das Starke, das Leere, das Unendliche, das Schreckhafte und Furchtbare, können in Gesellschaft des Schönen eine Schwingung unserer Kräfte hervorbringen, die unmittelbar mit einem Affekt des Schönen verbunden wird. Aber abgesondert von diesem kann dasjenige, was Schauer hervorbringt, oder wie es ein neuerer Aesthetiker hat erklären wollen, was dem Interesse der Sinnen widersteht, keinen Affekt des Schönen erwecken.

Mich dünkt überhaupt, daß die Bestimmung viel zu eingeschränkt sey, wenn man blos dem Schauerhaften oder demjenigen, was dem Interesse der Sinnen widersteht, das Vermögen, uns in eine zusammenziehende Spannung unserer Kräfte zu versetzen, beylegt. Das Schauspiel der untergehenden Sonne ist offenbar etwas Erhabenes, und eben so ihr Aufgang. Beydes aber erfüllt uns nicht mit Schauer, und widersteht im geringsten nicht dem Interesse der Sinnen. Vielmehr ist das Spiel der Farben, das sich dabey zeigt, höchst angenehm für die Rührungsfähigkeit unserer Seele.

Der Grund, warum das Schöne erhaben, feyerlich, seyn kann, scheint darin zu liegen.

Es giebt gewisse Vorstellungen von Abhängigkeit unsers Wesens, von Gott, dem Schicksal, der Natur, der bürgerlichen Gesellschaft, dem physischen und moralischen Bedürfnisse unsers ganzen Ichs, die an und für sich theils den Affekt des Guten, theils des Uebeln erwecken, aber allemal mit einer Erregung unserer Begierden nach abzuhelfender oder abgeholfener Nothdurft, mithin auch mit einer Spannung, und zwar von der zusammenziehenden Art verknüpft sind. Was uns nun in jenen allgemeinen Verhältnissen unsers Wesens gegen andere Gegenstände, von denen wir uns abhängig fühlen, wichtig ist, mithin schon an sich einen Affekt hervorbringt, (obwohl dieser nicht ein Affekt des Schönen, sondern nur des Guten oder gar des Uebeln ist) kann, wenn es in Gesellschaft anderer Gegenstände unserer sinnlichen Eindrücke, oder Vorstellungen der Seele, die entweder angenehm, oder wohlgefällig, oder interessant, oder vortrefflich sind, uns zugeführet wird, dem Affekt des Schönen eine besondere Modification und einen erhöheten Reiz geben, der ihn mit dem Charakter des Feyerlichen oder Erhabenen stempelt. Gegenstände, von denen wir voraussetzen, daß sie allen Menschen den Affekt des Schönen unter dieser besonderen Modification einer zusammenziehenden Spannung ihrer Kräfte zuführen werden, sind dann objektiv feyerlich schön oder erhaben *).

Die bloße Vorstellung unserer Abhängigkeit von andern Gegenständen in unsern allgemeineren Verhältnissen mit ihnen ist nie schön, also auch nie erhaben. Sondern sie wird es allemal erst durch den Zusatz anderer sinnlichen Eindrücke oder Vorstellungen der Seele, die an sich schon angenehm, wohlgefällig, interessant und vortrefflich sind. Der Anblick des stürmischen Meeres, der Feuersbrunst, ist nicht darum erhaben, weil wir die schädlichen Wirkungen dieser Elemente, mit Ruhe vermischt, mit Schauer ansehen, und dadurch die Kräfte unsers Wesens zusammenziehend gespannt fühlen; sondern weil die Abwechselung der sich thürmenden Wogen, der leckenden Flamme, zu gleicher Zeit dem Auge und der Rührungsfähigkeit unserer Seele ange-

*) Der zusammengesetzte Trieb, mit dem wir uns dann zu dem erhabenen Gegenstande hinneigen, ist nicht mit Unrecht von Herrn Eberhard **Bewunderung** genannt worden.

nehm ist, weil sich wohlgefällige Gestalten, interessante und vortreffliche Eigenschaften des Wesens, dem wir diese Wirkung der Natur zuschreiben, oder interessante und vortreffliche Eigenschaften der Elemente selbst, ihre Kraft, ihre Stärke und Vorstellungen unsers unbeleidigten Zustandes im Verhältnisse zu ihnen, mithin Affekte des Schönen und Guten zugleich an unsere Seele drängen. Weit gefehlt, daß der bloße Schauer, den dieser Anblick hervorbringt, hinreichend seyn sollte, uns Vergnügen zu machen, wird vielmehr dieß geradezu gehemmt, so bald jener stark genung wird, um den sinnlichen Eindrücken und Vorstellungen des ihn begleitenden Schönen keinen Raum zu lassen. Der Anblick eines Cadavers, einer Thierhatze, eines Blutgerüstes, giebt uns den nämlichen Schauer, die nämliche zusammenziehende Spannung unserer Kräfte, aber entweder erweckt dieser Anblick kein Vergnügen, oder er giebt uns ein solches, welches von dem Begriffe eines schönen Vergnügens nach gebildeten Begriffen völlig ausgeschlossen ist. Denn wie schon oft gesagt ist, der blos interessirte Zustand des Anschauers ist zur Gründung des Affekts des Schönen, wie sittlich gebildete Menschen ihn annehmen mögen, nicht hinreichend.

Oft liegt der Zusatz des Schönen zu der zusammenziehenden Spannung unserer Kräfte durch die Vorstellungen unserer Abhängigkeit von andern Gegenständen in der Betrachtung der Kunst, welche sie vortrefflich nachahmt, oder sie uns unter einer schönen Einkleidung, oder in einer gleichzeitigen oder noch darauf folgenden Begleitung schöner Gegenstände zugeführt hat. So kann die treue Darstellung des dumpfen holen Tons des Schmerzes, den der Akteur nachahmt, oder die Einkleidung, womit uns Milton den Teufel schildert, oder der Contrast, worin die leidende Unschuld mit dem verfolgenden Bösewicht gesetzt wird, den Gegenstand, der an und für sich nur häßlich seyn würde, erhaben machen. Dagegen waren die gräßlichen Schauspiele, womit vor zehn Jahren Deutschland überschwemmt wurde, abscheulich, aber nicht erhaben.

Offenbar sind das Unermeßliche, das Leere, das Dunkle, nicht darum erhaben, weil sie uns in eine zusammenziehende Spannung versetzen, sondern darum, weil sie uns zugleich unter gewissen Lagen und Umständen, in Begleitung schöner Vorstellungen zugeführt werden, deren Eindruck sie verstärken und besonders modificiren. Wie wenig zutreffend sind die Beyspiele, welche Burke von einzelnen sinnlichen Eindrücken anführt, welche er erhaben nennt! Ein bitterer Geschmack, ein unerträglicher Gestank, sollen erhaben seyn! Nein, sie sind etwas sehr Häßliches, und sie können blos darzu dienen, den wohlgefälligen Vorstellungen, welche der Dichter uns darbietet, durch eine entfernte Beziehung auf solche den Sinnen widerliche Gegenstände die besondere Modification einer zusammenziehenden Spannung unserer Kräfte zu geben. Der Dichter, der sich Mühe geben würde, uns diese Gegenstände als etwas Selbstständiges versinnlicht zuzuführen, würde etwas Ekelhaftes und gewiß nichts Erhabenes liefern.

Das Geschrey, die schmerzhafte Betastung, die schreyenden Farben, alles dieß sind Gegenstände einzelner sinnlicher Eindrücke, die, wenn sie nicht durch den Gebrauch, den die Kunst zur Verstärkung anderer wohlgefälliger Vorstellungen davon macht, gehoben oder gemildert werden, oder wenn sie nicht als unzertrennliche Eigenschaften wohlgefälliger Gegenstände angesehen werden, entweder nur indifferent, oder häßlich sind.

Die Schwierigkeit ist nie erhaben. Aber der Begriff von Leichtigkeit, mit der große Schwierigkeiten überwunden werden, ist erhaben. Die Schwierigkeit allein versetzt uns blos in einen gespannten strebenden Zustand, dessen Vergnügen zu den Affekten des Schönen nach geläuterten Begriffen nicht gerechnet werden kann. Hingegen ist die Leichtigkeit etwas generisch oder specifisch Interessantes, etwas Vortreffliches, das uns Vergnügen beym Affekte des Anschauens geben kann. Z. E. in dem Gedanken: Gott sprach, es werde Licht, und es ward Licht.

Das Abgemessene, Gleichförmige, ist an und für sich nicht erhaben. Eine Trauermusik ist erhaben durch ihren langsamen Gang, wenn sie zu gleicher Zeit eine wohlgefällige Melodie oder Harmonie darbietet. Aber das Klaggeschrey der Aegyptischen Weiber, die in abgemessenen Intervallen gräßliche Töne herausstoßen, ist etwas sehr Häßliches. Die symmetrische Anordnung ist erhaben, wenn sie zu gleicher Zeit wohlgefällig ist. Aber wenn sie in Gleichförmigkeit ausartet, ist sie im geringsten nicht erhaben, so sehr sie auch an das Wohlgeordnete, an das Regelmäßige, und sittliche Richtschnur erinnern mag. Das Schreckhafte ist nicht erhaben, folglich auch nicht der Anblick des Dolches, mit dem Heinrich der vierte erstochen ist. Aber das Schwert, mit dem Timoleon den Unterdrücker seines Vaterlandes in seinem Bruder erstach, ist interessant von der erhabenen Art. Denn er weckt durch sinnliche Merkmahle Erinnerungen auf, die an sich schon wohlgefällig sind, und zu gleicher Zeit an unsere Abhängigkeit von den Pflichten gegen das Vaterland und gegen uns selbst erinnern.

Pracht, Größe, Stärke, sind nur in so fern erhaben, als die Spannung, welche uns diese Gegenstände geben, zugleich mit Vorstellungen des generisch Interessanten und des Vortrefflichen entsteht. Ein prächtiger Pallast ist erhaben, denn Pracht ist hier eine Veranlassung, früher gehabte Affekte des Vergnügens hervorzurufen. Eine prächtige Meyerey ist hingegen gar nicht erhaben, sondern lächerlich. Ein großer Berg ist etwas Erhabenes, denn es liegt in dem Begriff seines Wesens, daß er über alle sichtbare Erdenkörper hervorrage: aber die riesenförmige Gestalt des menschlichen Körpers ist gar nicht erhaben, weil sie ganz aus dem Begriffe seiner selbstständigen Zweckmäßigkeit heraus geht; so sehr auch sonst das Uebermaaß von Höhe an außerordentliche physische Kräfte erinnern mag.

Die physische und moralische Kraft des Helden ist erhaben, weil sie vortrefflich, oder ein ausgezeichneter Vorzug in Gemäßheit der selbstständigen Zweckmäßigkeit des Helden ist. Die physische Kraft eines Weibes ist hingegen ganz und gar nicht erhaben, weil sie gar nicht in den Begriff ihrer selbstständigen Zweckmäßigkeit gehört.

Das System von Burke und seiner Nachfolger, welche das Erhabene von dem Schönen absondern, ist also völlig falsch. Sie verwechseln den blos interessirten Zustand unsers Wesens durch eine zusammenziehende Spannung unserer Kräfte, und das Behagen, welches dadurch veranlaßt werden kann, mit der besondern Modification, welche unser Affekt des Schönen durch Vergesselligung mit jener zusammenziehenden Spannung erhalten kann. Aber eben so falsch ist auch die Erklärung derjenigen, welche es mit dem Seelenerhebenden verwechseln. Denn wer sich loben hört, fühlt auch Seelenerhebung, aber nicht jedes Lob ist erhaben; und wenn Lessing seinen Nathan über den intoleranten Tempelherrn ausrufen läßt: Groß! aber abscheulich! so stellte er ihn zwar auf eine geistige Höhe, aber er legte ihm nicht den Affekt des Erhabenen bey.

Genung! das Erhabene ist nichts weiter, als das Schöne, welches uns in Gesellschaft einer zusammenziehenden Spannung oder Schwingung unserer Kräfte zugeführt wird. Seine Unterarten sind das Ernst-Schöne, das Edle und das Hohe oder Große, je nachdem wir den Eindruck von physischen, moralischen oder intellektuellen Gegenständen erhalten. Davon weiter unten. Ich nehme das Feyerlich-Schöne in gleichgeltender Bedeutung mit dem Erhabenen.

Eilftes Kapitel.

Das Zärtlich-Schöne ist eine Modification des Schönen, welche es dadurch erhält, wenn der Affekt des Schönen uns in Gesellschaft einer nachdehnenden Spannung unserer Kräfte zugeführet wird. Der Grund dieser Spannung liegt darin, daß die Gegenstände, indem sie uns den Affekt des Schönen zuführen, uns zu gleicher Zeit an Begierden einer zwanglosen aber groben Sinnlichkeit und des geselligen Eigennutzes dunkel erinnern.

Ein anderer nicht minder gefährlicher Irrthum unserer neueren Aesthetiker besteht darin, daß sie das Schöne, das uns in Gesellschaft einer nachdehnenden Schwingung unserer Kräfte zugeführt wird, um dieser besonderen Spannung willen, als eine eigene Art des Vergnügens von dem Erhabenen und von dem Ergötzenden abgesondert, und mit dem Namen des Schönen allein belegt haben. Auch läßt es sich nicht rechtfertigen, daß man dieses Vergnügen allein in einer dunkeln Erregung des Geschlechtstriebes sucht, und völlig unpassend scheint es zu seyn, wenn man nun gar die Eigenschaften, welche sie erregen, so angiebt, es müsse klein, abwechselnd, verschmolzen, klar, sanft u. s. w seyn.

Das Zärtlich-Schöne ist, subjektivisch betrachtet, derjenige Affekt des Schönen, der uns in Gesellschaft einer nachdehnenden Spannung unserer Kräfte zugeführt wird, und solche Triebe erregt und begünstigt, die wir vorzugsweise Liebe nennen. Das Zärtlich-Schöne, objektivisch betrachtet, ist derjenige Gegenstand, von dem wir voraussetzen, daß er mit uns allen gleichgebildeten Menschen den Affekt des Schönen unter einer gleichen Modification zuführen werde. Die nachdehnende Spannung unserer Kräfte, die wir bey dem Affekt des Zärtlich-Schönen erfahren, hat, meiner Meynung nach, ihren Grund darin, daß die Gegenstände, die uns als schön erscheinen, zu gleicher Zeit gewisse Vorstellungen dunkel aufregen, welche mit unsern sinnlich und gesellig eigennützigen Begierden nach näherer Verbindung mit andern Gegenständen in Beziehung stehen. Von dieser Art ist allerdings auch der Geschlechtstrieb, aber er ist es nicht allein. Auch die Begierden, welche Aeltern an Kinder, Kinder an Aeltern, Geschwister, Freunde unter einander, Hülfsbedürftige mit Helfern, Rettern u. s. w. verbinden, alle diese geselligen, wiewohl eigennützigen Begierden, wirken bey dem Zärtlich-Schönen mit. Ja! man darf annehmen, daß das Zärtlich-Schöne selbst mit unsern gröberen sinnlichen Begierden des Geschmacks, des Geruchs und des Betastens, in Verbindung stehe. Sie werden nicht unmittelbar aufgeregt, aber die Gegenstände, welche uns den Affekt des Zärtlich-Schönen geben, stehen immer in einiger Beziehung mit ihnen, regen sie dunkel auf, und bringen die nachdehnende Spannung hervor, welche diesem Affekte seine besondere Modification giebt.

Alle Formen, Farben und Töne, die man einzeln, oder in Verbindung mit andern, süß, sanft, reizend, lieblich nennt, beziehen sich ganz unstreitig auf eine dunkle Regung sinnlicher Begierden von der gröbsten Art, oder wenn diese auch mehr geistiger Natur seyn sollten, immer auf eigennützige Begierden des Herzens, oder der Geselligkeit um unsers particulairen Vortheils willen. Denn mit Menschen, die sanft, gefällig, unschädlich, nachgiebig sind, mögen wir im Ganzen lieber zusammen seyn, als mit andern, die

uns

uns durch unsere Abhängigkeit von ihnen imponiren. Nichts ladet den erwachsenen Menschen so sehr zur näheren Verbindung mit andern ein, als das eigennützige Verhältniß, worin er sich, als der stärkere Theil, zu dem zärteren Geschlecht und Alter befindet. Daher sind alle die schönen Eigenschaften, welche auf dieß Geschlecht und dieß Alter Bezug haben, so einladend zum Affekt des Zärtlich-Schönen. Ihre Unschuld, ihr unschädlicher Muthwillen, ihre Naivetät, ihre Gefälligkeit, ihre Sanftheit, ihre Feinheit und Zartheit, werden daher besonders dem Zärtlich-Schönen beygezählt. Sie geben den Kräften unsers Wesens zu gleicher Zeit eine dehnende Spannung, welche eine große Analogie mit derjenigen hat, welche den erregten Geschlechtstrieb begleitet.

Es giebt äußere Verhältnisse des Menschen, es giebt Lagen, welche den Zug zur näheren Vereinigung mit andern Gegenständen und deren Genuß befördern. Dahin gehören Nettigkeit, geschmackvoller Schmuck, mäßiger Wohlstand, stille leidende Traurigkeit u. s. w., lauter Gegenstände, die uns zur zärtlichen Theilnahme an den Schicksaalen anderer, und zur näheren Verbindung mit ihnen einladen. Alles, was nun auf solche und ähnliche Art angenehm, wohlgefällig, interessant und vortrefflich ist, und zu gleicher Zeit den Kräften unsers Wesens eine nachdehnende Spannung giebt, ist zärtlich-schön. Aber die bloße nachdehnende Spannung, die leichte

Allmähligkeit, wie es Andere ausgedrückt haben, oder gar das Wegschmelzen vor Vergnügen, machen nie den Charakter des Affekts des Zärtlich-Schönen für sich aus. Der Genuß geistiger Getränke, die Gegenstände der gröbsten Sinnlichkeit, können diese Spannung eben auch hervorbringen. Fleischigte grobe Mezzen haben in diesem Punkte den Vorzug vor der Venus von Medices. Allein dieser blos interessirte Zustand unsers Wesens, indem wir uns der Einwirkung des Eigennutzes oder der Rücksicht auf Besitz und Vortheil für unsere individuelle Person so deutlich bewußt sind, kann nie dem Affekt des Schönen beygelegt werden.

Wenn man aber gar das Kleine, Glatte, Abwechselnde, nicht Eckigte, Zarte, Verschmolzene u. s. w. baarhin, und für sich betrachtet, als etwas Objektivisch Zärtlich-Schönes angiebt; so ist dieß, wie schon bemerkt ist, völlig unwahr und beynahe lächerlich. Denn das Kleine ist oft erbärmlich, das Glatte oft flach, das Abwechselnde oft flüchtig, das Verschmolzene oft unbestimmt u. s. w., mithin sind alle diese angegebenen Eigenschaften beynahe eben so oft häßlich, als schön. Zum Beweise mögen die Weibergestalten der neueren Franzosen, etwa Bouchers, dienen. Sie sind klein, glatt und so zart, so wenig eckigt, daß man glauben sollte, alle Knochen im Leibe wären ihnen zerschlagen: dabey sind die Farben alle klar, und diese sowohl, als die Umrisse, äusserst verschmolzen. Sie sind aber demohngeachtet nicht schön. Die Triebe, welche das Zärtlich-Schöne aufregt, werden besonders Liebe genannt. Es hat mehrere Arten, das Reizende, wenn von dem Schönen an sichtbaren Körpern die Rede ist: das Liebliche, oder Liebenswürdige, wenn von moralischen Gegenständen die Rede ist: das Feine, wenn man es auf intellektuelle Gegenstände anwendet.

Zwölftes Kapitel.

Das Ergötzend Schöne ist eine besondere Modification des Schönen, vermöge deren es unsere Kräfte in eine hüpfende Spannung oder Schwingung setzt. Der Grund dieser Spannung liegt in der Beziehung, worin die Gegenstände des Ergötzend-Schönen mit der dunkeln Erregung einer Begierde nach strebender Thätigkeit unsers Verstandes, unsers Witzes und unserer Phantasie stehen.

Das Schöne, welches uns in Gesellschaft einer hüpfenden Spannung unserer Kräfte zugeführt wird, ist das Ergötzend-Schöne.

Es ist weder feyerlich noch zärtlich: es beruhet auf der Beziehung, worin das Schöne mit unsern Begierden nach einer strebenden Thätigkeit unserer erkennenden und bildenden Kraft überhaupt steht. Also auf Neugier, Lachbegierde, Begierde zu bilden u. s. w. Dahin gehört das Sonderbare, Wunderbare, Belachenswerthe, Räthselhafte, Lebendige, Neue, Nachgeahmte u. s. w. Wenn diese Eigenschaften zugleich angenehm, wohlgefällig, interessant und vortrefflich sind, so erhalten sie den Charakter des Ergötzend-Schönen. Aber allein und für sich betrachtet können sie darum, weil sie uns in eine hüpfende Spannung unserer Kräfte setzen, nicht für schön nach geläuterten Begriffen gelten. Das Vergnügen, welches sie uns gewähren, beruhet, wenn es von dem Vergnügen am Anschauen getrennt empfunden wird, lediglich auf der hervorstechenden Vorstellung unsers interessirten Ichs.

Viertes Buch.

Von der Schönheit, oder dem Schönen, als ein persönliches Ganze betrachtet, und Von dem Schönheitsgefühl, oder dem gebildeten Geschmack.

Erstes Kapitel.

Zwischen dem Schönen, als einer einzelnen Eigenschaft der Gegenstände unserer sinnlichen Eindrücke und der Vorstellungen unserer Seele betrachtet, und der Schönheit, als ein persönliches Ganze betrachtet, ist ein großer Unterschied.

So wie ich das Schöne in dem eben geendigten Buche erklärt habe, ist es blos die einzelne Eigenschaft, die sich an mehreren persönlichen Gegenständen von ganz verschiedener Art und Gattung antreffen läßt, und von dem Guten, gleichfalls als einzelne Eigenschaft betrachtet, abgesondert wird. Das Wort: schön, ist also darin blos als Adjektiv genommen.

Davon aber ist dasjenige, was wir Schönheit nennen, folglich das Substantivum, noch ganz verschieden.

Ich weiß zwar wohl, daß beydes oft mit einander verwechselt wird, und daß wir mit Hülfe unserer Abstraktionskraft die einzelne schöne Eigenschaft, es sey das Angenehme, das Wohlgefällige, das Interessante, oder das Vortreffliche, als einen persönlichen Gegenstand vor uns hinstellen, und diese Eigenschaften Schönheiten nennen. Allein hierbey liegt offenbar ein Mißbrauch der Ausdrücke zum Grunde, den wir bey einiger Aufmerksamkeit sogleich fühlen müssen. Denn niemand wird, wenn er eine Rose betrachtet, die Eigenschaften ihrer Farbe, der Mannichfaltigkeit ihrer Blätter, und der sich schlängelnden Wohlgestalt, in welchen der Grund ihres Angenehmen und ihres Wohlgefälligen für das Auge liegt, an sich schon eine Schönheit, sondern nur etwas Schönes nennen. Und eben so verhält es sich mit der interessanten Erinnerung an Sanftheit, und mit der gleichfalls der Seele interessanten Vorstellung von der Vortrefflichkeit ihres Dufts, der sie in Vergleichung mit andern Wesen ihrer Art und Gattung, die gleichfalls zum Duften bestimmt zu seyn scheinen, in Gemäßheit dieser selbstständigen Zweckmäßigkeit auszeichnet. Denn nichts von diesem Schönen einzeln, sondern alles dieß zusammen genommen, macht erst den Begriff ihrer Schönheit aus. Niemand wird sagen, daß die Bewegung der Silberpappel, das Brillantiren des Schnees, das Gemurmel des Bachs u. s. w. eine Schönheit sey. Nein! es ist nur etwas Schönes. Warum? weil wir es gar nicht als etwas für sich Bestehendes, sondern nur als eine Eigenschaft betrachten, die hundert andern persönlichen Wesen eigen, und unter gewissen Verhältnissen auch häßlich seyn kann. Eben so verhält es sich mit der Schlangenlinie, mit der Symmetrie u. s. w. Wer hat diese Wohlgestalten jemals ohne einen Körper gesehen, dem sie angehören? Wie oft werden sie nicht, ins Verhältniß mit diesem gesetzt, häßlich? z. E. die erste an gewissen Theilen eines Gebäudes, die zweyte in gewissen Gattungen von Gärten. Die interessante Erinnerung, die mir die Sonnenblume an die Geschichte der Clytia giebt, ist nur eine einzelne schöne Eigenschaft, und macht kein persönliches Wesen aus. Die vortreffliche Eigenschaft einer besondern Seelenstärke macht keinen moralischen Charakter zu einer Schönheit, so wenig wie die physische Stärke den Körper zu einer Schönheit macht, sondern es ist beydes nur etwas Schönes im Charakter, am Körper u. s. w.

Zweytes Kapitel.

Schönheit, subjektivisch betrachtet, ist die Beschaffenheit einer Vorstellung, mir das Bewußtseyn meines persönlichen, aus Instinkt und Geist bestehenden Ganzen durch Affekte des Schönen zu geben, welche dem Gegenstande, der darin enthalten ist, als etwas Eigenthümliches beygelegt wird. Davon ist der Begriff der Vollkommenheit noch verschieden.

Ich habe bereits oft angeführt, daß wir die Affekte des Schönen auf viererley Wegen erhalten. Mittelst physischer Berührungen, mittelst innerer Rührungen, mittelst Erkenntnisse des Instinkts und der nachdenkenden Kräfte unserer Seele.

Da die Affekte, welche wir mittelst der Berührungen, der Rührungen und der Erkenntnisse des Instinkts erhalten, darin übereinkommen, daß wir uns des Grundes, warum uns der Gegenstand derselben gefällt, bey dem Affekte nicht bewußt sind, weil wir uns nicht bewußt sind, ein Urtheil oder einen Schluß darüber gefället zu haben; so kann man das Schöne, welches uns auf den drey ersten Wegen zugeführt wird, mit gutem Rechte das Schöne für unser instinktartiges Wesen nennen.

Hieher gehört alles, was die edleren Sinne des Auges und des Ohres angenehm berührt, was die edleren Seelenkräfte in eine wohlbehagende Rührung, und was unser instinktartiges Erkenntnißvermögen auf eine wohlgefällige oder generisch-interessante Art in Thätigkeit setzt. (Drittes Buch, zweytes, drittes und viertes Kapitel.) Man nennt das instinktartige Wesen in uns auch die Sinnlichkeit. Allein des Mißbrauchs wegen, dem dieser Ausdruck ausgesetzt ist, enthalte ich mich desselben.

Von den Affekten des Schönen, welche wir mittelst unsers instinktartigen Wesens und dessen Kräfte erhalten, sind die Affekte des Schönen, welche wir mittelst des nachdenkenden Wesens in uns einnehmen, wesentlich verschieden.

Denn indem ich das Vortreffliche und das Specifisch-Interessante schön finde, bin ich mir deutlich bewußt, geurtheilt und geschlossen zu haben, und weil ich dieß gethan habe, so weiß ich mir auch den Grund anzugeben, warum ich die erhaltene Vorstellung mag oder nicht mag. (Vergl. drittes Buch, fünftes und sechstes Kapitel.)

Ich darf also in Rücksicht auf unsere Fähigkeit, Affekte des Schönen einzunehmen, mit gutem Grunde unser Wesen in das instinktartige und das nachdenkende eintheilen; und weil wir das Daseyn des Geistes hauptsächlich aus seiner nachdenkenden Thätigkeit wahrnehmen, so darf ich überhaupt sagen, unser affektfähiges Wesen besteht aus Instinkt und Geist.

Ob nun gleich bey dem Affekt des Anschauens der wohlbehagende Zustand, in dem ich mich befinde, kein Gegenstand einer besonderen Vorstellung bey mir wird; so habe ich doch allemal dabey das Bewußtseyn meiner Existenz und meiner Person. (Vergleiche zweytes Buch, fünftes und sechstes Kapitel.)

Nichts ist dann gewisser, als daß ich bey der Ueberzeugung, ich bin ganz da, oder bey dem Bewußtseyn der Existenz meines persönlichen Ganzen, nicht blos weiß: daß ich urtheile und schließe, sondern auch daß ich berührt, gerührt werde, und instinktartig erkenne.

Man darf nur auf sich selbst Acht geben, wenn man aus dem Schlafe oder aus einer Betäubung erwacht. Man tastet um sich, man sucht die Gegenstände um sich her nach ganz bekannten und mechanisch gewordenen Merkmahlen zu unterscheiden, endlich fängt man an zu urtheilen und zu schließen, und erst, wenn man das alles gethan hat, kömmt man zu der Ueberzeugung: ich bin ganz wieder da.

Ferner ist nichts gewisser, als daß ich mit dem Bewußtseyn: ich bin ganz da; allemal die Prüfung verbinde: wie bin ich ganz da? vergnügt, oder gleichgültig? bin ich es ganz oder nur zum Theil? ist nur mein instinktartiges Wesen wohl, oder auch mein Geist? und daß ich dann, wann ich beydes, folglich mein Ganzes vergnügt finde, auch weiß, ob dieß mittelst der Affekte des Guten, oder des Schönen geschehe.

Erhalte ich nun das Bewußtseyn, ich bin ganz da, in Begleitung des Gefühls, ich bin ganz im Genuß des Schönen da; mein Geist und mein Instinkt haben beyde zusammen Affekte des Schönen; so ist nichts natürlicher, als daß ich dem Gegenstande, der diese Wirkung auf mich hervorbringt, diese als etwas Eigenthümliches beylege. — So wird der Begriff der subjektiven Schönheit gegründet.

Da ich nun das Bewußtseyn meines mit Affekten des Schönen angefüllten Ganzen nie erhalten kann, wenn Affekte des Uebeln zu gleicher Zeit in meinem Wesen erregt werden; so bleibt es eine sichere Regel: daß zwar vieles subjektivisch als Schönheit betrachtet werden könne, was nicht hervorstechende Affekte des Guten giebt, daß aber kein Gegenstand subjektivisch als Schönheit betrachtet werden könne, der zugleich Affekte des Uebeln erregt.

Die Schönheit, subjektivisch betrachtet, ist also die Beschaffenheit einer Vorstellung, mir das Bewußtseyn meines persönlichen Ganzen durch Affekte des Schönen zu geben, welche dem Gegenstande, der darin liegt, als eine Eigenschaft beygelegt wird.

Der Begriff der Vollkommenheit, subjektivisch betrachtet, ist davon noch verschieden. Denn er setzt zum voraus, daß wir das Bewußtseyn unsers persönlichen Ganzen sowohl durch Affekte des Guten als des Schönen in neben- und gleichgehender Maaße erhalten, und außerdem alle unsere zu erregende Triebe, mit Affekten des Schönen und des Guten in der höchsten Maaße befriedigt fühlen müssen.

Drittes Kapitel.

Die Schönheit, objektivisch betrachtet, ist der Inbegriff gewisser Merkmahle an den Gegenständen unserer Vorstellungen, aus deren Anerkennung wir schließen zu können glauben, daß alle mit uns gleichgebildete Menschen bey der Vorstellung, die sie davon nehmen, das Bewußtseyn ihres persönlichen Ganzen durch Affekte des Schönen, ungestört durch Affekte des Uebeln, erhalten werden.

Dieser Satz muß entweder schon deutlich seyn durch dasjenige, was im zweyten Buche gesagt ist, oder er wird es erst durch die folgende Ausführung werden.

Viertes Kapitel.

Das menschliche Ganze ist das auffallendste Beyspiel aller objektiven Schönheit.

Einige haben behauptet, der Begriff von Schönheit gehe von unserm Begriffe von Gott aus, aber dieß ist falsch. Vielmehr ist unser Begriff von der Schönheit Gottes von dem Begriff der Schönheit des Menschen, im Ganzen betrachtet, hergenommen, und diese hier ist gleichfalls mehr wie das auffallendste Beyspiel der Schönheit, als wie dessen Urbild zu betrachten.

Es ist eine ausgemachte Erfahrung, daß unter allen Gegenständen unserer Erkenntnisse keiner mehr Anspruch darauf habe, uns zu interessiren, als der Mensch, theils wie wir ihn in andern, theils wie wir ihn in uns selbst aufsuchen und finden. Er beschäftigt uns von dem ersten Augenblicke unsers Bewußtseyns an, auf ihn machen uns unsere eigennützigen und uneigennützigen Triebe am mehrsten aufmerksam. Geschäfte und Vergnügungen, alles, wodurch wir Vorstellungen erhalten, bezieht sich auf Menschen, oder wird mit ihnen gemeinschaftlich genossen und eingenommen. Also muß zu keiner Erkenntniß so viel Anlage in uns liegen, als zu der Kenntniß des Menschen, und zu keinem andern

Vergnügen, was von Erkenntniß abhängt, so viel, als zu demjenigen, welches die des Menschen giebt.

Es ist daher auch einer unserer allgemeinsten Triebe, daß wir leblose und sogar unsinnliche Gegenstände uns so ähnlich als möglich zu machen suchen; daß wir ihnen die Eigenthümlichkeiten leihen, die wir an uns selbst und Andern unserer Art bemerken, ihren Werth nach der Währung hochschätzen, die wir unsern eigenen und den Vorzügen Anderer beylegen, und sie lieb haben darum und so, warum und wie wir Andere lieben. Wir leihen daher den leblosen Gegenständen eine Seele, eine innere Kraft, Leben und Empfindung. Wir ketten uns an sie durch eine Menge von eigennützigen und uneigennützigen Trieben. Wir sorgen für ihre Erhaltung, wir schreiben ihnen die glücklichen Begebenheiten unsers Lebens, wobey sie uns als Mittel oder Begleiter gedient haben, als Folgen freyer Handlungen zu.

Wir legen ihnen eine innere Würde bey; wir trennen uns ungern von ihnen, gleich als ob sie dagegen empfindlich wären, ihren langjährigen Gefährten, Herrn und Liebhaber nicht zu verlassen, und wir brechen in Aeußerungen von Zärtlichkeit gegen sie aus, gleich als ob sie uns verstehen und fühlen könnten.

So wie der Mensch dem Körperlich-Unbelebten eine Seele zu geben sucht, und jede innere

Kraft, jede zufällige Wirkung, die es auf ihn gemacht hat, begierig dafür annimmt; so sucht er das Unsinnliche zu verkörpern. Er sieht, er hört, er fühlt es, er genießt es durch alle Organen seiner sinnlichen Kräfte, und der Rührungsfähigkeit seiner Seele. Jeder Gedanke bekömmt eine Einkleidung, jede Handlung eine Gestalt, das höchste Wesen wird für ihn ein König, und jede Tugend eine weibliche Person.

Was Wunder nun, daß, da wir alle Gegenstände, sinnliche und unsinnliche, so gern auf den Begriff einer menschlichen Person zurückführen, wir auch die Grundsätze, wornach uns eine menschliche Person als eine Schönheit erscheint, auf alle übrige persönliche Wesen anwenden; besonders da sie es ist, die der Erfahrung nach die Wirkung, welche wir von der objektiven Schönheit erwarten, am häufigsten und vollständigsten ausfüllt.

Fünftes Kapitel.

Das menschliche Ganze wird zur Schönheit, wenn es in Uebereinstimmung mit dem Begriffe, der von seinem Wesen und seiner Bestimmung nach Gattung und Art in Rücksicht auf Vollständigkeit, Richtigkeit, Zweckmäßigkeit für Körper und Seele festgesetzt ist, durch wesentliche Eigenschaften an seinem Körper und an seiner

Seele dem Instinkte und dem Geiste des Anschauenden Affekte des Schönen zuführt, und dadurch seine Persönlichkeit erhält. Davon ist der Begriff menschlicher Vollkommenheit noch verschieden.

Zur Kenntniß der Persönlichkeit eines andern Menschen außer mir, zur Kenntniß seines persönlichen Ganzen gelange ich auf eben die Art, wie ich zur Vorstellung des Daseyns meines eigenen Ichs gelange. Ich verlange, daß dasjenige, was seinem Instinkte zum Agenten dient, sein Körper, durch den Agenten meines Instinkts erkannt werde. Ich verlange, daß sein Geist durch seine Aeußerungen in Mienen, Gebärden, Worten und Handlungen sich vor meinem Geiste zur Kenntniß darlege. Erst dann habe ich sein persönliches Ganze erkannt, erst dann kenne ich ihn von Person zu Person.

Der Begriff: ein Neger, giebt mir nicht die Erkenntniß eines persönlichen Ganzen, er giebt mir nur die Erkenntniß einzelner Eigenschaften, die ich mir auch abwesend denken kann. Umsonst individualisirt man mir diesen Neger, nennt ihn Oge, erzählt mir seine Thaten, stellt so gar sein Bild vor mir hin. Ich kenne ihn nicht von Person.

Aber wenn ich ihn gesehen, wenn ich seine Züge, seine Worte, seine Handlungen untersucht habe,

habe, dann kenne ich ihn von Person, oder vielmehr sein persönliches Ganze, sein ganzes Ich.

Und was thue ich dann, wenn ich das ganze Ich eines Andern erkenne? Zuerst unterwerfe ich ihn dem Begriff, der von seinem Wesen und seiner Bestimmung nach Gattung und Art festgesetzt ist. Von welchem Volke, von welchem Geschlecht, von welchem Alter, von welchem der Hauptstände ist er? So bald diese Merkmahle festgesetzt sind; so frage ich weiter: hat er alles, was dazu gehört, um nach Körper und Seele etwa ein Europäer, ein Mann, ein König u. s. w. zu seyn? Ich prüfe ihn folglich erstlich in Rücksicht auf Vollständigkeit. Dann frage ich weiter, hat er seine Theile so wie man sie im Durchschnitt bey andern Individuen seiner Gattung und Art anzutreffen gewohnt ist, um ihn darnach classificiren und specificiren zu können? Ich prüfe ihn folglich zweytens in Rücksicht auf Richtigkeit. Endlich frage ich: hat er sie so, daß sein Ich einen von der Rücksicht auf meinen particulairen Nutzen unabhängigen, aber seinem selbstständigen Zwecke gemäßen Gebrauch davon machen kann? Ich prüfe ihn folglich drittens in Rücksicht auf seine selbstständige Zweckmäßigkeit.

Wir setzen nämlich den Begriff von demjenigen, was zur Vollständigkeit, Richtigkeit und Zweckmäßigkeit des menschlichen Ganzen gehört, nach einem Durchschnitt von Erfahrungen über die Merkmahle fest, woran wir den Menschen nach Gattung und Art gemeinsglich unterschieden haben, und über die Eigenschaften, deren Besitz ihn im Durchschnitt nothdürftig fähig gemacht haben, seine Bestimmung auszufüllen.

Eine gleichzeitige Rücksicht auf das, was der Mensch gemeiniglich zeigt, wenn wir ihn als Mensch, Mann, Weib, Knabe, Jüngling, Greis, Bauer, Edelmann, König unterscheiden, und wieder auf das, was ihn nothdürftig fähig macht, seine Bestimmung unter diesen Verhältnissen auszufüllen, begründet den Begriff von seinem Wesen und seiner Bestimmung.

Z. E. der Mensch kann nothdürftig zweckmäßig seyn bey einem spitzen Kopfe. Wenigstens weiß der wohlerzogene Mensch im Durchschnitt gewiß nicht, warum die spitze Form nicht zweckmäßig seyn sollte. Aber weil dieser den Menschen nach dem Durchschnitt von Erfahrungen, die er in seinem Leben gemacht hat, gemeiniglich mit einem runden angetroffen hat, so ist der spitze Kopf wider den Begriff von seinem Wesen.

Wenn aber in einem gewissen Lande die Kröpfe so gewöhnlich wären, daß sich nicht leicht ein Mensch ohne einen Kropf antreffen ließe; so würde doch der Kropf nicht in den Begriff von dem Wesen des Menschen gehören, weil er offenbar zweckwidrig ist.

Indem wir nun den Menschen prüfen, ob er so wie die mehrsten Menschen nach Vollständigkeit, Richtigkeit und Zweckmäßigkeit gesinnet und gebauet sey, so classificiren und specificiren wir ihn nicht blos, sondern wir individualisiren ihn zugleich, indem wir nämlich die besondern Abweichungen, die wir an seinem Individuo von dem allgemeinen Begriffe antreffen, bemerken, und indem dieß sowohl in Rücksicht seines Körpers als seines Geistes geschieht, so personificiren wir ihn auch, oder legen ihm eine Persönlichkeit bey.

Zeigt diese Persönlichkeit Mangel in der Ausfüllung der Forderungen, die wir nach dem festgesetzten Begriffe von seinem Wesen und seiner Bestimmung nach Gattung und Art in Rücksicht auf Vollständigkeit, Richtigkeit, Zweckmäßigkeit an Körper und Seele machen: so ist er kein schönes persönliches Ganze; wenn gleich sein Körper oder seine Seele, besonders betrachtet, als Schönheiten sich darstellen sollten. Der schönste Körper mit einem verschrobenen Geiste, der schönste Geist mit einem verkrüppelten Körper werden nie für schöne menschliche Ganze gelten. Warum? weil mein Ich sich nie bey den Affekten des Uebeln, die durch den Mangel in den wesentlichen Eigenschaften des menschlichen Ganzen in mir erregt werden, ganz im Genuß des Schönen existirend fühlen kann. Also wird die erste Regel bey aller Schönheit eines menschlichen Ganzen diese seyn: daß wir es übereinstimmend mit dem Begriffe von seinem Wesen und seiner Bestimmung nach Gattung und Art finden müssen.

Weiter: Zeigt diese Persönlichkeit des menschlichen Ganzen zwar keine Mängel an der Ausfüllung des Begriffs von seinem Wesen und seiner Bestimmung, ist es vollständig, richtig, zweckmäßig an Körper und Seele; so ist es nur ein gutes menschliches Ganze: gut gebauet, gut gesinnet: aber noch keine Schönheit. Warum? weil vermöge der schön in dem fünften Kapitel des dritten Buches berührten Association zwischen unsern Affekten und uns[illegible] Erkenntnißurtheilen, unser Ich dasjenige wird, [illegible] die Dinge sind, die wir uns vorstellen, folglich mit dem Begriffe von einer blos nothdürftigen Ausfüllung der Forderungen des Begriffs, auch nur Begierden nach Abhelfung der Nothdurft in uns entstehen und befriedigt werden. Diese Befriedigung bringt aber nur Affekte des Guten in dem Beschauer hervor, mithin fühlt er seine Existenz nicht im Genuß des Schönen, sondern des Guten.

Hieraus folgt die zweyte Regel: die Schönheit des menschlichen Ganzen muß in Uebereinstimmung mit dem Begriffe von seinem Wesen und seiner Bestimmung nach Gattung und Art Affekte des Schönen erwecken.

Ferner: Gesetzt, diese beyden Regeln treffen zu; so kann doch das menschliche Ganze nicht anders für eine Schönheit gelten, als wenn diese Affekte mit der Erkenntniß seiner wesentlichen Eigenschaften in uns erregt werden. Denn kann ich mir die Eigenschaft, deren Erkenntniß von dem Affekt des Schönen begleitet wird, wegdenken, ohne den Begriff von seinem Wesen und seiner Bestimmung zu zerstören; so ist sie ihm zufällig, und ich darf im geringsten nicht darauf rechnen, daß andere Beschauer gerade diese Eigenschaft beachten, und den Affekt des Schönen davon erhalten werden. Kann ich mir aber sicher sagen, jeder, der das Individuum nach Wesen und Bestimmung unter einen Begriff bringt, muß diese Eigenschaft mit bemerken und beachten; so kann ich auch sicher davon seyn, daß ein jeder den Affekt des Schönen davon erhalten werde.

Der schönste Teint, der einen gutgebaueten Körper schmücket; das schönste Talent, das eine gutgesinnte Seele ziert, können den Menschen nicht zur Schönheit machen. Es bleibt immer nur das geschmückte, das verzierte Gute. Wenn aber die Wohlgestalt den gutgebaueten Körper, eine moralische Vortrefflichkeit die gutgesinnte Seele auszeichnen, dann ist der Begriff der Schönheit gegründet. Denn die Farbe kann ich mir vom Körper wegdenken, er bleibt doch Körper; das Talent kann ich mir von der Seele wegdenken, sie bleibt doch Seele. Aber Gestalt und sittliche Anlagen lassen sich von Körper und von der Seele nicht wegdenken, ohne den Begriff von beyden zu zerstören. Sicher rechne ich also darauf, daß ein jeder die Wohlgestalt und die moralische Vortrefflichkeit am Menschen beachten werde. Daraus fließt die dritte Regel: das menschliche Ganze, um für eine Schönheit zu gelten, muß den Affekt des Schönen bey der Erkenntniß seiner wesentlichen Eigenschaften erregen.

Endlich: Es wird erfordert, daß das Ganze des Menschen, um als Schönheit constituirt zu werden, durch wesentliche Eigenschaften zu gleicher Zeit an Körper und Seele schön sey. Der Körper wirkt hauptsächlich auf den Instinkt, die Seele wirkt hauptsächlich auf den Geist des Beschauers. Um beyde in mir bewegt zu fühlen, muß der Mensch durch Körper und Seele fähig seyn, sie würklich zu bewegen. Erst dann kann ich sagen, daß mein affektfähiges Ganze durch sein affektwirkendes Ganze in eine wohlbehagende Bewegung gesetzt sey.

Sokrates wird, ungeachtet seines schönen Charakters, wegen seines ungestalteten Körpers so wenig als ein persönliches Ganzes für eine Schönheit gelten können, als Paris mit dem schönen Körper, um seiner wesentlichen moralischen Unvollkommenheiten willen. Hieraus fließt die vierte Regel: Das menschliche Ganze, um für eine Schönheit zu gelten, muß durch Körper und Seele zu gleicher Zeit den Affekt des Schönen erregen. Die Zugabe von schönen Eigenschaften, welche alsdann das classificirte und specificirte Individuum zu der nothdürftigen Ausfüllung seines Wesens und seiner Bestimmung bey der Erkenntniß seiner wesentlichen Eigenschaften an Körper und Seele liefert, constituirt dasselbe zur schönen Persönlichkeit.

Man darf also sagen, ein menschliches Ganze ist dann eine Schönheit, wenn es in Uebereinstimmung mit dem Begriffe, der von seinem Wesen und seiner Bestimmung nach Gattung und Art in Rücksicht auf Vollständigkeit, Richtigkeit, Zweckmäßigkeit, für Körper und Seele festgesetzt ist, durch wesentliche schöne Eigenschaften sowohl an seinem Körper als an seiner Seele dem Instinkte und dem Geiste des Anschauenden Affekte des Schönen zuführt, und dadurch seine Persönlichkeit erhält.

Davon ist das Ideal von Schönheit des menschlichen Ganzen, oder die Vollkommenheit des menschlichen Ganzen noch verschieden. Denn diese setzt zum voraus, daß der Mensch in allen seinen Prädikaten gut und schön sey, mithin, daß er durch alle seine wesentlichen physischen und moralischen Eigenschaften, und sogar durch seine zufälligen Beschaffenheiten, Affekte des Guten und des Schönen und zwar in höchster Maaße bey dem Beschauer errege.

Sechstes Kapitel.

Nach Art des schönen menschlichen Ganzen müssen alle sinnliche und unsinnliche Gegenstände, um für Schönheiten zu gelten, eine äußere Hülle, einen Körper, und einen inneren Gehalt, oder eine Seele haben, und in Uebereinstimmung mit dem Begriffe, der von ihrem Wesen und ihrer Bestimmung nach Gattung und Art festgesetzt ist, mit der Erkenntniß ihrer wesentlichen Eigenschaften dem Instinkt und dem Geist des Beschauers Affekte des Schönen zuführen, und dadurch ihre Persönlichkeit erhalten.

Dieser Begriff und die daraus herzuleitenden Grundsätze werden nun empirisch auf alles angewandt, was wir als ein persönliches Ganze von uns selbst und andern Gegenständen absondern.

Zuerst macht unser moralischer Charakter, unser Geist, von dem Körper abgesondert, und für sich betrachtet, ein persönliches Ganze aus.

Dann macht der Körper von den Aeußerungen des Geistes durch Gesinnungen, Worte und Handlungen abgesondert, ein persönliches Ganze aus.

Weiter haben wir persönliche Ganze in der Natur, z. E. Gegenden, andere in der Kunst, Kunstwerke, andere existiren blos in der Imagination, z. E. personificirte Tugenden, Laster, Kräfte, Schwächen u. s. w. Ueber alle diese Gegenstände sind Begriffe festgesetzt, theils in Rücksicht der Form, oder der Hülle, theils in Rücksicht des innern Gehaltes, wornach wir sie zu einer gewissen Gattung und Art zählen, und wieder indem wir sie darnach als Individuen auskennen wollen. Es sind auch Begriffe darüber festgesetzt, wozu sie nach eben dieser Form und diesem Gehalte überhaupt dienen sollen, und wozu sie besonders dienen sollen.

Diese Rücksicht modificirt die Regeln, wornach wir beurtheilen, ob der Affekt des Schönen durch ihre wesentlichen Eigenschaften an Form und innerm Gehalt uns zugeführt wird, oder nicht, ins Unendliche. Denn was in dem einen Falle zur Form oder zur Hülle gehört, das gehört in dem andern zum innern Gehalt, und was in dem einen Falle wesentlich ist, das ist in dem andern zufällig. So gehört bey der Schönheit des moralischen Charakters, die gesellige Theilnehmung an dem Schicksale Anderer, die Fähigkeit, sich eng mit ihnen verbinden zu können, zur Form, zur Hülle. Hingegen werden die Tugenden, welche den Menschen in seinen allgemeineren Verhältnissen mit seinen Mitmenschen verehrungswürdig machen, zum innern Gehalt gerechnet. Ihr Verhältniß unter einander, welches sie beyde zusammengehen und wirken läßt, vollendet erst den Begriff einer moralischen Schönheit. Ein münnrischer Richter, der noch so unpartheyisch gerecht ist, kann nie für eine Schönheit gelten.

Nimmt man wieder die Schönheit des menschlichen Körpers, so gehört der Ausdruck der Fähigkeit, sich für andere Menschen lebhaft interessiren zu können, zum innern Gehalte, und die Wohlgestalt macht hier die Hülle aus. Betrachtet man eine Naturgegend als Schönheit, so gehören die bey einzelnen Körpern zufälligen Beschaffenheiten des Reichthums, der Pracht, der Lebendigkeit, der Fruchtbarkeit u. s. w. zum Wesentlichen des innern Gehalts.

Liest man ein Gedicht, so gehört der Rythmus, der einem gewissen Gange der Leidenschaft angemessen ist, der mahlerische Ausdruck gewisser Worte, zu der Form, zu der Hülle. In der Musik scheint beydes zum inneren Gehalte zu gehören.

Allemal kann man die nachfolgenden Regeln als untrüglich annehmen.

1) Was unser instinktartiges Wesen gar nicht in Bewegung, sondern nur unsern Geist in eine nachdenkende Thätigkeit versetzt, ist, wenn es gleich den Affekt des Schönen erregt, keine Schönheit.

2) Was, umgekehrt, blos unsern Instinkt reizt, und unsern Geist in gar keine nachdenkende Thätigkeit versetzt, ist keine Schönheit, wenn es gleich für den Instinkt Affekte des Schönen erregt.

3) Alles, was wir instinktartig-schön finden, gehört allemal zur Hülle, zum Körper des Gestandes.

4) Alles, was wir mittelst einer nachdenkenden Thätigkeit der Seele schön finden, gehört immer zu dem innern Gehalte, zu der Seele des Gegenstandes.

5) Beydes zusammen, Hülle und Gehalt, muß in Uebereinstimmung mit dem Begriffe von dem Wesen und der Bestimmung des Ganzen, bey der Erkenntniß seiner wesentlichen Eigenschaften, dem Instinkt und dem Geist des Beschauers Affekte des Schönen zuführen und dadurch seine Persönlichkeit erhalten.

Siebentes Kapitel.

Hieraus ergiebt sich der Unterschied zwischen dem Angenehmen, dem Wohlgefälligen, dem Generisch-Interessanten, dem Vortrefflichen und dem Specifisch-Interessanten von der Schönheit.

Das einzelne Schöne ist daher in allen seinen Arten von der Schönheit verschieden.

Das Brillantiren des Schnees, das Spiel der Farben, das Gewimmel von Gestalten sich bewegender Haufen, das Gewirre von Wohllauten, ist angenehm, ist schön, aber es ist keine Schönheit. Es paßt unter keinen Begriff von Wesen und Bestimmung nach Gattung und Art, es hat nichts, was die Seele in eine wohlbehagende nachdenkende Thätigkeit versetzen könnte, es hat nichts Persönliches.

Die Schlangenlinie, die symmetrische Distribution, der Rythmus, der Accord u. s. w. sind wohlgefällig, sind schön, aber weil sie dem Geiste nichts sagen, für ihn keine Affekte des Schönen liefern, keine Schönheiten. Die Pracht, die Größe, die Leichtigkeit, die Simplicität, die Zierlichkeit, Nettigkeit u. s. w. sind generisch-interessant, sind schön, aber wieder, aus dem eben angegebenen Grunde, keine Schönheiten. So gern wir alles dieß aus Instinkt an dem Nürnberger Tand mögen, so wenig wird jemand diesen Tand jemals eine Schönheit nennen.

Ein mechanisches Kunstwerk, dessen Composition das Meisterstück der menschlichen Erfindungskraft ist, und dessen Wirkung ihren Nutzen auf ganze Länder erstreckt, ist vortrefflich, ist schön. Aber es ist keine Schönheit; es fehlt ihm die äußere Hülle, die es für den Instinkt reizend machen müßte.

Die beyden Skeletter, die man im Herculano in einander geschlungen gefunden hat, die Ueberbleibsel zweyer Liebenden, die einer in des andern Arm den Tod gefunden haben, sind specifisch-interessant, sind schön. Aber sie machen keine Schönheit aus. Es fehlt ihnen die äußere Hülle, welche sie für den Instinkt reizend machen müßte.

Achtes Kapitel.

Der Geschmack überhaupt ist blos die Fähigkeit, das einzelne Objektiv-Schöne zu finden. Der gebildete Geschmack aber ist die Fähigkeit, die Schönheit zu finden. Diese ist immer nur der Antheil besonders dazu gebildeter Menschen.

Hier äußert sich dann der Unterschied zwischen dem Geschmack überhaupt genommen, und dem gebildeten Geschmack. Denn vermöge des Geschmacks überhaupt, habe ich nur die Fähigkeit, das Objektiv-Schöne auszufinden, oder diejenige Eigenschaft anzugeben, die ohne Begierde, ohne Rücksicht auf Besitz und Vortheil Vergnügen mache, und wovon vorausgesetzt werden kann, daß es allen wohlerzogenen Menschen mit mir dieß Vergnügen machen müsse. Aber wer gebildeten Geschmack hat, der besitzt die Fähigkeit, Schönheiten auszufinden. Und dieß ist ganz etwas anders.

Geschmack kann der Antheil sehr vieler wohlerzogener Menschen seyn.

Hingegen der gebildete Geschmack oder das raisonnirte Schönheitsgefühl kann immer nur der Antheil sehr weniger zum Genuß der Schönheit in jedem Fache gebildeter Menschen seyn.

Wenn ich den Apollo von Belvedere von hundert wohlerzogenen Menschen beurtheilen lasse, so werden diese vielleicht alle etwas Objektiv-Schönes daran auffinden. Der eine wird die Glätte des Marmors, ein anderer die Regularität der Züge, ein dritter die Richtigkeit, ein vierter die Zweckmäßigkeit des Gliederbaues, ein fünfter die Wohlgestalt, ein sechster den Ausdruck, ein siebenter den Geist des Künstlers u. s. w. schön finden, und alle diese Menschen werden Recht haben. Aber nur der Kenner wird sagen, wie dieser Körper mit dem Begriff von seinem Wesen und seiner Bestimmung nach Gattung und Art übereinkomme, wie er vollständig, richtig, und zweckmäßig sey, was zu seiner Hülle, was zu seinem innern Gehalte gehöre, und durch welche wesentliche Eigenschaften an beyden er zugleich dem Instinkte und dem Geiste des Beschauers Affekte des Schönen zuführen könne.

Neuntes Kapitel.

Das einzelne Schöne ist nie ein Gegenstand der Kritik, sondern nur die Schönheit. Der wahren Schönheit ist die Analyse ihrer einzelnen schönen Eigenschaften nie nachtheilig, sondern nur der falschen.

Ueber das einzelne Schöne läßt sich im Grunde gar nicht raisonniren, weil dasjenige, was im Abstrakt angenehm, wohlgefällig, vortrefflich, interessant ist, in Verbindung mit der Persönlichkeit eines gewissen Gegenstandes sehr häßlich seyn kann. Aber über Schönheit läßt sich nicht allein raisonniren, sondern es ist Pflicht des Kenners und Kritikers darüber zu raisonniren.

Ihm liegt es alsdann ob, zu zeigen, daß diejenigen Eigenschaften vorhanden sind, welche der Begriff von dem Wesen und der Bestimmung des Dinges nach Gattung und Art verlangt, und daß der Instinkt des Beschauers so gut wie sein Geist durch wesentliche Eigenschaften der Hülle und des Gehalts des angeschaueten Gegenstandes Affekte des Schönen erhalten können.

Dieß Geschäft heißt die Schönheit analysiren.

Man hat die Frage aufgeworfen: ob die Analyse der Schönheit zuträglich oder schädlich sey?

So lange die Analyse dauert, kann das Gefühl der Schönheit nicht Statt finden. Denn dieß ist keine Beschäftigung der Seele, die Affekte des Schönen rege machen kann, sondern nur Affekte des Guten, weil sie in Rücksicht auf den Vortheil geschieht, vor unserer Vernunft die Gründe unsers Vergnügens zu rechtfertigen. Aber wenn dieser Vortheil erreicht ist, und wir schauen dann das Ganze noch einmal an; so vermehrt er sogar die Quellen unsers Genusses. Die wahre Schönheit verliert also gewiß nichts bey der Analyse. Die Iliade, der Apollo von Belvedere, die Shakespearischen Schauspiele, werden selbst für den Kritiker immer Schönhei ten bleiben. Aber Gegenstände, welche nur einzelne zufällige schöne Eigenschaften haben, und vermöge derselben bey dem großen Haufen für Schönheiten gelten, können freylich die Analyse nicht aushalten.

Zehntes Kapitel.

Der Eindruck, welchen die Schönheit auf uns macht, regt allemal ein ganzes Gewebe von eigennützigen und uneigennützigen Trieben auf, welche sich theils als Affekte des Anschauens, theils als Affekte der Begierde äußern, mithin sowohl des Schönen als des Guten. Aber die Affekte des Schönen müssen allemal die Oberhand behalten, und die Affekte des Guten darunter verschwinden.

Der Affekt des einzelnen Schönen kann rein und unvermischt von aller Begierde, von aller Rücksicht auf den wohlbehagend-interessirten Zustand meines Wesens seyn. Aber die Summe von Affekten des Schönen, welche die Schönheit in mir erregt, kann es nicht seyn. Eben dadurch, daß ich den Gegenstand meiner Vorstellung als ein persönliches Ganze ansehe, und ihn dem menschlichen Ganzen in meinen geselligen Verhältnissen mit ihm assimilire, muß nothwendig ein näheres Verhältniß zwischen dem Anschauer und

und dem Angeschaueten entstehen, als der Affekt des blosen Anschauens zuläßt. Allemal werden daher Vorstellungen von würklicher Existenz und Brauchbarkeit, oder von Belustigung in mir entstehen, und Begierden nach Besitz, Vortheil, Anwendung u. s. w. erregen.

So bald diese Begierden dergestalt hervorstechend wirken, daß ich mir sagen kann, ohne ihr begünstigtes Streben, ohne ihr Gelingen, wovon der äußere Gegenstand meiner Vorstellung als Grund und Ursach anzusehen ist, würde mir derselbe nicht gefallen; so bald, sage ich, der interessirte Zustand meines Wesens zugleich mit dem äußeren ein Gegenstand einer besondern Vorstellung bey mir wird (vergleiche zweytes Buch, sechstes Kapitel); so bald ist der äußere Gegenstand keine Schönheit. Aber wenn die Begierde und das Wohlbehagen, welches ich an ihrem begünstigten Streben, und ihrer befriedigten Stillung nehme, nur untergeordnet wirken, wenn ich mir denken kann, auch ohne Brauchbarkeit, auch ohne Belustigung würde ich den Gegenstand als eine Schönheit angesehen haben; — dann thut die mitwirkende Begierde und ihre wohlthätige Wirkung dem Schönheitsgefühle keinen Eintrag, vielmehr unterstützt sie dasselbe.

Beyspiele wird die noch folgende Ausführung liefern. Ich bemerke nur hier, daß die Vorstellung der Schönheit ein ganzes Gewebe von theils uneigennützigen, theils eigennützigen Trieben aufregt, welche sich als Affekte des Anschauens und der Begierde äußern, worunter aber die Affekte des Anschauens allemal die Oberhand behalten müssen.

Eilftes Kapitel.

Es giebt dreyerley Arten von Schönheiten, feyerliche, zärtliche, ergötzende, je nachdem die eine oder die andere Schwingung unserer Kräfte bey dem Eindrucke prädominirt, welchen die Schönheit auf uns macht. Das Gewebe von Affekten, welches der Eindruck der feyerlichen Schönheit in uns erweckt, wird auf einen hohen Grad getrieben, Begeisterung, dasjenige, welches die zärtliche Schönheit in uns erweckt, Entzücken, und endlich dasjenige, welches die ergötzende Schönheit erweckt, Hingebung genannt. Enthousiasme, Ravissement, Abandon.

Keine einzige Schönheit besteht aus lauter feyerlich schönen Eigenschaften, keine einzige aus lauter reizenden, keine einzige aus lauter ergötzenden. Aber so wie in einer oder der andern das Feyerliche, das Reizende, das Ergötzende prädominirt; so geben wir bald der einen, bald der andern den Namen der feyerlichen, erhabenen, edeln, romantischen Schönheit, bald der zärtlichen, lieblichen, einladenden, bald der ergötzenden, lebendigen, munteren. Die Stimmung, welche durch das Gewebe von Trieben, welches die ernste Schönheit in uns aufregt, hervorgebracht wird, nennt man, in einem hohen Grade empfunden, Begeisterung, diejenige, welche die zärtliche Schönheit aufregt, Entzücken, und diejenige, welche die Folge der ergötzenden ist, Hingebung.

Im Französischen drückt man dieß durch die Worte: Enthousiasme, Ravissement, Abandon, aus.

Fünftes Buch.

Von dem Schönen an sichtbaren Körpern und von ihrer Schönheit. Besonders von dem menschlichen Körper.

Erstes Kapitel.

Sichtbare Körper haben äußere und innere Eigenschaften und Beschaffenheiten. Zu den äußeren gehört die Gestalt, und diese besteht aus Umriß, Aufriß und Ründung.

Die einzelnen Eigenschaften und Beschaffenheiten, die man an einem Körper beachtet, werden entweder zu seinem Aeußeren, oder zu seinem Inneren gerechnet. Denn jeder Körper trägt Merkmale an sich, aus denen wir zugleich auf sein Inneres schließen.

Zu dem Aeußeren gehört:

1) Die Gestalt, die Form, oder dasjenige, was man in eine weiche Masse von dem Körper abdrücken kann, oder abdrücken zu können glaubt. Und dahin gehört:

a) der Umriß, so wie ihn der Schatten zeigt; oder der Inbegriff der Linien, an denen das Auge herumläuft, wenn es die äußersten Gränzen aufnimmt, mit denen sich ein Körper vom andern, und die einzelnen Theile des Körpers, im Profile gesehen, von einander absondern.

b) Der Aufriß; oder die Merkmale der einzelnen Theile, die sich bey der stillstehenden Ansicht, innerhalb des äußern Umrisses, durch eigene Umrisse bilden, mit ihren Verhältnissen gegen einander.

Dieß zeigt der Aufriß, den der Baumeister von der Faßade eines Gebäudes macht, und daher habe ich dieser besonderen Eigenschaft der Gestalt den Namen des Aufrisses gegeben.

c) Die Ründung; oder die Merkmale der Dicke, der Hervorragung und Zurückweichung der einzelnen Theile des Körpers, in ihrem Verhältnisse gegen einander. Diese Eigenschaft der Gestalt kann nicht anders beurtheilt werden, als bey der Umsicht des Körpers; und darum habe ich ihr den ohnehin schon gebräuchlichen Namen der Ründung gegeben.

Die Gestalt besteht daher aus dem Umriß, dem Aufriß, und aus der Ründung, je nachdem man davon die Umhersicht, die Ansicht, oder die Umsicht nimmt.

Zweytes Kapitel.

Zu dem Aeußeren an sichtbaren Körpern gehört zweytens die Farbe, und diese besteht aus der Localfarbe, aus der Farbenverweichung, aus dem Reflexe, und dem Tone.

Zu dem Aeußeren der Körper gehört:

2) die Farbe, und zwar

a) die Farbe, so wie sich darnach die Körper unter allen Gesichtspunkten und unter allen natürlichen Veränderungen des Tageslichts von einander unterscheiden, oder die Localfarbe.

b) Die Modification derselben, welche Vertiefung, Erhöhung, Annäherung und Entfernung der Theile der gefärbten Körper hervorbringen, das Farbenverweichen.

c) Die Modification, welche der Abglanz anderer gefärbter Körper, auf welche das Licht zuerst geleitet wird, der Localfarbe und der Farbenverweichung giebt, oder der Reflex.

d) Die Modification, welche das besondere gefärbte Licht, welches auf die Gegenstände geleitet wird, der Localfarbe mit ihren vorhin angezeigten Modificationen giebt; z. E. der rosenfarbene Schein der Morgen- und Abendröthe, der gelbliche der Mittagssonne, der gräulich-silberne des Mondenlichts, der gelbrothe des Feuers und des Nachtlichts u. s. w. Mit einem Worte der Ton.

Die Farbe besteht also aus der Localfarbe, aus der Farbenverweichung, aus dem Reflex und dem Tone.

Drittes Kapitel.

Zu dem Aeußeren eines sichtbaren Körpers gehört das Helldunkle, welches besteht aus dem Helldunkeln der Schattirung und der Beleuchtung.

Zu dem Aeußeren eines Körpers gehört:

3) das Helldunkle, oder die Abwechselung heller und dunkler Partien, und zwar

a) das Helldunkle der Schattirung, welches durch die Ründung der Gestalt, und durch die verschiedene Eigenschaft mehrerer Farben an einem Körper entsteht, wenn sie bald mehr, bald weniger Lichtstrahlen aufnehmen.

b) Das Helldunkle der Beleuchtung, welches seinen Grund in dem Zuströmen des auf die Körper hingeleiteten Lichts hat, indem dasselbe durch andere Körper entweder gehemmet oder befördert wird, und dadurch, unabhängig von der Schattirung, gewisse Theile an einem und ebendemselben Körper heller, andere dunkler erscheinen läßt.

Das Helldunkle besteht also aus der Schattirung, und aus der eigentlichen Beleuchtung.

Viertes Kapitel.

Zu dem Aeußeren an sichtbaren Körpern gehört:

4) der Eindruck sichtbarer Eigenschaften auf die übrigen Sinne außer dem Auge.

5) Ihr Eindruck auf die Rührungsfähigkeit der Seele mittelst ihrer Bewegung, oder das Spiel der Gestalten, Farben, und des Helldunkeln. 6) Das Beywerk, 7) die sichtbare Versinnlichung gewisser allgemeiner unsinnlicher Eigenschaften und Beschaffenheiten.

Zu dem Aeußeren der Körper gehört:

4) Der Eindruck gewisser sichtbaren Eigenschaften der Körper auf die übrigen Sinne. Indem wir den Körper ansehen, so denken wir zu gleicher Zeit daran, wie er sich betasten, schmecken, mit der Nase einziehen lasse. Daher nehmen wir daran wahr: das Rauhe, Glatte, Harte, Weiche, Duftige, Frische, Saftige, Markige, Trockene u. s. w.

Es gehört 5) dahin: der Eindruck, den gewisse sichtbare Beschaffenheiten der Körper auf die Rührungsfähigkeit unserer Seele mittelst der

Bewegung machen. Oder das Spiel der Gestalten, Farben, und des Helldunkeln.

Man sieht nämlich die Gestalt, die Farbe, das Helldunkle, entweder in einem Zustande von Ruhe, oder in einem Zustande von Bewegung. Und diese Bewegung ist von doppelter Art. Sie wird entweder daran wahrgenommen, daß wir den Körper mit seinen einzelnen Theilen die Stelle und Lage verändern sehen, worin wir ihn zuerst erblickt haben: eigentliche Bewegung. Oder daß äußere Umstände eine Veränderung in der Lage hervorbringen, worin wir selbst waren, als wir ihn zuerst erblickten. Diese Veränderung entsteht entweder aus dem Hingleiten des Lichts, das ihn beleuchtet, an seinen verschiedenen Bestandtheilen hin, oder durch die Drehung unsers Auges an seinen Bestandtheilen hin. Diese letzte Art von Bewegung wird eigentlich nur analogischer Wirkungen wegen, welche die Veränderung auf unser Sehorgan hat, Bewegung genannt. Man nennt sie auch Spiel, und sie äußert sich in der Gestalt, an deren Umrissen, Aufrissen, Ründung, Auge und Licht hingleiten: an der Farbe, an deren Modificationen Auge und Licht hingleiten; endlich an dem Helldunkeln, an dessen dunkeln und hellen Partien Auge und Licht hingleiten.

6) Gehört zu dem Aeußeren eines Körpers: das Beywerk, oder sein Zusammenstehen mit

anderen Körpern, welche ihm zum Gebrauche oder zur Gesellschaft dienen.

7) Gehört zum Aeußeren eines Körpers: Die Wahrnehmung gewisser sichtbarer Merkmahle allgemeiner unsinnlicher Eigenschaften und Beschaffenheiten, welche allen Körpern und auch solchen Gegenständen, die nicht Körper sind, beygelegt werden können. Als da sind: Größe, Ordnung, Anordnung, Einförmigkeit, Abwechselung, Harmonie, Disharmonie, Abstufung, Zusammenhang, Mangel an diesen Stücken, Reichthum, Armuth, und desgleichen.

Fünftes Kapitel.

Zu dem Inneren eines sichtbaren Körpers gehört die Bedeutung, der Geist, und der Ausdruck.

Zu den inneren Eigenschaften eines Körpers gehört:

1) die Bedeutung; oder der Inbegriff sichtbarer Merkmahle von demjenigen, was der Körper selbstständig ist, und wozu er selbstständig ist. Diese Merkmahle sind entweder blos in der Gestalt anzutreffen, oder zu gleicher Zeit in der Bewegung, die wir an ihm wahrnehmen.

Nach ihnen theilt man die Körper ein: in regulaire und irregulaire, in todte und lebendige, ken ruhende und sich bewegende. Ferner bezeichnen diese Merkmahle die Gattung, die Art, die Individualität eines jeden Körpers.

Es ist ein todter irregulairer Körper, ein Hausgeräth, eine Lampe in Form einer Muschel: Es ist ein belebter Körper, ein Mensch, ein Mann, ein Held, ein Alexander.

Zu dem Innern eines sichtbaren Körpers gehören:

2) der Geist; oder der Inbegriff von Merkmahlen, woraus wir, wiewohl er in Ruhe ist, auf die Seele, welche den Körper wirklich oder analogisch belebt, auf deren Fähigkeiten und Kräfte schließen zu können glauben.

Wo wir einem Körper keine wirkliche Seele beylegen können, da legen wir ihm die Seele seines Urhebers bey. Dieß ist der Fall bey manchen Körpern in der Natur, und bey Kunstwerken. Hier suchen wir den Geist in der Macht der Natur, in der Geschicklichkeit des Künstlers.

Zu dem Innern eines Körpers gehört endlich:

3) der Ausdruck; oder der Inbegriff von Merkmahlen einer nach außenhin wirkenden Willenskraft der Seele des angeschaueten Körpers. Diese Wirksamkeit der Seele wird dem Körper entweder als etwas Wirkliches oder nur analogisch beygelegt.

Ein traurendes Mädchen, ein lachender Knabe, haben würklich Ausdruck. Einem finstern, einem lachenden Gebäude, kann der Ausdruck nur analogisch beygelegt werden. Oft sucht man den Ausdruck blos in den Spuren früherer Begebenheiten und Lagen, die fähig waren, einen Affekt zu erregen.

Man sieht nämlich die Kraft, uns in eine gewisse Spannung, in einen bestimmten affektvollen Zustand zu versetzen, als die sympathetische Wirkung eines dem Gegenstande selbst eigenen affektvollen Zustandes an.

Das Wort Bedeutung wird oft für Ausdruck und Geist genommen, und umgekehrt fassen diese beyden letzten oft auch das erste mit unter sich. Aber sie sind doch sehr von einander unterschieden. Die Erkenntniß: der Körper ist ein Mädchenskörper, die Bedeutung, ist von der Erkenntniß: der Körper ist ein listiges Mädchen, von dem Geist, und von der Erkenntniß: dieser Körper ist ein listiglachendes Mädchen, dem Ausdruck, zu trennen.

Sechstes Kapitel.

Wenn diese Eigenschaften schön sind, so sind sie entweder wohlgefällig für das Auge, oder interessant für den Geist des Beschauers. Zu dem Wohlgefälligen für das Auge, welches hier so viel als das Schöne für den Instinkt heißt, gehört 1) das Sichtbar-Angenehme, 2) die unbedeutende Wohlgestalt, 3) das Generisch-Interessante, 4) das schmückende Beywerk. Zu dem Interessanten für den Geist gehört 1) das Vortreffliche und Specifisch-Interessante in der Bedeutung, 2) das Vortreffliche und Specifisch-Interessante in dem Geiste, 3) das Vortreffliche und Specifisch-Interessante in dem Ausdruck sichtbarer Körper.

Diese Eigenschaften, die zum Aeußern und zum Innern eines Körpers gehören, sind, wenn sie einzeln betrachtet werden, bald indifferent, bald schön, bald häßlich. Aber wenn sie schön sind, so sind sie schlechterdings entweder wohlgefällig für das Auge, oder wichtig-interessant für den Geist des Anschauers.

Wohlgefällig für das Auge nenne ich diejenige sichtbare Eigenschaft eines Körper, die uns den Affekt des Schönen bey der Anschauung giebt, ohne daß wir unser nachdenkendes Wesen dabey in eine merkliche Thätigkeit versetzt fühlten. Interessant, wichtig für den Geist, nenne ich diejenige Eigenschaft eines Körpers, die uns mittelst einer merklichen Thätigkeit unsers Wesens bey der Anschauung den Affekt des Schönen giebt.

Wohlgefällig für das Auge ist also hier das sichtbare Schöne für den Instinkt, interessant für den Geist ist also hier das sichtbare Schöne für den Geist. (Vergleiche viertes Buch, erstes Kapitel.)

Zu dem Wohlgefälligen für das Auge gehört nun zuerst das Sichtbar-Angenehme, oder dasjenige, was ohne begleitende Erkenntniß unmittelbar auf die Sinne und die Rührungsfähigkeit unserer Seele wirkt, und ohne Begierde, Besitz und Vortheil, Vergnügen macht. (Vergleiche drittes Buch, drittes Kapitel.) Dahin gehört: die Farbe, der Glanz, das Spiel der Farben und des Glanzes, und die dunkle Erregung der Triebe unserer übrigen Sinne durch Farbe und Glanz, z. E. das Saftige, Duftige, Weiche, Sanfte, Glatte u. s. w.

Denn wie schon oft gesagt ist, wenn diese Regung unserer gröberen sinnlichen Triebe nicht hervorstechend deutlich ist; so gehört sie dem Schönen nach gebildeten Begriffen allerdings zu. Niemand wird, wenn er eine Farbe saftig, oder den Marmor glatt sieht, an Schmecken und wohllüstiges Betasten denken, aber darum wirken die Triebe darnach unstreitig im Geheimen mit.

Zu dem Wohlgefälligen für das Auge gehört:

2) die unbedeutende Wohlgestalt, oder die anschauende Erkenntniß einer Gestalt, die mit keinem Begriffe eines persönlichen Körpers in der Natur verknüpft ist, folglich an allen Körpern, oder wenigstens an den mehrsten angetroffen wird, und nur durch Abstraction als etwas

für sich Bestehendes erkannt werden kann. (Vergleiche drittes Buch, viertes Kapitel.)

Dahin gehört die Schlangenlinie des Umrisses; die symmetrische und eurythmetische Anordnung des Aufrisses; die ey- birn- und busenförmige Wölbung und Ründung u. s. w. Kein einziger persönlicher Körper besteht aus einer Schlangenlinie, aus der bloßen symmetrischen oder eurythmetischen Anordnung, aus einer ey- birn- und busenförmigen Wölbung. Sie haben allemal noch andere Bestandtheile der Gestalt neben der angegebenen, welche zur Ausfüllung des über ihre Gattung und Art festgesetzten Begriffes gehören.

3) Zu dem Wohlgefälligen für das Auge gehört: die sichtbare Veranlassung, sich gewisser unsinnlicher Eigenschaften, die keinen Körper, keinem unkörperlichen Wesen ausschließend beygelegt sind, aber allgemein geschätzt werden, zu erinnern, oder das Generisch-Interessante. (Vergleiche drittes Buch, sechstes Kapitel.)

Dahin rechne ich Reichthum, Fülle, Ordnung, Zusammenstimmung, Zusammenhang, Simplicität, Nettigkeit, und so weiter. Ohne daß die Seele dabey in eine merkliche Thätigkeit kömmt, empfinden wir bey der instinktartigen Anschauung, gleichsam durch das Auge, in dieser Versinnlichung allgemein geschätzter Eigenschaften und Beschaffenheiten Vergnügen.

Daher das Wohlgefällige der Harmonie der Farben, des Helldunkeln, und alles dessen, was zur mahlerischen Anordnung gehört.

4) Gehört zu dem Wohlgefälligen für das Auge das schmückende Beywerk, oder das Beywerk, welches zum Sichtbar-Angenehmen, zur unbedeutenden Wohlgestalt und zum Generisch-Interessanten des Körpers, mit dem es in Verbindung steht, beyträgt.

Zu dem Interessanten für den Geist des Beschauers gehört:

1) das Vortreffliche und Specifisch-Interessante in der Bedeutung. Das heißt dasjenige, was bey der Zusammenhaltung mit andern Gegenständen seiner Gattung und Art durch sichtbare Merkmahle der Zweckmäßigkeit ein Ueberher über die nothdürftige Ausfüllung seiner selbstständigen Bestimmung bey dem bloßen Anblicke zeigt, (vergleiche drittes Buch, fünftes Kapitel,) und was durch sichtbare Zeichen oder Merkmahle der Wahrheit an gewisse frühere Affekte des Vergnügens erinnert, welche uns diese Merkmahle des sichtbaren Gegenstandes vormals gegeben haben. (Vergl. drittes Buch, fünftes Kapitel.)

Beyspiele: Ich sehe einen Arm, und finde an seinem Bau Merkmahle, welche mich schließen lassen, daß er nicht blos nothdürftig zum Fassen und Heben geschickt sey, sondern daß er einen Fels rücken könne.

Dieß ist das Vortreffliche in der Bedeutung.

Gesetzt

Gesetzt aber, ich sehe den eisernen Arm des Götz von Berlichingen, und dieß historische Interesse der Bedeutung macht mir Vergnügen, so liegt der Grund davon nicht in der Vortrefflichkeit des Arms, sondern in der bestimmten Veranlassung, welches er mir giebt, mich an das Vergnügen zu erinnern, welches mir schon vormals die Kenntniß der Thaten des Helden gemacht hat.

Dieß ist das Specifisch-Interessante der Bedeutung.

Zu dem Interessanten für den Geist des Beschauers gehört:

2) das Vortreffliche und Specifisch-Interessante in den sichtbaren Merkmahlen des Geistes, der den Körper belebt, oder als ihn belebend angesehen wird: die Ahndung seiner vortrefflichen oder specifisch-interessanten Anlagen, Fähigkeiten, Kräften in Ruhe.

Wenn ich einem Kopfe ansehe, daß eine Seele darin wohnt, welche den Beherrscher von Welten, den tiefsinnigsten Denker ankündigt; wenn ich einem Körper ansehe, daß er sein Daseyn einer Vereinigung außerordentlicher Kräfte verdankt; so ist dieß das Vortreffliche in dem Geiste eines Körpers

Wenn ich dagegen in der Physiognomie anderer Körper Züge finde, die mich bestimmt an gewisse Eigenschaften des Geistes erinnern, die zwar an sich nichts Vortreffliches sind, mir aber doch ehemals Vergnügen gemacht haben, z. E. Witz, Laune u. s. w.; so ist dieß das Specifisch-Interessante in dem Geiste eines Körpers.

Die dritte Art des Schönen an sichtbaren Körpern für den Geist des Beschauers ist

3) das Vortreffliche und Specifisch Interessante in dem Ausdruck, oder in den sichtbaren Merkmahlen einer nach Außen wirkenden Willenskraft der Seele des angeschaueten Körpers.

Wenn ein Körper eine edle Stimmung der Seele, erhabene Gesinnungen in seinem Aeußern ankündigt, so ist dieß das Vortreffliche in dem Ausdruck. Wenn ein Körper mich an ein Vergnügen erinnert, welches der Ausbruch einer Willensbewegung mir ehemals gegeben hat, so ist dieß das Specifisch-Interessante des Ausdrucks.

Der Heldenmuth des Alexanders, der in den Zügen und in den Geberden seines bewegten Körpers zu lesen ist, ist das Vortreffliche des Ausdrucks.

Dagegen werden der launigte, muntere Knabe, das verschmitzt-lachende Mädchen zum Specifisch-Interessanten des Ausdrucks gehören, weil solche Eigenschaften nur durch Erinnerung an ehemaliges Vergnügen, welches mir diese Stimmung der Seele gegeben hat, schön seyn können.

Siebentes Kapitel.

Diese einzelnen schönen Eigenschaften an sichtbaren Körpern reichen schlechterdings nicht hin, einen sichtbaren Körper zur Schönheit zu machen, ja sie sind oft dem Gefühl der Schönheit völlig widersprechend.

Dieß sind die einzelnen Eigenschaften, soviel ich mich deren nach reifem Nachdenken erinnere, welche an einem sichtbaren Körper als schön empfunden werden können. Sie machen das einzelne sichtbare Schöne aus. Da wir diese Eigenschaften durch Abstraktion von den übrigen Eigenschaften eines Körpers abgesondert beachten, und ohne Begierde, Vortheil und Besitz mit Vergnügen anschauen können; da wir ferner diese Eigenschaften ohne Bewußtseyn einer besondern Beziehung, worin ihre gegenwärtige Wahrnehmung mit dem früheren Zustande unserer Individualität steht, auf eine so uneigennützige Art mit Vergnügen anschauen können: so leidet es gar keinen Zweifel, daß jene angegebenen Eigenschaften sichtbarer Körper etwas Objektiv-Schönes sind. (Vergleiche die im zweyten und dritten Buche ausgeführten Sätze.)

Aber um einen sichtbaren Körper zur Schönheit zu machen, ist keine einzige allein hinreichend, und in manchen Fällen sind sie der Schönheit sogar widerstrebend.

Wenn jemand eine unförmliche Masse von Purpurroth oder Himmelblau, etwa in dem Farbenteig, schön findet; so kann ihm niemand ableugnen, daß in dieser Masse diese Farben schön sind, und es bedarf zur Rechtfertigung dieses Affekts des Schönen keines andern Grundes, als daß die Farbe seine Sehnerven unmittelbar angenehm berührt.

Wenn aber eben derselbe ein Gesicht darum eine Schönheit nennen wollte, weil dessen Farbe seine Sehnerven angenehm berührt, so würde er sich bey allen wohlerzogenen Menschen lächerlich machen.

Wenn jemand einen viereckigten Stein darum schön findet, weil sein Verstand Begriffe von Regularität darin antrifft; so wird ihm ein jeder darunter Beyfall geben, daß hier die Regularität etwas Schönes sey.

Wenn aber eben derselbe darum einen Baum als Schönheit empfinden wollte, weil er die Regularität einer geometrischen Figur hätte, so würde er zum Gelächter wohlerzogener Menschen werden.

Wenn jemand darum eine unförmliche Masse von Felsen schön findet, weil die großen Partien von Gestalten, Farben, Licht und Schatten einen mahlerischen Effekt machen, so wird ihm ein jeder darunter Recht wiederfahren lassen, daß hier der mahlerische Effekt etwas Schönes sey, und seinen Geschmack und den Grund, worauf er gebauet ist, billigen.

Wenn aber eben derselbe nun ein Prachtgebäude so aufführen wollte, um einen mahlerischen Effekt durch große Massen abwechselnder Gestalten, Farben, heller und dunkler Partien hervorzubringen, so ist man berechtigt, ihm allen guten Geschmack abzusprechen.

Wenn jemand das Lächeln eines Kindes schön findet, und zur Ursach anführt, daß es der naive Ausdruck einer unbefangenen Seele sey, der aller Herzen gewinnen müsse; wer wird ihm darunter nicht beyfallen, daß hier das Lächeln etwas Schönes sey? Wenn aber eben derselbe nun den Helden immer lächelnd gebildet sehen wollte; wer würde nicht über den Narren selbst lächeln?

Achtes Kapitel.

Der Begriff von dem, wie ein Körper beschaffen seyn soll, wird von dem wohlerzogenen Menschen im Durchschnitt festgesetzt; und er folgt darunter dem Durchschnitt von Erfahrungen, die er in seinem Leben macht.

Der Begriff von dem, wie ein Körper beschaffen seyn soll, um durch den Anblick von andern, seiner Gattung und Art nach, um terschieden zu werden, und seine Bestimmung auszufüllen, wird, wenn es nicht das Interesse einer besonderen Wissenschaft, oder eines besonderen Gebrauchs betrifft, von dem wohlerzogenen Menschen im Durchschnitt, nach dem Durchschnitt von Erfahrungen festgesetzt, die er in seinem Leben macht.

Nicht der Anatomiker, nicht der Künstler hat bestimmt, welches die Kennzeichen seyn sollen, wornach ich im gemeinen Leben über Wesen und Bestimmung des ganzen menschlichen Körpers und seiner Theile urtheilen soll. Nicht der Botaniker hat mich gelehrt, wie eine Rose gestaltet seyn soll.

Der Schuster des Appelles war nicht als Schuster kompetenter Richter über die Kennzeichen, woran wir im gemeinen Leben den Charakter und die Zweckmäßigkeit eines Schuhes erkennen sollen, wenn er weiter ging, als dem Appelles den Mangel derjenigen Eigenschaften anzuzeigen, wornach auch der Mensch, der nicht von seinem Handwerk ist, einen Schuh erkennet und beurtheilt.

Der wohlerzogene Mensch im Durchschnitt, das heißt, die Klasse jener weder ganz unaufmerksamen, ganz unerfahrnen Beschauer, noch jener zu aufmerksamen, zu erfahrnen in einzelnen Kenntnissen, die zum Gebrauch des gemeinen Lebens gehören, bestimmt den Begriff eines jeden sichtbaren Körpers. Sie bestimmt ihn nach demjenigen, was sie an Körpern, die weder die schlechtesten, noch die besten ihrer Gattung und Art zu seyn scheinen, als wesentlich zur Wiedererkennung und Unterscheidung und zugleich als zureichend, zur Ausfüllung seiner Bestimmung, sowohl im Ganzen als in seinen Theilen, angetroffen hat. Je häufiger die Erfahrungen sind, je mehr Individuen einer Gattung und Art dem wohlerzogenen Menschen im Durchschnitt im gemeinen Leben vorkommen, um desto bestimmter wird der Begriff. Das heißt, um desto genauer sind die Eigenthümlichkeiten angegeben, welche den Körper von andern unterscheiden, welche zur Ausfüllung seiner Bestimmung als tauglich angesehen werden sollen. Aber diese Bestimmtheit weicht doch noch sehr von derjenigen ab, welche die einzelne Wissenschaft festsetzt. Denn diese setzt Klassifikation zu besondern Absichten für besondere Menschen zum voraus. Der Mann im gemeinen Leben klassificirt nur zu einem allgemeinen Gebrauche im Durchschnitt, entweder des Nutzens oder des Vergnügens wegen für alle wohlerzogene Menschen im Durchschnitt.

Neuntes Kapitel.

Ein sichtbarer Körper ist eine Schönheit, wenn er ein specifikes Ganzes ausmacht, welches in Uebereinstimmung mit dem Begriffe, der von dem Wesen und der Bestimmung der Gattung und Art, wozu es gehört, in Rücksicht auf Vollständigkeit, Richtigkeit, Zweckmäßigkeit für seine Theile und deren Zusammenhang untereinander, festgesetzt ist, durch das Wohlgefällige, was er dem Auge und das Interessante, welches er der Seele des Beschauers in seinen wesentlichen Eigenschaften bey dem bloßen Anblicke darbietet, seine Persönlichkeit erhält.

Es giebt nun keinen sichtbaren Körper mehr, über dessen Wesen und Bestimmung nicht solche Begriffe, wie in dem vorigen Kapitel angezeigt sind, unter allen wohlerzogenen Menschen festgesetzt wären, von dem man nicht wüßte, entweder wie er gestaltet oder gefärbt seyn sollte, oder welche helle und dunkle Partien er zeigen müsse, um uns auf seine Bedeutung, auf den ihn bewohnenden Geist, und dessen Kräfte in Ruhe, oder in Wirksamkeit, mithin auch auf die Wahrnehmung seines Ausdrucks zurückzuführen. Sogar Körper, die wir Wesen aus einer idealischen Welt zutrauen, Engel, Teufel, Larven, Nachtgespenster, sind solchen Begriffen in Rücksicht der ihnen beygelegten Körper unterworfen.

Hier ist nun eine allgemeine nie trügende Regel zu bemerken. Alles einzelne Sichtbare, Objektiv-Schöne, welches den festgesetzten Begriffen von dem Wesen und der Bestimmung des

Ganzen eines persönlichen Körpers widerspricht, ist geradezu häßlich.

Eine aus lauter Schlangenlinien bestehende Figur des Menschen ist geradezu häßlich; so sehr auch die Schlangenlinie an und für sich schön seyn mag.

Die Symmetrie an der Gestalt eines Baumes und an der Lage seiner Aeste angetroffen, würde häßlich seyn, so sehr wir sie an einem Gebäude wahrzunehmen lieben.

Eine zweyte Regel, die ebenfalls nie trügt, ist diese: daß das objektive Schöne bey der Erkenntniß der wesentlichen Eigenschaften des Körpers empfunden werden muß.

Die bloße schöne Carnation kann nie ein menschliches Gesicht zu einer Schönheit machen. Die bloße Größe, oder Zierlichkeit, kann keinen menschlichen Körper zu einer Schönheit machen.

Eine dritte Regel, die gleichfalls niemals trügt, ist diese: daß, wenn ein Körper dem Auge etwas Wohlgefälliges, der Seele aber gar nichts Interessantes zeigt, und umgekehrt, wenn die Seele allein Interesse, das Auge aber gar kein Wohlgefallen an einem Körper nimmt; so ist offenbar keine Schönheit vorhanden.

Eine vierte Regel, die gleichfalls nie trügt, ist diese: daß, wenn das körperliche Ganze nicht seine Persönlichkeit gerade durch wohlgefällige und interessante Eigenschaften erhält, sodann dieß Ganze keine Schönheit genannt werden könne.

Das bequemste Haus zur Bewohnung ist darum noch keine Schönheit. Eine sichtbare körperliche Schönheit ist folglich ein specifikes sichtbares Ganze, welches in Uebereinstimmung mit dem Begriffe, der von seinem Wesen und seiner Bestimmung nach Gattung und Art in Rücksicht auf Vollständigkeit, Richtigkeit, Zweckmäßigkeit für seine Theile und deren Uebereinstimmung und Zusammenhang untereinander festgesetzt ist, durch das Wohlgefällige, was er dem Auge, und das Interessante, welches er der Seele des Beschauers in seinen wesentlichen Eigenschaften bey dem bloßen Anblicke darbietet, seine Persönlichkeit erhält. (Vergleiche viertes Buch, fünftes Kapitel.)

Zehntes Kapitel.

Das Schöne am menschlichen Körper in der Natur ist von der Schönheit des menschlichen Körpers verschieden. Das Schöne, das dem Auge am menschlichen Körper wohlgefällt, ist: erstlich, das Angenehme für das Auge, und dazu gehört vieles, was grobe physische und eigennützig-moralische Begierden dunkel aufregt und befriedigt. Außerdem aber die Farbe, das Helldunkle, ihr Spiel, und die Lebhaftigkeit der Züge und Geberden.

Ich gehe nun zu der Anwendung der bisher aufgestellten Sätze auf den menschlichen Körper in der Natur über. Ich werde zu zeigen suchen, was wir einzeln Schönes an ihm finden; was ihn zur Schönheit macht, und welche verschiedene Arten von Schönheit wir bey ihm annehmen.

Der rohe Mensch, ganz unbekümmert über die Gründe seines Wohlgefallens an dem menschlichen Körper, nennt alles schön, was mit seinen niedrigsten Neigungen im Verhältnisse steht, und die eigennützigsten und gröbsten sinnlichen Triebe unmittelbar in ihm aufregt. Solchen Menschen ist ein fleischigter Körperbau, eine Miene der Unterwürfigkeit schätzbarer, als die Wohlgestalt, und der Ausdruck von selbstständiger Hoheit.

So sehr nun solche Gründe des Wohlgefallens von den Affekten des Schönen ausgeschlossen bleiben müssen; so leidet es doch gar keinen Zweifel, daß sie im Geheimen und dunkel allemal mitwirken.

Ich werde in einem andern Werke den Einfluß der Sinnlichkeit und des Eigennutzes auf eine der edelsten unserer Neigungen, auf die verfeinerte Liebe, untersuchen. Ich führe hier nur so viel daraus an, als zu meinem Zwecke nöthig ist.

Es scheint sicher zu seyn, daß allerwärts, wo das Physisch-Zarte mit dem Physisch-Starken menschlicher Körper, es sey auch nur durch den

Anblick, ins Verhältniß kömmt, ein gewisser wollüstiger Reiz in dem Nervenbau des einen oder des andern Körpers erregt werde, der mit den Aeußerungen des Zeugungstriebes in genauem Verhältnisse steht, und einen Theil des Geschlechtstriebes mit ausmacht. Es brauchen nicht Körper von verschiedenem Geschlechte zu seyn, um diesen Reiz selbst bis zu groben Aeußerungen merklich zu machen.

Dieß zeigen die Mißbräuche des Zeugungstriebes, und sie sind zu allgemein, um sie blos einer Verirrung der Einbildungskraft oder der Verderbniß der Sitten zuzuschreiben. Nur in Ländern, wo religiöse und bürgerliche Erziehung den Zeugungstrieb von früher Jugend an zum Besten der Bevölkerung und häuslicher Verbindungen leiten, wird die Wirkung zarter Körper auf starke, und umgekehrt, keine grobe Aeußerungen, vorzüglich bey dem bloßen Anblick, hervorbringen. Inzwischen wird man wissen, daß es nicht blos grobe Symptome sind, aus denen man auf erregte Sinnlichkeit schließen kann. Sie meldet sich bey Menschen von reizbareren Nerven als dunkle Ahndung, und dient dazu, ihren Affekt des Schönen menschlicher Körper, die mit ihnen im Verhältnisse von Zartheit und Stärke stehen, bey dem bloßen Anblick zu erhöhen. Die Regung der Sinnlichkeit wird um so stärker, wenn der Sinn des betastenden Gefühls die sichtbare Wahrnehmung dessen, was die Sinnlichkeit zu erregen im Stande ist, z. E. das Streicheln, Umfassen u. s. w. verstärkt.

Es kann diese dunkle Mitwirkung der Sinnlichkeit bey dem Affekt des Schönen menschlicher Körper demjenigen nicht entgehen, der über sich und Andere Bemerkungen angestellt hat. Sie wird besonders von denen wahrgenommen, die sich viel mit dem Studio der älteren Bildhauerwerke abgegeben haben. Diese Mitwirkung ist auch keinesweges entehrend oder schändlich. Denn man ist sich derselben erst nach angestellter Prüfung bewußt, und wenn man sie nach den Vorschriften der Religion und der Gesetze leitet, so wird sie vor den Augen jedes billigen Beurtheilers veredelt.

Ich halte mich überzeugt, daß einer der Hauptgründe, warum das lebhafte Gefühl für Männerschönheit in unsern Gegenden nicht so allgemein als bey den Griechen ist und werden kann, darin liegt, daß die Nerven unter unserm kälteren Himmelsstriche überhaupt weniger reizbar sind, und daß der Eindruck, den die Zartheit und die Stärke männlicher Formen auf unsere Sinnlichkeit macht, unter die lasterhaften Neigungen nach unserer Denkungsart gehört. Die Kunst bringt verhältnißmäßig bey uns viel schönere Weiber- als Männerformen hervor. In Griechenland war es der umgekehrte Fall.

Es ist schon oft gesagt, daß der verewigte Winkelmann bey seiner Anhänglichkeit an schönen männlichen Formen den Einfluß der Sinnlichkeit dunkel empfunden habe. Die Behauptung hat unstreitig ihre Richtigkeit. Man vergleiche die Art, wie er seinen schönen Freund anredet, mit derjenigen, womit er von einer schönen Statue des Alterthums spricht. Er erscheint als Pygmalion in den verschiedenen Situationen, worin er sein Werk als Marmorblock und als empfindendes Wesen betrachtet. Aehnliche Bemerkungen sind denen nicht entgangen, die als ruhige Beobachter Augenzeugen des Umgangs dieses edeln Mannes mit seinem schönen Freunde gewesen sind. Ein mehr als himmlisches Feuer ergriff den Lobredner des Apollo bey dem Anblick eines schön gewölbten Kniees, welches ein Zufall auf einer gemeinschaftlichen Reise nach Frescati entblößte.

Schande über den, der hier schändlich muthmaaßet! Es geschah unbefangen, es geschah öffentlich, zum Beweise der unwillkührlichen und höchst wahrscheinlich dem Begeisterten selbst unbekannten Regung.

Mit dieser dunkeln Erregung der Sinnlichkeit des Zeugungstriebes steht die Erregung einiger Triebe der übrigen gröberen Sinne im genauesten Verhältnisse. Man kann ihre Verwandschaft nicht verkennen, wenn man darauf achtet, welchen Gebrauch die Lascivität von den Organen des Mundes, der Hand, der Nase, zu ihrer Befriedigung macht. Auch diese Triebe wirken unstreitig dunkel mit, und tragen dazu bey, die elastische Feistigkeit gewisser fleischigter Theile, das Weiche, Sammtne der Haut, das Markigte, Frische, Saftige der Farbe angenehm zu machen.

Endlich, so wenig der grobe moralische Eigennutz, und selbst der feinere, wobey auf ferneren Vortheil Rücksicht genommen wird, wenn er in einer prädominirenden Maaße der Grund unsers Wohlgefallens an einem sichtbaren Körper wird, zu den Affekten des Schönen nach dessen gebildetem Begriffe gehört, so läßt sich doch dessen Mitwirkung in unzählichen Fällen nicht verkennen. Wenn man in eine Gesellschaft unbekannter Menschen tritt, so hält man sich gemeiniglich an diejenigen, die durch ihren zuvorkommenden, freundlichen, gefälligen Ausdruck uns die Ahndung geben, daß wir behaglich, traulich, ohne Zwang bey ihnen seyn werden, oder daß die Festigkeit, die wir in ihren Zügen wahrzunehmen glauben, uns Schutz, Beystand, Sicherheit in ihrem Umgange verspreche. Wer will, wer mag behaupten, daß diese Wahrnehmungen, diese Empfindungen, nicht die Affekte des Schönen, die wir von einem menschlichen Körper erhalten, auf mannichfaltige Art modificiren, und Fäden in dem Gewebe sind, welches wir Liebe zur Schönheit nennen?

Wir dürfen daher dreist behaupten, daß in den mehresten Fällen dergleichen Erregungen dunkler, grob-sinnlicher und moralisch-eigennütziger Begierden bey dem Gefühle des Schönen an menschlichen Körpern mitwirken, und der Beweis ihrer gänzlichen Abwesenheit wird sich darum nie führen lassen, weil der Gegenstand unstreitig fähig ist, solche Triebe auf eine deutliche Art zu erregen.

Diese dunkeln Erregungen grob-sinnlicher und moralisch-eigennützigder Begierden machen einen der Fäden aus, woraus das Sinnlich-Angenehme am menschlichen Körper zusammengewebt ist. Ein anderer Faden in diesem Gewebe ist der wohlbehagende Eindruck der Farben, des Helldunkeln und ihres Spieles, imgleichen der lebhaften Bewegung der Züge und Geberden für die Sehnerven des Auges und die Rührungsfähigkeit der Seele. Daher der Reiz, welchen der Glanz des Auges, und die lebhafte Bewegung seines Apfels, das Wallen der Locken, das Zusammenstehen von Roth und Weiß, mit dem Blau der Adern, und mit dem Braunen oder Blonden der Haare hervorbringen.

Dieß alles zusammen macht an dem menschlichen Körper das eigentlich Angenehme aus, und dieß ist dasjenige, wofür die mehrsten Menschen allein Sinn haben.

Eilftes

Eilftes Kapitel.

Zu dem Wohlgefälligen für das Auge am menschlichen Körper gehört die unbedeutende Wohlgestalt. Diese besteht aus der Symmetrie, Eurythmie, der Schlangenlinie, und der entfernten Aehnlichkeit der Gestalt seiner einzelnen Theile mit der Gestalt anderer sichtbarer Körper, die uns an und für sich angenehm und ihrer Nützlichkeit wegen wichtig sind. Folglich auch die Regularität. Oder die Aehnlichkeit mit geometrischen Figuren.

Die unbedeutende Wohlgestalt am Menschen besteht aus der Symmetrie, der Eurythmie, der Schlangenlinie, und aus der entfernten Aehnlichkeit seiner einzelnen Theile mit der Gestalt anderer sichtbarer Körper, die uns an und für sich sinnlich angenehm, und durch ihre Nützlichkeit wichtig sind.

Die Symmetrie ist das abgemessene Verhältniß von Richtung und Entfernung, worin gleichgebildete Theile neben einander überstehen.

Eurythmie ist das abgemessene Verhältniß, worin einzelne Theile von verschiedener Form gegen symmetrisch-angeordnete Theile derselben Fläche stehen. Die Eurythmie wird oft als ein Theil der Symmetrie, beyde aber werden als Theile der Regularität (wiewohl nach einem nicht hinreichend bestimmten Begriffe des letzten Worts) angesehen.

Augen, Ohren, Backen, Arme, Beine, Hüften, Brüste, stehen am menschlichen Körper im symmetrischen Verhältnisse gegen einander.

Nase, Mund, Knie, Herzgrube, Nabel u. s. w. stehen gegen jene Theile im eurythmetischen Verhältnisse.

Die Schlangenlinie, Flammen-, Wellenlinie ist eine andere Art der unbedeutenden Wohlgestalt am menschlichen Körper, und gehört besonders dem Umriß, so wie Symmetrie und Eurythmie dem Aufriß angehören.

Zur unbedeutenden Wohlgestalt gehört ferner die Regularität der einzelnen Theile des Körpers: oder die Aehnlichkeit derselben mit geometrischen Figuren.

Wer zu zeichnen versteht, (oder allenfalls nur ein Zeichenbuch, etwa das Preislerische zur Hand nimmt) weiß, daß alle Theile des menschlichen Körpers, ja so gar dessen ganze Figur, sich in regulaire geometrische Gestalten bringen läßt. Man kann aus dem Kopfe ein Oval, aus dem Auge einen Zirkel, aus der Nase, aus dem Munde Oblonga, aus jeder Muskel Triangel, Quadrate u. s. w. bilden.

Etwas Aehnliches finden wir an den Werken der Kindheit der Kunst in der Aegyptischen, Griechischen, Italienischen und Deutschen Schule, und in so fern der Ausdruck des Lebens darüber nicht verloren geht, führt diese entfernte Aehnlichkeit allerdings etwas Wohlgefälliges mit sich.

Endlich gehört zu der unbedeutenden Wohlgestalt die Aehnlichkeit, welche wir zwischen der Form einzelner Theile des menschlichen Körpers mit der Form anderer angenehmer oder nützlicher Körper finden. So sind uns die Hand, welche die Gestalt einer Birn an sich trägt, der Finger, der wie eine allmählig sich verjüngende Säule gestältet ist u. s. w. wohlgefällig. Man darf nur das Hoheslied Salomonis nachlesen, um noch manchen Beleg zu diesem Satze zu finden.

Zwölftes Kapitel.

Zu dem Wohlgefälligen für das Auge am menschlichen Körper gehört das Sichtbar-Generisch-Interessante, und das schmückende Beywerk.

Höhe der Statur, starker Knochenbau, eine gewisse feste Völligkeit des Fleisches, eine ruhige wenig abwechselnde Lage der Gliedmaaßen, ein aufgerichtetes Antlitz, führen auf Begriffe von Hoheit, Festigkeit, gebietendes Ansehn zurück.

Kleine Statur, Zartheit der Knochen, elastische Weichheit des Fleisches, Bewegung und Abwechselung in der Lage der Gliedmaaßen, führen auf Zierlichkeit, Leichtigkeit u. s. w. zurück. Wieder giebt es andere Merkmahle am menschlichen Körper, die an Neuheit, Seltenheit, Lebendigkeit u. s. w. erinnern. Alles das gehört zum Generisch-Interessanten am menschlichen Körper.

Zu dem schmückenden Beywerk gehören, seine Bekleidung, seine Geräthschaften zum Gebrauch, seine Zierrathen u. s. w.

Dreyzehntes Kapitel.

Zu dem Interessanten für den Geist des Beschauers gehört am menschlichen Körper:

1) Die ausgezeichnete Vollständigkeit, Richtigkeit, Zweckmäßigkeit seiner Theile und seines Ganzen, als Agent einer lebendigen animalischen Kraft betrachtet.

2) Der merkwürdige Ausdruck des Geistes, dem der Körper zur Behausung dient.

3) Der merkwürdige Ausdruck der wirkenden Willenskraft, der dieser Körper zur Behausung und zum Agenten dienet.

Zu dem Interessanten für den Geist des Beschauers gehört das Vortreffliche und Specifisch-Interessante in der Bedeutung des Körpers, oder die ausgezeichnete Vollständigkeit, Richtigkeit, Zweckmäßigkeit seiner Glieder und ihres Verhältnisses untereinander, als Agenten und Organe einer lebendigen Kraft.

Wenn alle Gliedmaaßen vorhanden sind, und so vorhanden sind, um sie nach der Direktion der Umrisse, nach der Anordnung der Aufrisse, nach der Biegung der Rundungen, und nach der Maaße ihrer Länge und Dicke, theils allein, theils in ihrem Verhältnisse unter einander betrachtet, ausgezeichnet bestimmt für das zu erkennen, was sie nach Art und Gattung seyn sollen: so ist dieß das Specifisch-Interessante der Vollständigkeit und Richtigkeit des menschlichen Körpers.

Wenn jedes Glied und das Ganze des menschlichen Körpers, nach Direktion der Umrisse, Anordnung der Aufrisse, Biegung in den Rundungen und Maaßen von Länge und Dicke, theilweise und im Verhältnisse unter einander betrachtet, für ausgezeichnet brauchbar zu dem Zwecke erkannt werden, wozu sie der lebendigen Kraft im Menschen dienen sollen; so ist dieß das Vortreffliche der Zweckmäßigkeit des menschlichen Körpers.

Ich weiß nicht, ob ich mich deutlich mache. Eine Nase muß gerade wie eine Nase aussehen, ein Mund gerade wie ein Mund, ein Fuß muß nicht mit einer Hand verwechselt werden können, eine Brust nicht mit dem Gesäß. Das Weib muß nicht wie ein Mann aussehen, das Kind nicht wie ein Greis, der Held nicht wie ein

Bauer u. s. w. Jeder Theil des Körpers zeigt Direktionen, Anordnung, Biegung und Maaßen, welche ihn von andern Theilen unterschiden: jedes Geschlecht, jedes Alter, jeder Stand zeigt Eigenthümlichkeiten in Umrissen, Aufrissen, Rundung und Maaßen seines Ganzen, und seiner Theile, welche sie von einander unterscheiden. Diese Eigenthümlichkeit des Charakters läßt sich schlechterdings aus der Zweckmäßigkeit des Körpers als Werkzeug einer animalischen Kraft nicht allein erklären: wenigstens für denjenigen gewiß nicht, der nicht die Anthropologie als Wissenschaft studirt hat, und derjenige, der das gethan hat, tritt hier gar nicht als competenter Beurtheiler auf. Nein! Man muß annehmen, daß wir in manchen Fällen die einzelnen Gliedmaaßen und das Ganze des Körpers so und nicht anders in Form und Maaße gebildet sehen wollen, weil wir bey den mehrsten Menschen sie so und nicht anders gebildet gesehen haben, mithin der Trieb nach Angewöhnung und nach leichterer Erkenntniß beleidigt werden würde, wenn wir an einem Individuo, übrigens bey völliger Zweckmäßigkeit seines Körpers zum Gebrauch der animalischen Kraft, diesen oder jenen Theil in ungewöhnter Form und ungewöhnlicher Maaße anträfen. Es läßt sich z. E. gar nicht aus der Zweckmäßigkeit allein erweisen, warum ein menschliches Ohr nicht in der Form eines thierischen gestaltet; warum unsere Nase nicht mit einem beweglichen Rüssel begabt seyn sollte. Es ließe sich so gar für die unbedeutende Wohlgestalt ein wahrer Vortheil aus dieser Bildung ziehen. Die Dicke, die Länge manches fleischigten Theiles unsers Körpers trägt gewiß zu seinem zweckmäßigeren Gebrauche nichts bey. Inzwischen sehen wir doch nicht allein eine Abweichung von der gewöhnlichen Form mit Mißvergnügen; sondern die bestimmte Uebereinstimmung der gegenwärtigen Wahrnehmung der einzelnen Theile des Körpers und seines Ganzen mit dem Begriffe von dem, wie wir sie im Durchschnitt am häufigsten angetroffen haben, schmeichelt auch unsere Triebe nach Angewöhnung und leichter Erkenntniß, und giebt uns den Affekt des Schönen. Wenn wir daher ein Gesicht sehen, dessen Augen sich recht bestimmt von allen übrigen Theilen des Körpers durch Direktion ihrer Umrisse, Anordnung ihres Aufrisses, Biegung ihrer Ründung, durch Maaße, ihres Umfangs und ihrer Lage absondern, und mit dem Begriff, der von der Form und der Maaße eines Auges im Durchschnitt festgesetzt ist, übereinkommen; wenn wir einen Körper, im Ganzen betrachtet, nach der Direktion seiner Umrisse, der Anordnung seines Aufrisses, der Biegung seiner Ründungen, und zugleich nach seinen Maaßen sogleich als Mann, Weib, Kind, Jüngling, Greis, Held, Bauer, und zwar dergestalt unterscheiden, daß jedes Glied gleichsam der Repräsentant aller Glieder seiner Art, jeder Körper gleichsam der Repräsentant aller Körper seiner Art ist; so ist dieß etwas Schönes, nämlich das Specifisch-Interessante der Bedeutung des Körpers als Agent einer animalischen Kraft. Es wird durch diese höchst bestimmten Merkmahle der Wahrheit mein Geist aufgefordert, sich an das Vergnügen zu erinnern, welches ihm ehemals die Befriedigung zu klassificiren, zu unterscheiden, zu erkennen, gemacht hat.

Wenn man nun zugleich den Gliedern einzeln, oder in ihrer Verbindung unter einander, eine ausgezeichnete Brauchbarkeit ansieht, theils in Rücksicht auf die einem jeden Gliede besonders angewiesenen Verrichtungen, theils in Rücksicht der Stärke, Schnelligkeit, Gesundheit, Unverletzbarkeit des ganzen Körpers: mithin wenn dieser als ein vortreffliches Werkzeug der animalischen Kraft erscheint; so ist dieß etwas Schönes, nämlich das Vortreffliche der Bedeutung des menschlichen Körpers als Agent einer animalisch lebendigen Kraft.

Wenn nun gleich das blos Specifisch-Interessante der Bedeutung, so wenig wie das Vortreffliche der Bedeutung des menschlichen Körpers als Agent einer animalischen Kraft, den ganzen Körper, oder auch nur den einzelnen Theil desselben, zur Schönheit mache, so ist es doch immer etwas Schönes an ihm.

Man kann dieß an den Modellen wahrnehmen, welche in Academien aufgestellet werden. Es sind keine Schönheiten; aber die ausgezeichnete Richtigkeit, Vollständigkeit, Zweckmäßigkeit ihres Körpers, ist eine schöne Eigenschaft an ihnen, welche mit dem Begriff des Vortrefflichen und Specifisch-Interessanten correspondirt.

Zu dem Innern des menschlichen Körpers, welches schön für den Geist des Beschauers ist, gehört das Vortreffliche und das Specifisch-Interessante im Geiste des Körpers. Der Geist des menschlichen Körpers heißt hier so viel als seine Physiognomie. Dasjenige, was ich an würklichen Fähigkeiten, Kräften in Ruhe, an ihm ahnde, und dasjenige, was ich ihm beylege, weil er mich an das Vergnügen erinnert, welches mir ehemals die befriedigte Begierde, auf den Geist des Menschen aus seinem Aeußeren zu schließen, gemacht hat.

Eine Physiognomie, die mich auf höhere Fähigkeiten des Geistes, welcher von dem Körper behauset wird, zurückführt, ist vortrefflich und schön.

Eine Physiognomie, welche Fähigkeiten, Anlagen, Geisteskräfte ahnden läßt, die zum Glück des geselligen Lebens beytragen, ohne gerade zur Ausfüllung der Bestimmung des Menschen auf eine mehr als nothdürftige Art beyzutragen, z. E. Witz, Laune, Feinheit des Geistes u. s. w. ist specifisch-interessant, in Rücksicht auf das Geistreiche des menschlichen Körpers in der Natur.

Dieß macht aber keinen menschlichen Körper zur Schönheit; es ist nur eine einzelne schöne Eigenschaft an ihm. Das launigte Gesicht eines la Mettrie ist darum keine Schönheit, weil das Launigte in ihm etwas Specifisch-Interessantes, mithin etwas Schönes ist. Der Tiefsinn in dem Gesichte eines Leibnitz ist nicht hinreichend, dieses zur Schönheit zu constituiren, obgleich der physiognomische Ausdruck etwas Vortreffliches, mithin etwas Schönes ist.

Drittens gehört zu dem Innern des menschlichen Körpers, zu demjenigen, was auf den Geist des Beschauers wirkt: Das Vortreffliche und Specifisch-Interessante im Ausdruck.

Der Ausdruck wird hier für das Pathologische des Körpers in Mienen und Geberden genommen, für dasjenige, was seine würkliche oder die ihm beygelegte Willenskraft nach außen hin wirkt.

Wenn die Merkmahle dieser bewegten Willenskraft bey dem Beschauer die Vorstellung hervorbringen, daß die Gesinnungen des Menschen, der sie durch körperliche Geberden und Mienen äußert, eine moralische Vortrefflichkeit voraussetzen; so ist dieß das Vortreffliche des Ausdrucks, und etwas Schönes. Diese Vortrefflichkeit kann sich entweder in den unauslöschbaren Eindrücken zeigen, welche eine anhaltende Richtung und

Spannung der Willenskraft seiner Gestalt eingeprägt haben; oder sie kann sich bey der gegenwärtigen Aeußerung der Gesinnung im körperlichen Streben und Handeln äußern. Ein Kopf des Mark Aurels hat einen vortrefflichen Ausdruck, und zeigt also dem Beschauer etwas Schönes, ob er gleich in Ruhe vor uns hingestellt wird.

Eine Magdalene, welche voll Reue gen Himmel blickt; ein muthvoller Held, der gegen das Schicksal, oder gegen eine Leidenschaft ankämpft, zeigen beyde einen vortrefflichen Ausdruck bey der actuellen Aeußerung ihrer bewegten Willenskraft. Hingegen ist das Specifisch-Interessante des Ausdrucks davon noch völlig verschieden.

Wenn der angeschauete menschliche Körper mir entweder durch die ausgezeichnet bestimmten Merkmahle in seinen Mienen und Geberden, oder durch die Kenntniß seiner Schicksale eine unverkennbare Veranlassung giebt, mich an ein früher gehabtes Vergnügen bey dem Ausbruch einer Willensbewegung in mir und Andern zu erinnern, die gerade keine moralische Vortrefflichkeit voraussetzt, aber doch gesellige Begierden befriedigt hat; so ist dieß das Specifisch-Interessante des Ausdrucks.

Z. E. zwey von dem Beschauer abgesonderte Knaben, die sich küssen, geben keine Vorstellung einer vortrefflichen Gesinnung. Aber wenn ihr Kuß der Kuß aller Küsse ist, wenn ich dadurch an das Vergnügen erinnert werde, welches mir der Anblick, oder der würkliche Genuß der Aeußerungen würklicher Liebe gemacht hat: wenn es gar der Kuß [illegible] Amors und der Psyche ist; ja! dann ist der Kuß specifisch-interessant, mithin schön.

Aber auch hier macht der pathologische Ausdruck keinesweges den Körper zur Schönheit, er ist nur eine einzelne schöne Eigenschaft an ihm.

Vierzehntes Kapitel.

Das einzelne Schöne am menschlichen Körper reicht nicht hin, diesen zu einer Schönheit zu machen.

Nur das Schöne, was wir bey der Erkenntniß seiner wesentlichen Eigenschaften empfinden, macht ihn zur Schönheit; und zwar muß er dadurch sowohl dem Auge des Beschauers wohlgefällig, als seinem Geiste interessant werden.

Alles dieß einzeln genommen reicht aber nicht hin, den Begriff eines schönen menschlichen Körpers, einer Schönheit, zu vollenden. Denn dieser Körper mag noch so schöne Farben an sich tragen, wenn die Wohlgestalt fehlt, wenn die Glieder und das Ganze weder vollständig richtig noch zweckmäßig geformt sind, wenn der physiognomische und pathologische Ausdruck kein

Interesse giebt; so ist der menschliche Körper keine Schönheit. Wenn alle Glieder des Menschen Symmetrie, Eurythmie, Schlangenlinien, Aehnlichkeit mit regulairen geometrischen Figuren u. s. w. zeigen, und der Mann ist wie ein Kind, wie ein Weib gestaltet, seine Glieder sind unbrauchbar zu ihrem Zwecke; er hat einen dummen physiognomischen und kalten pathologischen Ausdruck; so ist ein solcher Körper keine Schönheit.

Wäre er groß wie ein Sill, zierlich wie ein Bebe', und hätte weiter nichts Schönes an sich, als diese generisch-interessanten Eigenschaften, so wäre er keine Schönheit.

Sähe er noch so klug aus, und wäre dabey verwachsen, so könnte er wieder für keine Schönheit gelten. Wäre er endlich durch seinen pathologischen Ausdruck noch so interessant, so könnte ihn dieß bey der Abwesenheit anderer wohlgefälliger Eigenschaften nicht als Schönheit constituiren. Nein! damit der menschliche Körper für eine Schönheit gelte, wird erfordert, daß die Eigenschaften, worin er einen Vorzug zeigt, nicht weggedacht werden können, ohne den Begriff von seinem Wesen und seiner Bestimmung zu zerstören, mithin daß er an seinen wesentlichen Eigenschaften etwas Schönes zeige, und daß diese Eigenschaften ihn zu gleicher Zeit wohlgefällig für das Auge, und interessant für die Seele des Beschauers machen.

- Die Farbe, das Helldunkle und ihr Spiel, gehören nun gar nicht zu den Eigenschaften, welche das Wesen und die Bestimmung des menschlichen Körpers ausmachen.

Es giebt Menschen von ganz verschiedener Farbe. Nation, Krankheit verändern dieselbe, und wir denken uns menschliche Wesen als Schatten und ungefärbte Körper. Das Angenehme, welches daher Farbe, Schattirung, Beleuchtung zuführt, wird gar nicht in Begleitung der Erkenntniß einer wesentlichen Eigenschaft des menschlichen Körpers empfunden. Es trägt daher nur zufällig dazu bey, dasjenige, was ohnehin schön ist, schöner zu machen, und es kann wegbleiben, ohne den Begriff der Schönheit zu zerstören. Hingegen muß jeder menschliche Körper eine Gestalt, oder Umriß, Aufriß, Ründung zeigen. Diese Eigenschaft kann nicht weggedacht werden, ohne den Begriff des menschlichen Körpers zu zerstören. Das Wohlgefällige, welches die Begleitung dieser wesentlichen Eigenschaften des menschlichen Körpers begleitet, die unbedeutende Wohlgestalt, ist daher ein wahres Ingredienz der Schönheit des menschlichen Körpers.

Dagegen ist das Generisch-Interessante: die Größe, die Zierlichkeit, die Nettigkeit, das Wohlgeordnete, kein wesentlicher Bestandtheil der Schönheit. Denn eine weibliche Figur kann groß, eine männliche klein seyn, ohne den Begriff der Gattung und Art zu zerstören, und die

Regularität der Züge ist, wie wir gleich sehen werden, kein nothwendiges Erforderniß zur Schönheit. Am wenigsten kann ihn das schmükkende Beywerk zur Schönheit machen.

Von allen einzelnen schönen Eigenschaften, welche zu dem Aeußeren des menschlichen Körpers gehören, und dem Auge wohlgefällig sind, ist also die unbedeutende Wohlgestalt der einzelnen Theile und des Ganzen die einzige wesentliche, die nie fehlen darf, ohne den Begriff der Schönheit zu zerstören. Das Auge muß sich gern an dem Umrisse des menschlichen Körpers hinschlängeln; es muß gern an der Anordnung der einzelnen Theile im Aufriß verweilen; es muß sich gern mit der Ründung herumbiegen.

Unter den Eigenschaften, welche zu dem Innern des Körpers gehören, ist die Bedeutung von Vollständigkeit, Richtigkeit und Zweckmäßigkeit der einzelnen Gliedmaaßen und ihres Verhältnisses zum Ganzen schlechterdings wesentlich.

Wenn ein Arm, eine Nase, ein Bein und so weiter fehlen, so ist sogleich der Begriff der Schönheit zerstört.

Wenn ich eine Nase mit einem Schwamme, eine Hand mit einem Fuße verwechseln kann; wenn ich nicht weiß, ob die Figur: Mann, Weib, Kind, oder Greis ist; so wird dadurch der Begriff von dem, was die einzelnen Theile und das Ganze des Körpers seyn sollen, aufgehoben. Wenn ich einem Arme eine solche Schwäche ansehe, daß er zum fassen untüchtig ist, oder dem Beine, daß es den Körper des Menschen nicht tragen kann, oder wenn ich gar dem ganzen Körper ansehe, daß er sich nicht bewegen kann; so wird dadurch der Begriff von dem, wozu ein Körper dienen soll, aufgehoben. Begleitet nun der Affekt des Schönen die Erkenntniß der Merkmahle der Vollständigkeit, Richtigkeit und Zweckmäßigkeit eines menschlichen Körpers, theilweise oder im Ganzen, weil ich sie ausgezeichnet bestimmt und brauchbar finde; so ist diese schöne Eigenschaft übereinstimmend mit dem Begriffe von dem Wesen und der Bestimmung des menschlichen Körpers, mithin ein wesentliches Ingredienz zur Schönheit.

Ferner ist die Eigenschaft eines menschlichen Körpers, wodurch er sich mir als die Behausung einer denkenden Kraft ankündigt, wesentlich zur Bildung seines Begriffs. Ein Körper, dem ich eine blos lebendige, eine blos animalische Kraft beylege, ist kein menschlicher Körper. Das Schöne, welches mir daher mit der Ahndung des denkenden Geistes in dem Körper zukömmt, ist demselben wesentlich, und eine Gestalt, welche völlig geistlos ist, kann keine Schönheit seyn.

Es ist aber nicht wesentlich, daß das Geistreiche am Körper mich gerade auf vortreffliche Fähigkeiten seines Geistes zurückführt. Es ist genung, daß er mir specifisch interessante Eigenschaften zeige. Eigenschaften, die mir zur Unterhalterhaltung zum Zeitvertreibe mit andern Menschen wichtig gewesen sind: z. E. Laune, Witz, Originalität u. s. w.

Endlich gehört es zu dem Wesen des menschlichen Körpers, daß seine Oberfläche die Aeußerungen seiner Willensbewegungen darstelle. Das Schöne des Ausdrucks wird uns daher in Uebereinstimmung mit dem Begriffe von seinem Wesen und seiner Bestimmung zugeführt, und ein Körper, der in seinen Zügen eine gänzliche Apathie andeutet, wird nie für eine Schönheit gelten können. Inzwischen ist es auch hier nicht wesentlich, daß der Ausdruck gerade vortreffliche Eigenschaften des Herzens anzeige. Es ist genung, wenn sein pathologischer Ausdruck bestimmt auf Erinnerungen zurückführt, die unserer Willenskraft durch den Ausbruch ihrer Bewegungen entweder unmittelbar oder sympathetisch bey ihrer Wahrnehmung in andern ehemals Vergnügen gemacht haben. Daher kann die Fähigkeit, sich einzuschmeicheln, die wir an dem Kopfe des Paris wahrnehmen, ob sie gleich nichts weniger als ein edler Zug in seinem Charakter war, gar wohl specifisch-interessant, mithin schön seyn, weil sie so bestimmt ausgedrückt uns unmittelbar auf die Erinnerung an das Vergnügen zurückführt, welches uns diese Fähigkeit, an uns selbst und Andern bemerkt, so oft gemacht hat.

Funfzehntes Kapitel.

Definition der Schönheit des menschlichen Körpers.

Ich bin nunmehro im Stande, die Definition der Schönheit des menschlichen Körpers zu geben.

Sie ist ein specifikes sichtbares Ganze, das in Uebereinstimmung mit dem Begriffe, der von dem Wesen und der Bestimmung menschlicher Körper nach Gattung und Art festgesetzt ist, durch die unbedeutende Wohlgestalt in der Direktion seiner Umrisse, in der Anordnung seines Aufrisses, in der Biegung seiner Ründung dem Auge wohlgefällig, und zugleich der Seele des Beschauers wichtig wird, theils durch ausgezeichnete Vollständigkeit, Richtigkeit, Zweckmäßigkeit seiner Theile und seines Ganzen, als Werkzeug einer lebendigen Kraft, theils als Behausung einer denkenden und wollenden Seele, die vortreffliche oder specifisch-interessante Eigenschaften des Geistes und des Herzens an sich trägt.

Was einen großen Beweis für die Richtigkeit meiner Definition zu geben scheint, sind die folgenden Bemerkungen

1) Würkliche Menschen und Menschenstatüen von verschiedenen Farben, Mohren, Kreolen, Neger, können für Schönheiten gelten, obgleich ihre Farben uns nicht angenehm sind. Aber wenn sie die angegebenen Kennzeichen nicht an sich tragen, so werden sie nicht als Schönheiten betrachtet.

2) Regularität der Züge, Größe, Kleinheit, sind nicht schlechterdings nothwendig zum Begriff der Schönheit, und ihr Daseyn macht sie nicht aus. Denn es giebt höchst regulaire Gesichter, die häßlich sind, und große und kleine Gestalten, die es gleichfalls sind.

3) Die drey verschiedenen Arten von Schönheiten menschlicher Körper: die ernste, die reizende, die bedeutungsvolle Schönheit, passen unter diesen Begriff: und selbst das Ideal der Griechen kann darunter gebracht werden.

4) Der häßliche Körper kann darunter so wenig wie der blos gute gebracht werden.

Diese Bemerkungen führen mich darauf, auseinander zu setzen, was Regularität an dem menschlichen Körper sey? Was man unter ernsten, reizenden und bedeutungsvollen Schönheiten verstehe? Was die Idealgestalt der Griechen, und endlich was eine häßliche und was eine gute Figur sey?

Sechszehntes Kapitel.

Regularität wird zur Schönheit des menschlichen Körpers nicht erfordert, wohl aber Regelmäßigkeit: das heißt Uebereinstimmung mit dem Begriffe, wie ein menschlicher Körper beschaffen seyn muß, um nothdürftig für einen vollständigen, richtigen, zweckmäßigen Agenten der animalischen Kraft, und für die Behausung einer denkenden und wollenden Seele zu gelten.

Man hat sehr unrecht, Regularität mit Regelmäßigkeit zu verwechseln. Es giebt irregulaire Schönheiten, aber es giebt keine unregelmäßige. Regelmäßig schön heißt derjenige menschliche Körper, der in Uebereinstimmung mit dem Begriff von seinem Wesen und seiner Bestimmung, wohlgefällig für das Auge und wichtig für den Geist des Beschauers ist. Ohne eine solche Regelmäßigkeit kann keine Schönheit existiren, und wenn er demohngeachtet gefällt, so hat er zwar einiges oder viel Schönes an sich, aber er macht keine Schönheit aus. Regel heißt hier Vorschrift von dem, wie ein Körper beschaffen seyn muß, um für ein wahres und zweckmäßiges Werkzeug einer lebendigen Kraft, und für die Behausung eines denkenden und wollenden Geistes zu gelten.

Davon aber ist Regularität sehr verschieden.

Das völlige Gleichmaaß, die gleiche Abstufung, das gänzlich übereinstimmende Verhältniß der Theile zu dem Ganzen ist uns, der Regel nach, wohlgefällig. Und weil die geometrisch-regulairen Figuren diese Eigenschaften an sich tragen; so sind uns die geometrisch-regulairen Figuren wohlgefällig. Wo also nicht besondere Ursachen und Gründe entgegen stehen; da suchen wir unsern körperlichen Werken eine Aehnlichkeit mit ihnen zu geben. Dieß sieht man an der Art, wie wir unsere Gebäude und unser Hausgeräth einrichten.

Aber in der würklichen Natur, und besonders unter den lebendigen Körpern, ist durchaus nichts Regulaires anzutreffen. Kein Viereck, kein Zirkel, kein Quadrat, kein Triangel, nicht einmal ein ganz richtiges Oval.

Eine völlig regulaire Gestalt ist daher immer todt, und wird dadurch sogar zum Bilde des Todten. Dagegen ist das Irregulaire dasjenige, was sich nicht leicht abmessen, abstufen, abtheilen und ordnen läßt, Bild der Vegetation, des Lebens, des Bewegens. Die Blume schlägt Ranken, die Schlange windet sich in Krümmungen, der Arm, der etwas faßt, das Bein, das sich ausstreckt, bilden nie gerade Linien.

Wollte man nun den menschlichen Körper so wohl im Ganzen, als mit seinen einzelnen Theilen, einer oder mehreren geometrischen Figuren sich ähnlich denken oder bilden; so würde dieß seinem Wesen und seiner Bestimmung, der Agent einer lebendigen Kraft zu seyn, schnurstracks widersprechen. Demohngeachtet ist die Wahrnehmung, daß sich die menschliche Figur mit ihren Theilen beynahe wie eine geometrische abmessen, abtheilen, abstufen und ordnen lasse, allerdings etwas einzeln Schönes, eine schöne Eigenschaft, wenn sie, unbeschadet der Wahrnehmung von Richtigkeit, Zweckmäßigkeit, Leben, Geist, Ausdruck, (als wesentlicher schönen Eigenschaften,) vorhanden seyn kann. Wir werden in der Folge sehen, welche Wirkung dieß hervorbringt, und wie die griechischen Bildhauer ihr nachgestrebt haben. Aber wesentlich ist sie keinesweges weiter, als in so fern sie zur Wohlgestalt durch Symmetrie und Eurythmie beyträgt, oder in so fern man die Proportion in Rücksicht auf Richtigkeit und Zweckmäßigkeit nicht dafür nehmen will. Es kann aber ein Körper gar wohl Symmetrie und Eurythmie zeigen, ohne darum an geometrisch-regulaire Gestalten zu erinnern: es kann ein Körper sehr richtig und zweckmäßig in seinen Verhältnissen seyn, ohne gerade einer geometrischen Uebereinstimmung der Maaßen seiner Theile unterworfen werden zu können: Kindliche und weibliche Körper sind dazu ganz unfähig.

Man hat also Recht, wenn man sagt: es gebe irregulaire Schönheiten, das heißt, Schönheiten, welche an eine Aehnlichkeit mit geometrischen Figuren nicht erinnern, und eine geometrische Uebereinstimmung der Maaßen ihrer Theile auch nicht von ferne zeigen. Aber unregelmäßige Schönheiten giebt es nicht; sondern das Unregelmäßige ist entweder häßlich, oder es ist nur mit einzelnen schönen Eigenschaften versehen. Angenehm durch das Spiel seiner Farben, wohlgefällig durch unbedeutende Wohlgestalt, durch das Generisch-Interessante u. s. w. wichtig für die Seele des Beschauers durch Geist, Ausdruck u. s. w.

Siebenzehntes Kapitel.

Eine ernste Schönheit des menschlichen Körpers ist eine solche, die durch eine Wohlgestalt, so auf Regularität zurückführt, und durch generisch interessante Merkmahle von Hoheit, Festigkeit, gebietendem Ansehen, dem Auge wohlgefällig, und der Seele dadurch interessant wird, daß sie uns das reife Alter, eine gewisse Männlichkeit, einen höheren Stand, körperliche Schnellkraft und Abhärtung, Seelenstärke, Seelengeduld, ahnden läßt, und dabey den Ausdruck des Kampfs gegen hohe Leiden, oder solche Tugenden zeigt, die uns in unsern allgemeineren geselligen Verhältnissen wichtig scheinen.

Ich habe in dem zehnten Kapitel des zweyten Buches ausgeführt, daß das Feyerlich-Schöne überhaupt dasjenige sey, was uns bey der Wahrnehmung des Schönen zugleich an unsere Abhängigkeit von andern Gegenständen in unsern allgemeinen physischen und moralischen Verhältnissen mit ihnen erinnert. Ich habe gesagt, daß das Sichtbar-Erhabene das ernste Schöne genannt werde. Ich will jetzt zeigen, welche Eigenschaften an dem Körper des Menschen zu dem Ernst-Schönen gehören, und was ihn zur ernsten Schönheit macht.

Dahin gehört unstreitig diejenige Wohlgestalt, welche auf Regularität, oder auf Aehnlichkeit mit geometrischen Gestalten, und geometrisches Gleichmaaß, zurückführt.

Ich glaube nicht zu irren, wenn ich die Ursache, warum Regularität die Kräfte unsers Wesens bey der Anschauung zusammenziehend spannt, theils darin setze, daß die Nerven durch dieß Zusammenfassen mehrerer Linien unter ein gedrängtes Verhältniß, zugleich zusammengezogen werden; theils darin, daß die Begriffe von Wahrheit, Ordnung, Gesetz, worauf alle Regularität zurückführt, mit Vorstellungen von Abhängigkeit verknüpft sind. Genung, die Erfahrung beweist es, daß die regulaire Wohlgestalt am Menschen immer zu den ernst-schönen Eigenschaften gerechnet wird, und selbst an unbelebten Gegenständen, an Gebäuden, in Gartenanlagen dieselbe Wirkung befördert, indem der Beschauer in eine feyerliche Stimmung bey ihrer Wahrnehmung versetzt wird.

Zu dem Ernst-Schönen am menschlichen Körper gehören ferner gewisse Arten des Generisch-Interessanten: Hoheit, ruhige Festigkeit, gebietendes Ansehn. Eine Figur von übergewöhnlicher Größe, eine Stellung, die wenig Abwechselung in der Lage ihrer Gliedmaaßen zeigt, ein stärkerer Knochenbau, und eine gewisse muskulöse Völligkeit des Fleisches, führen auf jene Begriffe von allgemein geschätzten unsinnlichen Eigenschaften zurück.

Besonders aber gehört dahin diejenige Bedeutung der einzelnen Gliedmaaßen und des Ganzen, welche einen ausgezeichneten Grad von körperlicher Stärke, sie sey von der vordringenden oder ausdauernden Art, Schnellkraft oder Abhärtung, andeutet. Ferner was auf Begriffe des männlichen Geschlechts, des reiferen Alters, und eines höheren Standes zurückführt.

Weiter: die Ahndung solcher Geistesgaben, die auf den Begriff von Seelenstärke, und zwar wieder von der vordringenden oder ausdauernden Art zurückführen. Endlich: der Ausdruck des Kampfs gegen hohe Leiden, oder solcher Tugenden, die uns in unsern allgemeinern sittlichen Verhältnissen wichtig scheinen; z. E. Gewalt über unsere Leidenschaften, Züchtigkeit u. s. w.

Wo nun ein menschlicher Körper durch eine Wohlgestalt, die auf Regularität zurückführt, und durch generisch-interessante Merkmahle von Hoheit, Festigkeit, gebietendes Ansehn, dem Auge wohlgefällig und der Seele dadurch interessant wird, daß sie uns das reife Alter, eine gewisse Männlichkeit, einen höheren Stand, körperliche Schnellkraft oder Abhärtung andeutet, Seelenstärke, Seelengeduld ahnden läßt, und dabey den Ausdruck des Kampfs gegen hohe Leiden, oder den solcher Tugenden zeigt, die uns in unsern allgemeineren sittlichen Verhältnissen wichtig scheinen; — da ist eine ernste Schönheit vorhanden. Eine Schönheit, welche Bewunderung und Begeisterung einflößt.

Man gehe die berühmtesten Statüen des Alterthums durch, und man wird meine Bemerkungen bestätigt finden. So zeigt sich eine Juno, eine Diana, so zeigen sich die ernsteren Musen und Niobe mit einigen ihrer Töchter, so der Apollo von Belvedere, Jupiter, Laocoon u. s. w.

Achtzehntes Kapitel.

Eine reizende Schönheit ist eine solche, welche durch das Spiel der Farben und des Helldunkeln, durch schmückendes Beywerk, durch generisch-interessante Merkmahle des Leichten, Zierlichen, Zwanglosen, Netten, und durch eine

Wohlgestalt, welche schlängelnde Direktionen in den Umrissen, versteckte Ordnung in den Aufrissen, ausgeschweifte Wölbung in den Umrissen zeigt, dem Auge wohlgefällig, und zugleich der Seele dadurch wichtig wird, daß sie die Zartheit, die Leichtigkeit, das Schnelle des jugendlichen Alters, des weiblichen Geschlechts, die Einfachheit des Mittelstandes ausgezeichnet bestimmt andeutet, einen feinen Geist ahnden läßt, und den Ausdruck solcher Tugenden und Stimmungen der Seele darbietet, die uns zur näheren Verbindung mit andern Menschen einladen.

Man hat sehr unrecht, wenn man die reizende Schönheit der regelmäßigen entgegen setzt: denn regelmäßig muß jeder menschliche Körper seyn, der für eine Schönheit gelten will, und ist er es nicht, so hat er nur einiges oder viel Schönes an sich. Dagegen werden reizende Schönheiten den regulairen mit gutem Rechte entgegen gesetzt.

Ich habe in dem dritten Buche dieses Werks im zweyten Kapitel gesagt, daß das Zärtlich-Schöne oder Liebliche seinen Grund darin finde, daß es uns zu gleicher Zeit mit dem Affekt des Schönen auch gewisse dunkle Regungen eigennütziger sinnlicher und geselliger Begierden zuführt. Ich habe zu gleicher Zeit gesagt, daß wir diese besondern Modificationen des Schönen dann, wenn von sichtbaren Körpern die Rede ist, Reiz nennen.

Man hat oft behauptet: Reiz sey die Schönheit in Bewegung. Aber dieß ist zu allgemein ausgedrückt. Bewegung ist in vielen Fällen reizend, aber in vielen Fällen auch nicht, und manches Schöne, was sich bewegt, ist darum nicht reizend. Der Apollo von Belvedere, und der Laocoon, bewegen sich auch, aber darum sind sie noch keine reizende Schönheiten. Ja! ich kenne sehr schöne Menschen, die sich sehr ungracios bewegen, und viele häßliche, die sich sehr gracios bewegen. Was an der Sache Wahres ist, wird die Folge ergeben.

Ich will zuerst die Eigenschaften einzeln aufzählen, die wir am menschlichen Körper reizend nennen, und dann sagen, was eine reizende Schönheit ist.

Zum Reiz gehört, als einzelne Eigenschaft, das Spiel der Farben, des Helldunkeln und der Gestalten. Alle Bewegung unserer Gesichtsnerven, die mit angenehmen sinnlichen Eindrücken vergesellschaftet ist, thut dem Auge unmittelbar wohl, und giebt der Seele eine wohlbehagende Rührung. Dieß beweiset das leicht in einander übergehende Zusammenstehen der Farben, besonders die schöne Carnation, und ihre Mischungen aus Roth, Paille und Blau. Eben so verhält es sich mit dem Helldunkeln. Das harmonische Spiel der Lichter und der Schatten giebt uns eben diesen wohlthuenden Eindruck des Glanzes, und diese wohlbehagende Rührung durch die wahr-genommene Abwechselung.

Dieses harmonische Spiel der Farben und des Helldunkeln hat nun gemeiniglich die Folge, daß es die Triebe unserer übrigen Sinne zugleich in eine dunkle Regung setzt.

Das Süße, Sanfte, Duftige, welches wir Gemählden, und manchen andern Körpern bey-legen, welche sich gar nicht schmecken, betasten, aufriechen lassen, sind davon unleugbare Beweise.

Die unbedeutende Wohlgestalt, wenn sie rei-zend ist, weicht sehr von der unbedeutenden Wohl-gestalt der ernsten Schönheit ab. Anstatt daß bey dieser letzten die Direktion der Linien des Umrisses möglichst gerade ist, ist sie bey der rei-zenden Figur viel gekrümmter, geschlängelter. Anstatt daß die Anordnung der Theile des Um-risses bey ernsten Schönheiten möglichst auf ge-ometrisches Gleichmaaß zurückführet, sucht viel-mehr die reizende Figur das Ebenmaaß, und die Ordnung, die in der Lage ihrer Theile unter-einander herrschen muß, möglichst zu verstecken. Sie ist da, aber man wird nicht sogleich darauf geführet. Endlich, während daß die ernste Schön-heit in den Biegungen ihrer Ründung möglichst die Ecken des Quadrats beyzubehalten sucht; so sucht dagegen die reizende in ihren Biegungen möglichst die Wölbung des Zirkels nachzu-ahmen.

Die reizende unbedeutende Wohlgestalt besteht also aus der sich schlängelnden Direktion des Umrisses, aus der versteckten Ordnung in dem Aufrisse, und aus der gewölbten Ründung.

Alles dieß zusammen, indem es dem Auge und der Rührungsfähigkeit der Seele wohlthut, regt nun zugleich die Triebe aller unserer Sinnen auf. Das feiste, elastische Fleisch, welches jugendliche Figuren an sich tragen, kann zum Beyspiel dienen. An ihm bemerken wir das harmonische Spiel der angenehmsten Farben, des Roths, des Weißen, des Himmelblauen; an ihm bemerken wir das harmonische Spiel des Glanzes, der in seinen unmerkbaren Sinuositäten herumirrt, endlich die geschlängelte Direktion der Umrisse, die versteckte Ordnung in dem Aufrisse, die gewölbten Biegungen in der Ründung. Diese elastische Feistigkeit mit ihren Eigenthümlichkeiten ist ganz offenbar besonders geschickt, unsere Sinnlichkeit rege zu machen. Man darf nur die Weiber ansehen, wenn sie mit einem jungen Kinde tändeln, wie sie in das weiche Fleisch kneipen, und indem sie auf seine Weiße und Ründlichkeit deuten, sich des Ausdrucks bedienen, es sey so appetitlich! Man kann besonders den Einfluß der sich schlängelnden Bewegung der Gestalt auf die Sinnlichkeit nicht verkennen, wenn man sich an einige Ausdrücke erinnert, womit wir die Wirkung bezeichnen, welche gewisse Bewegungen der Körper auf uns machen. So sagen wir, daß der Busen wollüstig überschweppert, daß das Gewand wollüstig den Körper umflattert, daß das Haar wollüstig um den Nacken spielet, daß der Kohl in abwechselnden Formen schwelgt, und daß die Flamme die Gegenstände, die sie berühret, leckt. Augenscheinlich setzt sich hier das Auge an die Stelle der Hand, der Zunge u. s. w. und ahmt mit diesen jene Gegenstände nach, deren Bewegung wir als einen wollüstigen Genuß ansehen.

Zu den reizenden Beschaffenheiten des menschlichen Körpers gehört sein schmückendes Beywerk, und es gehören dahin alle diejenigen generlisch-interessanten Merkmahle, welche auf Zierlichkeit, Zwanglosigkeit, Nettigkeit, Leichtigkeit u. s. w. zurückführen. Daher sind die kleine Gestalt, die Feinheit des Knochenbaues, die Lage der Gliedmaaßen, welche ein Fortschreiten ankündigen, so sehr geschickt, den Reiz zu unterstützen. Besonders aber gehört dahin diejenige Bedeutung von Richtigkeit und Zweckmäßigkeit der einzelnen Gliedmaaßen, und des Ganzen nach Geschlecht, Alter und Stand, welche auf den Begriff jugendlicher noch nicht völlig reifer Menschen aus dem Mittelstande führen. Das Ganze muß uns ein Kind, einen Jüngling, ein Mädchen aus dem Mittelstande zwischen Heroen und Bauern ankündigen, und nach den Eigenthümlichkeiten diedes Alters, Geschlechts und Standes, muß jeder Theil richtig und zweckmäßig seyn.

Daher verlangen wir von reizenden Körpern nicht die Vollständigkeit, Richtigkeit und Zweckmäßigkeit des reiferen Alters und des männlichen Geschlechts, so wenig in den einzelnen Theilen als im Ganzen. Wir lassen es schon zu, daß der Kopf ein wenig groß gegen den übrigen Rumpf sey; wir vertragen es schon, daß die Nase sich ein wenig in die Höhe werfe, daß die Augen ein wenig groß sind, daß die Hüften ein wenig ausschweifen. Warum? weil alles dieß Eigenthümlichkeiten des kindlichen, des jugendlichen Alters, des weiblichen Geschlechts sind. Dabey muß die Zweckmäßigkeit in der Wahrnehmung des Zarten, Leichten, Schnellen in den einzelnen Gliedmaaßen, in dem Bau des Ganzen, gesuchet werden.

Der Geist, den wir an reizenden Körpern ahnden wollen, wird nicht Seelenstärke seyn: wir werden eher schalkhafte Klugheit, Witz, Einbildungskraft und besonders Sanftheit der Empfindung in seinen Zügen aufsuchen.

Besonders aber werden wir einen Ausdruck von Heiterkeit, Unbefangenheit, Bescheidenheit, Gefälligkeit, Zuvorkommung, Theilnehmung und sanfter Schwermuth der Liebe an reizenden Körpern aufsuchen.

Kurz! der physiognomische Ausdruck muß auf Merkmahle geselliger Talente, die uns in engerer Ver-

Verbindung wichtig sind; der pathologische auf die Fähigkeit geselliges Wohlwollen zu hegen, zurückführen. Dieser Ausdruck ist dem Kinde, dem Jünglinge auf der Stufe der Pubertät, dem unverheiratheten Mädchen eigen. Holdes Lächeln, einladende Freundlichkeit, schalkhafter Muthwillen, süßschwärmende Schwermuth, sind es, die uns näher an sie anziehen.

Wenn wir diese einzelnen Bestandtheile des Reizes durchgehen; so werden wir finden, daß sie alle mit unserer Sinnlichkeit, und mit unserem geselligen Eigennutz in genauer Beziehung stehen. Denn was mögen wir lieber bey unserer Vereinigung mit andern Menschen zur näheren geselligen Verbindung und zum Zusammenleben, als das Zwanglose, Trauliche, Unbefangene, ununterbrochen Heitere, oder die Ueberzeugung, daß sie an unsern Schicksalen Theil nehmen, mit uns lachen und weinen, und besonders uns recht lieb haben können. Lauter offenbar eigennützige Triebe!

Wenn man nun wissen will, was reizende Schönheiten sind, so muß man auf die Gestalten des Correggio und des Guido zurückgehen. Dieß sind die Mahler der Grazien gewesen. Sie verstanden es, mit ihren Körpern im Ganzen den Beschauer zu reizen.

Eine reizende Schönheit ist nach diesen eine solche, welche durch das Spiel der Farben und des Helldunkeln, durch schmückendes Beywerk, durch generisch-interessante Merkmahle des Leichten, Zierlichen, Zwanglosen, Netten, und durch eine Wohlgestalt, welche geschlängelte Directionen in den Umrissen, versteckte Ordnung in dem Aufrisse und ausgeschweifte Wölbung in der Rundung zeigt, dem Auge wohlgefällig und zu gleicher Zeit der Seele dadurch wichtig wird, daß sie die Zartheit, die Leichtigkeit, das Schnelle des jugendlichen Alters, des weiblichen Geschlechts, des Mittelstandes unter den Menschen, ausgezeichnet richtig und bestimmt andeutet, ferner daß sie einen feinen Geist ahnden läßt, und endlich den Ausdruck solcher Tugenden und Stimmungen der Seele darbietet, die uns zu näherer Verbindung mit andern einladen.

Neunzehntes Kapitel.

Eine bedeutungsvolle Schönheit des menschlichen Körpers ist eine solche, die durch pikantes Spiel von Farben und heller und dunkler Partien, durch generisch-interessante Merkmahle von Neuheit, Seltenheit, Lebendigkeit in Stellung und Geberde, durch eine Wohlgestalt, welche eine Mischung von Regularität und versteckter Ordnung ist, dem Auge wohlgefällig, und zugleich dem Geiste dadurch interessant wird, daß sie eine ausgezeichnet richtige Bedeutung eines besondern in unsern geselligen Verhältnissen zur Unterhaltung wichtigen Standes, die Ahndung gewisser Vorzüge der erkennenden und bildenden Kräfte, und den Ausdruck solcher Gesinnungen und Handlungen liefert, welche uns in unseren größeren geselligen Zusammenkünften mit andern Menschen zur wechselseitigen Belustigung wichtig sind.

Bedeutungsvoll schön am menschlichen Körper wird alles dasjenige genannt, was uns ergötzt, ohne uns zur Feyer oder zur Zärtlichkeit einzuladen, was mithin zugleich Begierden unsers Verstandes, unsers Witzes, unserer Phantasie dunkel aufregt.

Dahin gehört dann zuerst das pikante Spiel der Farben, ihr Abstechen von einander, imgleichen das pikante Spiel des Helldunkeln, das scharfe Abstechen der Lichter und Schatten von einander; z. E. ein weißer Teint unter schwarzen Haaren, bey hochrothen Lefzen und Wangen, stark ausgedrückte Muskeln, welche dunkele Cavitäten und helle Erhöhungen bilden u. s. w. Dieß reizt wie das Gewürz an Speisen, und darum nennt man es pikant. Die Gesichtsnerven und die Phantasie werden dadurch erschüttert und unterhalten.

Es gehört ferner zum Bedeutungsvoll-Schönen diejenige unbedeutende Wohlgestalt, welche in der Direction der Umrisse eine auffallende

Abwechselung an geraden und gekrümmten Linien, in den Aufrissen bald Ebenmaaß, bald Unebenmaaß, in der Ründung bald eckigte, bald gewölbte Biegungen zeigt.

Es gehört zu den generisch-interessanten Merkmahlen die zugleich bedeutungsvoll-schön seyn sollen, alles, was auf Begriffe von Neuheit, Seltenheit, Lebendigkeit, in Stellung und Lage der Gliedmaaßen gegen einander zurückführt.

Besonders gehört dazu in Rücksicht auf Bedeutung, daß die einzelnen Gliedmaaßen und das Ganze die Eigenthümlichkeiten eines besondern Standes, der uns darum wichtig ist, weil er zu unserer Unterhaltung dient, und den Einfluß, welchen anhaltende Stimmungen der Seele, und Beschäftigungen des Körpers darauf haben, anzeigen. Man muß es den Gesichtszügen, den Händen, Füßen u. s. w., imgleichen den Verhältnissen des Ganzen ansehen, ob die Gestalt einem lustigen Bauern, einem Philosophen, einem Ringer, einem Dichter u. s. w. gehöre. Diese Bedeutung ist interessant, ob sie uns gleich weder zur Feyer noch zur Zärtlichkeit einladet.

Die Ahndung des Geistes, die wir wahrnehmen, muß nicht auf Seelenstärke, Seelenzartheit, sondern auf einzelne Vorzüge unserer erkennenden und bildenden Kräfte, auf Tiefdenken, lebhafte, reiche Imagination u. s. w. zurückführen. Endlich muß der Ausdruck auf solche Gesinnungen und Handlungen zurückführen, die uns zum Mitlachen, und Belachen, jedoch ohne Beymischung einer Verachtung, einladen.

Eine bedeutungsvolle Schönheit des menschlichen Körpers ist mithin ein menschlicher Körper, der durch pikantes Spiel von Farben, hellen und dunkeln Partien, durch generisch-interessante Merkmahle von Neuheit, Seltenheit, Lebendigkeit, in Stellung und Geberde, durch eine Wohlgestalt, die eine Mischung von Regularität und versteckter Ordnung ist, dem Auge wohlgefällig, und zugleich dem Geiste dadurch interessant wird, daß er eine richtige und bestimmte Bedeutung eines besondern zu unserer Unterhaltung wichtigen Standes, die Ahndung gewisser Vorzüge der erkennenden und bildenden Kräfte unsers Geistes, und den Ausdruck solcher Gesinnungen und Handlungen liefert, welche uns zur sittlichen Belustigung in unsern größeren geselligen Zusammenkünften einladen.

Wenn man die Figuren des Florentinischen Fauns, die Statüen der Philosophen, der Dichter, die sich aus dem Alterthume bis zu uns erhalten haben, mit meiner Definition vergleicht; so wird man, hoffe ich, ihr Zutreffendes nicht verkennen.

Zwanzigstes Kapitel.

Von dem idealischen Körperbau der alten Griechen wird in dem Buche von der Bildhauerkunst geredet werden.

Ich sollte hier von dem idealischen Körperbau der griechischen Statüen reden. Da aber diese offenbar Werke der Kunst sind, so will ich davon in dem Buche über die Bildhauerkunst reden.

Einundzwanzigstes Kapitel.

Ein gutgebauter menschlicher Körper heißt so viel als ein regelmäßig gebauter Körper.

Ein gutgebaueter menschlicher Körper ist ein blos regelmäßiger Körper, oder ein solcher, welcher in seinen einzelnen Theilen und in seinem Ganzen nothdürftig vollständig, richtig und zweckmäßig erscheint, um einer lebendigen Kraft nothdürftig zum Agenten zu dienen. Dadurch wird der Affekt des Guten erregt, und das Vergnügen, welches wir daran nehmen, einen gutgebauten Menschen zu finden, beruhet auf der befriedigten Begierde, nach Wahrheit und Zweckmäßigkeit überhaupt, oder nach Brauchbarkeit in einem bestimmten Falle. Z. E. wer Rekruten auszuheben hat, wird Vergnügen empfinden, wenn er einen gutgebaueten Menschen findet.

So auch derjenige, der jungen Anfängern im Zeichnen ein Modell aufstellt, wornach sie die richtigen Proportionen des menschlichen Körpers studieren sollen, u. s. w.

Zweyundzwanzigstes Kapitel.

Häßlich am menschlichen Körper heißt dasjenige, was im offenbaren Widerspruche mit der Regelmäßigkeit steht, und die sinnlichen und geselligen Begierden geradezu beleidigt.

Häßlich ist dasjenige am menschlichen Körper, was dem Begriff von seinem Wesen und seiner Bestimmung nach Gattung und Art schlechterdings widerspricht, und außerdem den sinnlichen und geselligen Begierden widersteht. Dahin gehört die Wahrnehmung eines körperlichen Gebrechens, die Verdrehung, Verrückung der Gliedmaaßen, die Verstümmelung, der offenbare Widerspruch gegen Regelmäßigkeit, ingleichen ekelhafte Gewächse, Eiterbeulen, blutige Spaltungen, Schlaffheit, Schmutz.

Ferner gänzlicher Mangel an Leben und Geist; Ausdruck verworfener Bosheit u. s. w.

Dreyundzwanzigstes Kapitel.

Der Autor zeigt die Anwendbarkeit des Begriffs von Schönheit auf andere Körper außer dem menschlichen, aber hauptsächlich nur in der Absicht, die Richtigkeit desselben mehr zu rechtfertigen.

Ob es sich gleich gar nicht leugnen läßt, daß wir in manchen Fällen, und besonders bey Beurtheilung der größeren Thiere, den Begriff der Schönheit des menschlichen Körpers in vielen Stücken beynahe specifisch auf die Schönheit anderer Körper anwenden; so ist es doch viel sicherer, von diesem Grundsatze ganz zu abstrahiren, da er so leicht zu Mißverständnissen Anlaß giebt.

So viel aber darf man mit Gewißheit sagen, daß der Begriff des schönen menschlichen Ganzen der körperlichen Schönheit überhaupt so gut wie der Schönheit des menschlichen Körpers zum auffallendsten Vorbilde dienen.

In Gemäßheit dieses Begriffs muß jeder Körper, um für eine Schönheit zu gelten, schlechterdings ein specifikes Ganze ausmachen, ein vollständiges, richtiges, zweckmäßiges Individuum nach den Begriffen, die von der Gattung und Art von Körpern, wozu er gehört, festgesetzt sind. Er muß durch seine äußere Hülle dem Auge des Beschauers, und zugleich durch seine Bedeutung, seinen Geist, seinen Ausdruck, bey dem Anblick dem Geiste des Beschauers wohlgefällig werden. Durch alles dieß erhält er dann seine schöne Persönlichkeit.

Ich behaupte dreist, daß dieser Begriff auf alle sichtbaren Gegenstände, sie seyn welcher Art sie wollen, zutrifft, so bald wir sie als Schönheiten fühlen.

In Ansehung lebendiger Geschöpfe hat die Sache gar keinen Zweifel. Man darf nur auf das Pferd zurückgehen. Seine Wohlgestalt, die ausgezeichnete Richtigkeit, Vollständigkeit und Zweckmäßigkeit seiner Theile und seines Ganzen, das Vortreffliche, das Specifisch-Interessante seines Geistes, seines Ausdrucks, machen zusammen seine Schönheit aus.

In Ansehung der todten Körper der Künste will ich den Beweis noch besonders führen, und ich bemerke nur hier, daß die schmuckvollesten Künsteleyen, oder Handwerksarbeiten, darum nie für Schönheiten gelten können, weil sie eines Geistes, einer Bedeutung, eines Ausdrucks, welcher Affekte des Schönen erwecken könnte, völlig unfähig sind.

Nur ganz kurz, weil eine weitläuftige Ausführung außer meinem Zwecke liegt, will ich zeigen, daß selbst Naturgegenden, Naturerscheinungen, todte Körper in der Natur, um als Schönheiten constituirt zu werden, unter diesen Begriff gebracht werden müssen. Ich nehme drey schwere Beyspiele heraus: eine Felsmasse, ein Wolkenspiel, einen Baum.

Felsen, die von einer ganzen unübersehbaren Kette nicht abzusondern, unter sich in keine zusammenhängende Gruppe zu bringen sind, deren Theile sich nicht in Massen von Gestalten, Farben, Lichtern und Schatten eintheilen lassen, welche dem Auge nichts wohlgefälliges darbieten, und die Seele bloß in den gespannten Zustand des Strebens bey dem Anblick des Ungewöhnlichen setzen, sind nie Schönheiten. Sie haben nicht einmahl etwas Schönes, sondern nur etwas Interessirendes, oder Belustigendes an sich. Gesetzt aber auch, sie hätten einzelne schöne Eigenschaften an sich, z. E. sie böten dem Auge glänzende Farben, oder schlängelnde Umrisse dar, oder ihr Anblick lüde würklich zur Feyer ein, so würde sie dieß allein gar nicht als Schönheiten constituiren.

Erst dann, wenn sich die einzelnen Felsen in eine Masse als ein specifikes Ganzes zusammenbringen und von andern Felsen absondern lassen, in ein Ganzes, das alles hat, was eine Felsmasse haben muß, und es so hat, um als ein von der Natur auf ewige Zeiten hingepflanzter Steinkörper zu erscheinen; erst dann, wann diese Masse durch seine mahlerische Wirkung eine dem Auge wohlgefällige Hülle erhält, und die Seele des Beschauers auf Vorstellungen von Größe, Macht, Alter und Dauerhaftigkeit zurückführt: erst dann wird die Felsmasse zu einer Schönheit. Schafft die Masse wie den Berg Athos zu einem Alexander um, so ist sie keine Schönheit als Fels mehr; sie ist entweder eine Schönheit als menschliche Statüe, oder sie ist eine elende Spielerey.

Der Untergang der Sonne bringt eine Erscheinung am Himmel hervor, welche zur Schönheit werden kann, aber sehr oft auch blos nur etwas Schönes liefert.

Färbt er z. E. blos den Himmel mit schönen Farben, ohne gewisse Massen von Wolken zusammenzuhalten, deren Gestalt, deren Beleuchtung, deren Farben, ein harmonisches Ganze, und zwar in der uns bekannten Form des Wolkenspiels hervorbringt; stimmt diese Scene uns nicht zur Feyer, oder zur Zärtlichkeit, oder zum Wohlwollen: so ist die Erscheinung keinesweges eine Schönheit. Aber wenn wir das Ganze leicht in eine Masse von Wolken zusammenfassen, wenn diese alles hat, was eine Wolkenmasse haben muß, und es so hat, um für das prachtvolle Gewand des erhabensten aller Weltkörper gehalten zu werden; wenn sie durch mahlerische Wirkung eine dem Auge wohlgefällige Hülle erhält, und die Seele zu feyerlichen, zärtlichen, muntern Anschauungen der Bedeutung, des Geistes, des Ausdrucks in diesem Schauspiele der Natur einladet: dann, dann erst wird die Erscheinung zur Schönheit.

Endlich der Baum. Auch er muß als einzelner Baum mit seinem Stamme, mit seinen Aesten, mit seinem Blätterwerke, den Begriff ausfüllen, den wir von der Form, der Gattung und Art von Bäumen, wozu er gehört, festgesetzt haben. Das Auge muß dann zu gleicher Zeit das Aeußere theilweise und im Ganzen wohlgefällig finden, und der Geist muß interessante Vorstellungen von Alter, Beschattung, Fruchtbarkeit u. s. w. damit verbinden.

Sechstes Buch.

Von dem Schönen und der Schönheit in den Künsten.

Erstes Kapitel.

Gewisse Künste heißen darum schön, weil sie schöne Fertigkeiten zu einem schönen Zwecke voraussetzen. Vom Genie, Talent und Geschmack.

Kunst überhaupt heißt hier so viel als zweckmäßige Fertigkeit des Menschen in Hervorbringung gewisser Handlungen und Werke einerley Art. In diesem Sinne sondert sie sich theils von der bloßen zweckmäßigen Handlung, theils von der Wissenschaft ab. Indem jene nicht unbedingt eine Fertigkeit, oder eine durch Uebung erlangte Fähigkeit gleichförmig zu handeln und hervorzubringen, diese keine wirkliche Ausübung und Anwendung erlernter Grundsätze voraussetzt. —

Warum aber führen gewisse Fertigkeiten dieser Art den Beynahmen schön?

Offenbar liegen dabey mehrere Gründe unter. Denn einmal wird unstreitig auf die Kräfte Rücksicht genommen, deren Anwendung bey der Fertigkeit des Künstlers vorausgesetzt wird, zweytens wird auf den Zweck, zu dem die Fertigkeit selbst angewandt wird, Rücksicht genommen. Eine schöne Fertigkeit zu einem schönen Zweck hat leicht den Namen einer schönen Kunst annehmen müssen.

Die Kräfte, die bey der Fertigkeit des Künstlers in den schönen Künsten vorausgesetzt werden, sind Genie, Talent, Geschmack. Genie, die Kraft zu schaffen, Talent, die Kraft zusammenzusetzen und auszuführen, Geschmack, die Kraft zu beurtheilen, was den Zweck der schönen Künste am sichersten ausfüllen werde.

Diese Kräfte kündigen sich als solche an, die dem Menschen nicht wesentlich, nicht nothwendig sind, um den Begriff von seinem Wesen und seiner Bestimmung auszufüllen, und dennoch machen sie bey der bloßen Anschauung Vergnügen. (Vergleiche zweytes Buch, erstes und zweytes Kapitel.)

Sie führen, wenn wir uns dieselben an einem persönlichen menschlichen Ganzen als einzelne Eigenschaften denken, den Begriff des Vortrefflichen und des Specifisch-Interessanten mit sich, und sind also auch in dieser Rücksicht als etwas Objektiv-Schönes zu betrachten. (Vergleiche drittes Buch, fünftes und sechstes Kapitel).

Denn das Genie, das Talent, der Geschmack, sind seltene Eigenschaften, vielleicht schon selten einzeln zu finden, allein noch seltener in der Vereinigung anzutreffen, worin sie zur Verfertigung schöner Kunstwerke der schönen Künste vorausgesetzt werden müssen.

Es sind Eigenschaften, denen wir so manche Belustigung verdanken, und deren Aeußerung in den Werken der Kunst wir daher nie wahrnehmen können, ohne bestimmt an das Vergnügen erinnert zu werden, welches sie uns so oft gewähret haben.

Aber höchst wahrscheinlich wird ihr Name noch mehr durch den schönen Zweck begründet, zu dem sie angewandt werden. Und warum dieser ihr Zweck schön sey, das wollen wir gegenwärtig genauer untersuchen.

Zweytes Kapitel.

Die schönen Künste wollen nicht dadurch Vergnügen machen, daß sie einem unumgänglichen Bedürfnisse abhelfen. Sie wollen belustigen, das heißt, ohne Vorgefühl eines Bedürfnisses, aber mit dem angenehmen Bewußtseyn eines interessirten Zustandes unsers Ichs, uns die Zeit vertreiben. Dieß vollendet aber noch nicht den Begriff von ihrem Zwecke.

Daß die schönen Künste nicht darauf losarbeiten, den Bedürfnissen der Nothdurft abzuhelfen, (man erinnere sich an den Begriff, der von diesem Worte im ersten Buche dieses Werks im zweyten Kapitel gegeben ist) das wird allgemein anerkannt. Die Nothdurft mag physisch oder moralisch seyn, sie zu befriedigen, oder auch nur die Mittel zu ihrer Befriedigung herbeyzuführen, das ist nie die Absicht der schönen Künste. Dazu sind die freyen Künste bestimmt, die Handwerke, die Wissenschaften, die geselligen Fertigkeiten. Die schönen Künste sollen belustigen, angenehm die Zeit vertreiben, amüsiren, das wird eben so allgemein anerkannt. Nur frägt es sich, was heißt das? und dann, ist ihr Zweck damit erreicht, wenn sie belustigen, oder wird dabey noch eine nähere Bestimmung erfordert?

Belustigen ist mehr, als einem die Zeit vertreiben; sich belustigen ist mehr, als sich die Zeit vertreiben. Man vertreibt sich die Zeit oft aus bloßer Furcht vor Langerweile, oder vor quälenden Ideen mit Berufsarbeiten, mit Gevatterngeschwätz, das nicht belustigt. Dieß letzte setzt nothwendig ein angenehmes Gefühl unsers eigenen Daseyns zum voraus, und zwar in einem gewissen anhaltenden Zeitraume.

Ich sage: ich belustige mich mit dem Wurfe eines Balls, den ich wiederholt aufwerfe und wiederfange, ich belustige mich mit dem Bilboquet, mit dem Joujou de Normandie, mit den Karten, dem Kegelspiele, mit dem Springen über einen Graben, mit dem Gehen auf einer Linie ohne das Gleichgewicht zu verlieren, mit der Auflösung eines Räthsels, einer arithmetischen Aufgabe, die ich mir zum Spaß selbst gebe, oder mir geben lasse. Zuweilen hat man selbst eine wichtige Berufsarbeit zu thun, ein wichtiges Berufsgeschäft auszuführen, man legt nicht gern Hand daran, aber während der Beschäftigung gewinnt man daran Geschmack, sie geht einem leicht von Statten: man mag sie während daß man dabey ist, und verläßt sie ungern nachdem sie geendigt worden. Auch hier ist man belustigt. Ja! ich kann mich daran belustigen, mich gewissen Schmerzen, gewissen Gefahren freywillig auszusetzen, und an ihrer Ahndung, an ihrer Entfernung und Abwendung mich belustigen. Z. E. indem ich mich dem Crater des Vesuvs nahe: indem ich mich mit Nadeln prickle, mich stark drücken oder schütteln, schaukeln lasse, und so weiter.

Das gemeine Volk belustigt sich endlich an dem Hochgericht, an der Thierhatze, an dem Seiltänzer, an dem Possenreißer, an dem Taschenspieler u. s. w.

In allen diesen Fällen sind folgende Merkmahle einer Belustigung unverkennbar:

1) Ich fühle mich in einem Zustande des Strebens, folglich einer erregten Begierde, ent-

weder etwas zu erfahren, oder zu enträthseln, oder zu überwinden, oder zu entfernen, oder abzuwenden, oder zu erlangen, oder zu vergleichen, zu vereinigen, es sey daß ich die Begierde selbst empfinde, oder sie mir sympathetisch bey der Wahrnehmung in Andern zu eigen mache.

2) Dieser Zustand des eigenen Strebens, oder des sympathetischen Mitstrebens, beruht keinesweges auf dem Vorgefühle eines Zwanges von moralischem oder physischem Bedürfnisse.

3) Diese Spannung ist von dem Gefühl einer qualvollen Anstrengung weit entfernt, sie ist vielmehr

4) mit Affekten von Vergnügen an der Spannung, oder an der Hegung der Begierde selbst, sie sey nacheilend oder fliehend, verknüpft.

5) Der Affekt der Begierde wird in einer gewissen Ausdehnung von Dauer empfunden,

6) und ihre Befriedigung oder Versagung giebt mir einen wohlbehagenden Affekt der gestillten Begierde *).

*) Diese Stillung der Begierde kann nämlich auch in einer Versagung ihres Zwecks bestehen, und dennoch weil der Zustand der Spannung, in den uns die Hegung einer jeden Begierde setzt, vergnügend ist, wohlbehagend seyn. Dieß ist offenbar der Fall beym Lächerlichen. So dunkel mir die Natur dieser Beschaffenheit unserer Empfindungen ist, so leuchtet doch so viel heraus, daß der Grund, warum wir etwas belachen, darin liegt, daß eine Begierde, die wir hegen, (gemei-

Kurz! sich belustigen heißt, sich mit dem angenehmen Bewußtseyn eines interessirten Zustandes seines Ichs, ohne Vorgefühl eines Bedürfnisses, die Zeit vertreiben *).

Ein Jeder sieht ein, daß dasjenige, was belustigt, von dem Schönen noch wesentlich verschieden ist! Nämlich: von dem Schönen nach gebildeten Begriffen, nicht von dem Schönen nach rohen Begriffen. (Vergleiche zweytes Buch, drittes und siebentes Kapitel.) Das Belustigende, das Interessirende, kommt darin mit dem letzten überein, daß wir es zwanglos mögen. Aber es unterscheidet sich dadurch von dem Schönen nach gebildeten Begriffen, daß dieß letzte Affekte des gegenwärtigen Genusses, und zwar des Anschauens, giebt, dahingegen das Belustigende den Grund seines angenehmen Eindrucks auf uns in Affekten der strebenden und gestillten Begierde findet.

Es kann daher vieles belustigen, was nicht schön ist, aber es kann auch vieles schön seyn, was nicht belustigt. Der Anblick eines einzel-

niglich die etwas im physischen Gleichgewicht, oder in moralischer Uebereinstimmung zu finden) auf eine Art versagt wird, wobey das Vergnügen, welches die Spannung mit sich führt, das Mißvergnügen, welches die Versagung giebt, überwiegt.

*) Angenehme Unterhaltung, angenehmer Zeitvertreib, dürfte mit Belustigung, nach dem von mir festgesetzten Begriffe, Synonym seyn.

nen Glanzes, einer Schlangenlinie, eines Quadrats, der symmetrischen Distribution, der Ordnung in einem Zimmer, die anschauende Vorstellung der Vortrefflichkeit, des Specifisch-Interessanten u. s. w. beydes, jener Anblick, und diese Vorstellung, können Affekte des Schönen geben, und dennoch können sie mich ganz und gar nicht belustigen. Wenn der Eindruck schnell vorübergehend ist, oder wenn gar keine Spannung meiner Kräfte etwas zu erkennen, zu erfahren, zu überwinden, zu erlangen, es sey für mich selbst, oder sympathetisch für andere, mithin keine Begierde damit verknüpft ist; so belustigen mich die Affekte des Schönen keinesweges. Sie machen mir Vergnügen, aber nicht von der Art, wie es die Belustigung giebt. Mein Ich, mein Selbst, und das Bewußtseyn meiner angenehmen Existenz in einem gewissen anhaltenden Zeitraume, werden zu keinem Gegenstande einer besondern Vorstellung in mir: kurz! mein Eigennutz kömmt dabey gar nicht in Betracht.

Man darf nur auf die symmetrische Anordnung der Gerichte auf einer Tafel, man darf nur auf das Anstreichen der Wände mit einer einfachen Farbe, allenfalls mit einer eben so einfachen Verbrämung, auf die gefälligen Formen unserer Meublen Acht geben, um zu fühlen, daß Manches Affekte des Schönen geben könne, ohne uns zu interessiren, oder zu belustigen. Ja! man kann das Schöne eines philosophischen

Satzes fühlen, ohne sich im geringsten damit zu belustigen *).

Dagegen giebt es wieder eine Menge von Künsten und andern Gegenständen, welche belustigen, ohne Affekte des Schönen zu erregen. Als da sind alle die geselligen Spiele der Karten, der Würfel, des Billiards, des Kegelschiebens u. s. w. Ja! hieher gehört, ohne Kunst zu seyn, das Hochgericht, die Thierhatze u. s. w. Alles das belustigt, das heißt, es giebt mir Vergnügen während des Strebens, oder auch während der Stillung der Begierde, und ist doch im geringsten nicht schön, das heißt, es giebt mir kein Vergnügen beym begierdelosen Anschauen.

Zuerst darf man also festsetzen: daß eine schöne Kunst außerdem, daß ihre Produkte mich belustigen, auch Affekte des Schönen in mir erregen müssen, und daß sie außer den Affekten des Schönen, die sie mir zuführen, mich auch belustigen sollen, denn alle eben angeführten Gegenstände werden wohl von keinem wohlerzogenen Menschen für Werke schöner Künste gehalten werden.

*) Das auffallendste Beyspiel des Schönen, was nicht unterhält, ist wohl eine schöne Handschrift, ein schöner Druck. Daher wird auch die Kunst des Schreibemeisters, Letterngießers u. s. w. nicht zu den schönen Künsten der Unterhaltung gerechnet.

Aber außerdem giebt es noch Künste, welche allerdings Affekte des Schönen bey der Belustigung erregen, und dennoch nicht zu den schönen Künsten gerechnet werden. Als da sind die Taschenspielerkunst, die Seiltänzerkunst. Wer kann leugnen, daß die Geschicklichkeit, die wir an dem Künstler wahrnehmen, etwas Vortreffliches, mithin etwas Schönes sey? Ferner gehört dahin die Kunst des geselligen Spaßmachers, dessen Schwänke gleichfalls oft auf Vorstellungen von Vorzügen des Geistes führen: die Kunst so manchen mündlichen und schriftlichen Anekdotenerzählers, der mich in gespannter Aufmerksamkeit zu erhalten weiß, entweder weil er meine Neugierde spannt, oder mich an den Schicksalen der aufgeführten Personen Theil nehmen läßt, und mich nicht nur belustigt, sondern auch durch die Beachtung seiner Geschicklichkeit mich zu interessiren, Affekte des Schönen bey mir erweckt.

Wer aber wird diese Künste zu den schönen Künsten rechnen? Wer wird den Nürnberger Tand, den künstlich bearbeiteten Kirschkern, an dem hundert und mehr Gesichter eingeschnitten sind, den eben so künstlich bearbeiteten Elfenbein, der in tausend feine Haare von unendlichen Formen gezogen ist, zu den Werken der schönen Künste rechnen? Ja! die Mahlereyen, welche unsere Zimmer mit unbedeutendem Zierrath schmükken, das Schnitzwerk, welches Meublen und Gebäude ziert, die Gartenfelder, bunt mit

Muscheln belegt, mit Blumen besetzt; die Hecken, die Bäume, in willkührliche Formen gezogen, die gereimten Aufbewahrungen von grammatikalischen und juristischen Regeln, Namen der Regenten, Weisen, die Vademecums u. s. w. wird sie ein vernünftiger, ein wohlerzogener Mensch zu Werken der schönen Künste rechnen?

Drittes Kapitel.

Die schönen Künste wollen wohlerzogenen Menschen eine Belustigung zuführen, die mit ihrer sittlichen Würde im Verhältnisse steht; das heißt: sie wollen für Wahrheit, getrennt von würklicher Existenz, für Zweckmäßigkeit, getrennt von würklicher Brauchbarkeit, interessiren.

Nein! die schönen Künste wollen allen wohlerzogenen Menschen im Durchschnitt eine Belustigung zuführen, die mit ihrer sittlichen Würde im Verhältnisse steht.

Alle schönen Künste sind jüngere reizendere Schwestern anderer Künste, die entweder blos zum Spielwerk, zum Zeitvertreib, oder zum würklichen Nutzen gedient haben. Die Baukunst war anfänglich nur dazu bestimmt, Wohnungen und Behausungen zu bereiten: die Gartenkunst Früchte anzuziehen, in eingeschlossenen

Feldern: die Bildhauerkunst zur Bildung roher Symbole gottesdienstlicher Verehrung: die Mahlerey zur Verzierung menschlicher Körper und der Waffen, oder zur hieroglyphischen Schrift: die Dichtkunst zur Aufbewahrung merkwürdiger Zeitbegebenheiten in einer leicht faßlichen Reihe von Wörtern: die Redekunst zur Ueberredung: die Musik war ein rythmisches Getöse, und die Tanzkunst ein abgemessenes größtentheils unzüchtiges Springen.

So lange die Menschen noch auf der untersten Stufe der Cultur stehen, so kennen sie keine andere Künste als solche, die entweder unmittelbar auf Nutzen, oder auf eine bloße Ergötzung der Sinne und Spannung der Begierden abzwecken. Noch jetzt sind das wilde Springen, die Thierhatz, das Hochgericht, neben dem bunten Farbenspiel, dem rythmischen Getöse, u. s. w. Schauspiele und Unterhaltungen für den Pöbel. Aber so wie Wohlstand und die sittliche Denkungsart durch eine besorgtere Erziehung an Consistenz unter einem Volke zunehmen, so erheben sich die schönen Künste, und ihr Genuß wird der Antheil der edleren Klasse der Menschen unter diesen Völkern. Diese edlere wohlerzogene Menschenklasse unterscheidet sich dadurch von der rohen, daß sie Gefühl für sittliche Würde erhält. Ein Begriff, der oft sehr unbestimmt angegeben ist, und dennoch von einem jeden wohlerzogenen Menschen, bey der Vergleichung seiner selbst mit der rohen Masse seiner Mitbürger, leicht gefaßt werden mag.

Diese sittliche Würde besteht

1) darin, daß der Mensch auf sich selbst und die Gegenstände um ihn herum, auf den Urheber der Welt, auf die Menschen, die ihn umgeben, auf die Natur überhaupt achtet, ihre unveränderlichen Merkmahle, und ihren unveränderlichen Endzweck untersucht, diese gewissen Begriffen unterwirft, ohne bey der bloßen instinktartigen Erkenntniß des gegenwärtigen Augenblicks und den Gebrauch, den er in einem bestimmten Falle davon machen kann, stehen zu bleiben.

2) darin, daß er sein Wohlwollen, seine mittheilenden Neigungen, denjenigen besonders schenkt, was die festgesetzten Begriffe über Wahrheit, das heißt, über die charakteristischen Merkmahle der Dinge um ihn her, und über Zweckmäßigkeit, das heißt, über den Endzweck dieser Dinge, ausfüllt, unabhängig von den besondern Verhältnissen, worunter er den Gegenstand erkennt, und unabhängig von dem Gebrauch, den er in einem bestimmten Falle davon machen kann.

Das Eigenthümliche des Menschen, der Sinn für sittliche Würde hat, besteht also darin, daß er Vergnügen an dem Streben nach Erkenntniß der selbstständigen Wahrheit, der selbstständigen

Zweckmäßigkeit hat, und daß das Finden dieser Dinge ihm Vergnügen macht *).

Der rohe Mensch ist auf den Unterschied zwischen blos zufälligen Beschaffenheiten, und unveränderlichen Merkmahlen oder Eigenschaften der Dinge um ihn her, gar nicht aufmerksam. Der rohe Mensch erkennt keine Selbstständigkeit der Dinge um ihn herum an. Er sieht in ihnen nur das, was er davon bey der ersten instinktartigen Erkenntniß wahrnimmt, was er davon besitzen, was er davon nutzen kann, und zwar mit einer kurzen Voraussicht folgender Zeiten, hauptsächlich in dem gegenwärtigen Augenblicke. Was habe ich davon? Was nutzt das mir? Das sind die ewigen Fragen, die er aufwirft, wenn er sich um die Dinge um ihn her bekümmert; und wenn die sympathetischen Triebe der Mittheilung sich auch bey ihm äußern, so erfährt

*) Wie weit die Forderungen des wohlerzogenen Menschen darunter gehen, ist gesagt worden im vierten Buche, im achten Kapitel. Ich kann nicht genung darum bitten, hier an keine philosophische, oder wissenschaftliche Begriffe über Wahrheit und Zweckmäßigkeit zu denken. Es ist ein wahres Unglück, daß unsere transcendentalen Köpfe nicht vergessen können, daß ein Begriff im gemeinen Leben ganz etwas anders ist, als eine wissenschaftliche Definition. Man kann sehr wohl wissen, woran man den Menschen erkennen soll, und wozu er bestimmt ist, ohne ein Anatomiker, Psycholog oder Moralist zu seyn.

er doch ihre Würkung auf eine höchst eigennützige Art. Er hilft Andern, weil der Anblick des fremden Schmerzes bey ihm selbst Schmerz erregt; er freuet sich mit Andern, weil der Frohsinn Anderer ihn ansteckt, nicht darum, weil es ihm Vergnügen macht zu sehen, wenn sie ihre Bestimmung, glücklich zu seyn, ausfüllen, Mißvergnügen, weil er sie nicht ausgefüllt sieht.

Dadurch bleiben denn auch seine Begriffe äußerst eingeschränkt und unzuverläßig. Das, was er von sich selbst, von andern Menschen, von der Natur weiß, überschreitet selten das Maaß der Kenntnisse, welche die Abhelfung seiner unumgänglichen Bedürfnisse voraussetzt, die geringe Strecke von ein Paar Meilen in dem Umfange seiner Wohnung, und den Haufen von einhundert Menschen in dem Stande, worin er geboren ist und stirbt. Ja! mit jedem Tage zeigen sich ihm die Dinge anders. Ueber nichts hat er feste Begriffe; nicht einmal den Wunsch, sie zu erlangen.

Zur Gründung der sittlichen Würde wird unter allen Völkern beynahe die nämliche Lage, die nämliche frühere Bildung erfordert.

Die Menschen, die darauf Anspruch machen, müssen, über die Sorge für die gröbsten physischen Bedürfnisse hinausgesetzt, die Bequemlichkeiten des Wohlstandes kennen, der allein der Seele den freyeren Schwung giebt, wodurch sie von ihrer thierischen Natur ab, sich in die Höhe schwingt, sich über das Armselige hinausſetzt, und für die zu häufige Erregung eigennütziger Triebe gesichert wird. Dann müssen sie sich nicht willkührlich den Geschäften eines besonderen Standes ganz überlassen, die sie zur Erforschung und zum Wollen einer zu eingeschränkten Zahl von Gegenständen auffordern und nöthigen.

Menschen, die für sittliche Würde Sinn haben sollen, müssen aber auch dazu vorbereitet werden, und diejenige Erziehung erhalten, welche die Jugend wohlhabender Eltern in allen den Staaten zu erhalten gewohnt gewesen ist, und noch jetzt erhält, worin die Künste bis jetzt geblühet haben, und noch jetzo blühen.

Diese Jugend wird mit der Idee eines höchsten Wesens bekannt gemacht, dessen Endzweck es ist, seine Geschöpfe zu beglücken. Folglich lernt sie sich dasselbe nicht blos als ein furchtbares, sondern zugleich als ein liebendes Wesen denken, das zur Dankbarkeit und Gegenliebe auffordert. Sie wird mit Pflichten bekannt gemacht, welche nicht blos Strafgesetze gebieten, sondern welche auch Anstand und auf Grundsätze gebrachte Selbst- und Menschenliebe auflegen. Sie erhält Begriffe von den merkwürdigsten Gegenständen, Veränderungen und Erscheinungen der Natur und ihren Ursachen, so weit die Kenntniß davon unter dem großen Haufen gesitteter Menschen nach Lage der Umstände verbreitet seyn kann. Ihr wird die Geschichte der Vorzeit überliefert. Sie wird mit der Lage der bekannten Länder, mit den Sitten, mit den Gebräuchen ihrer Einwohner, mit den merkwürdigsten Verschiedenheiten ihrer Regierungsformen bekannt gemacht.

Man bringt ihr ferner die Hauptwahrheiten der Geometrie, der Arithmetik bey, lehrt sie den Werth der freyen und mechanischen Künste kennen. Besonders aber sucht man sie in die Kenntniß des Menschen, seiner Verschiedenheit nach Stand und Lage, seines Charakters, seiner Kräfte und Neigungen, seiner Schicksale und Begebenheiten einzuführen *).

Ich müßte mich sehr irren, oder dieß wäre ungefähr die Bildung, welche in dem älteren und neueren Europa der Mensch erhält, der auf

*) Auch hier muß ich wiederholt bitten, nicht an wissenschaftliche Kenntnisse, Begriffe und Grundsätze zu denken. Ein Grieche, der den Homer las, und verstand, dachte doch gewiß anders über Gott, Sittlichkeit, Mensch und Welt, als der Samojed und das Gros der Deutschen in den Zeiten des Mittelalters: wußte doch mehr von der Geographie, den mechanischen und freyen Künsten, der Historie, als der Bauer und die unterste Klasse der Bürger unter uns: hatte den Trieb, noch mehr davon zu wissen, es sich bestimmter zu denken. Ein Trieb, der dem vornehmen und gemeinen Pöbel fehlt. Deswegen braucht der Mann, der zum Genuß der Künste berechtigt ist, kein Kant, kein Büsching, kein Kästner u. s. w. oder auch nur einer ihrer Schüler zu seyn.

den Namen des wohlerzogenen und zugleich auf den Genuß der schönen Künste Anspruch macht.

Ein Mensch, der auf solche Art gebildet ist, fühlt nun in sich den Beruf, die selbstständige Wahrheit, die selbstständige Zweckmäßigkeit der Dinge um sich her aufzusuchen, sowohl für sich, als auch für Andere, und dieser Beruf wird für ihn zur Pflicht, zum Bedürfniß.

Weiter: Er sieht die Erlangung der Kenntnisse in diesem Stücke als einen Besitz, als einen Vortheil an. Mithin giebt ihm das Gefühl die selbstständige Wahrheit, und die selbstständige Zweckmäßigkeit eines Dinges zu suchen, Begierden nach dem Guten, deren Streben und deren Stillung mit Affekten des Vergnügens, aber wohlverstanden am Guten, verknüpft ist *).

Diese Beschäftigung und dieser Genuß hat aber, der Regel nach, nichts Belustigendes für Ihn, es ist vielmehr ein Gefühl von Zwang und Bedürfniß damit verknüpft. Ob nun gleich dieser Beruf, diese Pflicht vor allen Dingen von ihm erfüllt werden muß; so hat er doch zugleich ein Recht darauf sich zu belustigen, das heißt, sich ohne Vorgefühl eines Bedürfnisses, eines Zwanges, eines Berufs, einer Pflicht, mit dem

*) Nicht als Philosoph, daran ist nicht zu denken. Er fühlt nicht den Drang nach Wahrheit und Zweckmäßigkeit, welcher gewisse privilegirte Geister auszeichnet. Aber er hegt allerdings die Begierde darnach in schwächerem Maaße.

angenehmen Bewußtseyn eines interessirten Zustandes seines Ichs die Zeit zu vertreiben. Ja! dieses Recht hat er, und wer das leugnen will, der hebe sich weg von mir, der ist ein Engel oder ein Teufel, der ist kein Wesen meiner Art.

Aber der Mensch, der Sinn für sittliche Würde hat, will sich ganz anders belustigen, als derjenige, der diesen Sinn nicht hat.

Wenn er Affekte der Begierden zum Zeitvertreib mit Vergnügen in sich erregt und gestillt fühlen will; so müssen es solche Begierden seyn, die, weil sie die nämlichen Kräfte, die nämlichen Triebe in ihm spannen und befriedigen, die er zur Erkenntniß und zum Wollen des würklich Existirenden und des würklich Brauchbaren anwendet, als Begierden nach dem würklich Existirenden, nach dem würklich Brauchbaren ansieht, ob er sich gleich wohl bewußt ist, daß der Zweck dieser Begierde sich endlich in Belustigung, in angenehmen Zeitvertreib, und keinesweges in Abhelfung eines Bedürfnisses, in Stillung einer Begierde nach Besitz und Vortheil, auflöst.

Er sucht selbstständige Wahrheit auch in demjenigen auf, was er als Schein der unveränderlichen Anerkennungsmerkmahle eines Dinges, getrennt von dessen würklichem Daseyn, ansieht. Er sucht selbstständige Zweckmäßigkeit auch in demjenigen auf, was er als Schein der unveränderlichen Wirkungsmerkmahle eines Dinges, getrennt von dessen würklicher Brauchbarkeit, erkennt. Beydes erforscht er, beydes mag er, wenn er es findet. Beydes giebt ihm Affekte der strebenden und gestillten Begierde, und nur er ist ihrer fähig.

Und nur die schönen Künste können es ihm liefern! Sie liefern es ihm aber, indem sie ihm entweder den Schein des würklich Existirenden darstellen, mithin nachahmen: oder den Schein des würklich Brauchbaren darstellen, mithin nachschaffen *).

Würklich existirend heißt hier dasjenige, was der wohlerzogene Mensch mit allen Kräften seines Wesens unter allen Verhältnissen nach den Anerkennungsmerkmahlen der selbstständigen Wahrheit prüfen zu können glaubt.

Ein todter sichtbarer Körper ist würklich existirend, wenn ich ihn nicht blos sehen, sondern auch betasten zu können glaube, und wenn ich mich überzeugt halte, daß er, von jeder Seite betrachtet, bey Nacht und bey Tage, im Schmerz und in Freude, bey gespannter und nicht gespannter Aufmerksamkeit mir mit den Eigenthümlichkeiten der Ründung und des Widerstandes erscheinen werde.

Ein sichtbarer lebendiger Körper ist würklich existirend, wenn ich ihn mit allen meinen Sinnen und

*) Zur Erläuterung der folgenden Sätze vergleiche man die folgenden Bücher, besonders das achte Kapitel im siebenten Buche.

und Seelenkräften, als ein empfindendes Geschöpf unter allen Verhältnissen erkennen zu können glaube.

Auf eben die Art sind nun sichtbare Geberden, Töne, Gesinnungen, Charaktere, Handlungen, Worte, Begebenheiten, Schicksale, Produkte der Natur und der Kunst, gewissen Begriffen von selbstständiger Wahrheit unterworfen, mithin auch gewissen unveränderlichen Merkmahlen von Anerkennung *).

Ein jeder Gegenstand, der mich auffordert, diese Merkmahle an ihm mit allen Kräften meines Wesens, die ich zu ihrer Anerkennung brauche, unter allen Verhältnissen aufzusuchen, worin ich sie an andern Gegenständen seiner Art gefunden habe: und der sie, meiner Erkenntniß nach, einer solchen Untersuchung darbietet, der ist würklich existirend.

Der Schein des würklich Existirenden heißt hier dasjenige, was nur gewisse hauptsächliche Anerkennungsmerkmahle der selbstständigen

*) Daß hier von keinen wissenschaftlich festgesetzten Begriffen die Rede seyn könne, versteht sich von selbst. Vergleiche viertes Buch, achtes Kapitel, und die kurz vorhergehenden Noten. Man verzeihe mir die Besorgniß, mißverstanden zu werden. Ich weiß, wie die Philosophen gemeiniglich zu Werke gehen. Ich erinnere mich, in einer Aesthetik gelesen zu haben, daß wir im gemeinen Leben keinen Begriff von einer Blume hätten, weil wir keine Botaniker wären.

Wahrheit, unter Lagen, worin ich mich gegen den würklich existirenden Gegenstand im gemeinen Leben oft zu befinden pflege, an sich trägt, aber mich bey der Anwendung einiger Kräfte meines Wesens, unter gewissen Verhältnissen von seiner würklichen Existenz überzeugen könnte.

Der Abglanz sichtbarer Körper im Spiegel ist ein Schein des würklich Existirenden. Ich denke mir den Fall, daß ich bey dem Gebrauch meines Auges, ohne das betastende Gefühl zu Hülfe zu nehmen, aus einem gewissen Gesichtspunkte, die Darstellung für einen wahren Körper halten könnte.

Die Bewegung der Uhr ist ein Schein des würklich existirenden lebendigen Körpers. Denn sie führt auf die Ahndung einer Empfindungsfähigkeit der Uhr zurück; ich kann mir den Fall möglich denken, wie ich bey der bloßen Anwendung meiner instinktartigen Erkenntnißkräfte, in dem Verhältnisse, worin ich mich gegen Körper befinde, die ich sich bewegen sehe und höre, sie für einen lebendigen Körper halten könnte.

Würklich brauchbar ist derjenige Gegenstand, den sich der wohlerzogene Mensch als zu einer gewissen Gattung und Art von Dingen gehörig denkt, welche zu Abhelfung seiner physischen und moralischen Bedürfnisse abzwecken, als solche unabänderlichen Begriffen, über die Art, wie sie beschaffen seyn müssen, um ihre Bestimmung auszufüllen, unterwirft, und bey der

Prüfung seiner Zweckmäßigkeit geradezu darauf Rücksicht nimmt, ob die, auf einen solchen Zweck zurückführenden Eigenschaften, bey ihrer Anwendung die selbstständige Bestimmung der ganzen Gattung und Art, wozu der Gegenstand gehört, ausfüllen würden.

Der eiserne Arm des Götz von Berlichingen war würklich brauchbar. Er war beweglich, faßte, hob, kurz! war geschickt zu allen den Verrichtungen, wozu ein Arm nach unveränderlichen Begriffen bestimmt ist.

Der Anschauer dieses Arms prüft seine Beweglichkeit als eine zweckmäßige Eigenschaft geradezu darnach, ob bey der Anwendung die selbstständige Bestimmung eines Arms, oder dasjenige, wozu der Arm ohne Rücksicht auf den besonderen Gebrauch, den er davon machen will, da ist, nothdürftig ausgefüllt werden würde.

Der Schein des würklich Zweckmäßigen ist alsdann vorhanden, wenn ein individueller Gegenstand gewisse Merkmahle, woran wir unter gewissen Lagen die Brauchbarkeit allein beurtheilen, von der ganzen Gattung und Art, wozu er gehört, an sich trägt, aber in Begleitung solcher Eigenschaften, welche uns sogleich darauf führen, daß wir hier die Zweckmäßigkeit getrennt von der Brauchbarkeit beachten sollen.

Diese Merkmahle der Brauchbarkeit liegen nun entweder in seiner äußeren Form, und sind folglich ein unmittelbarer Gegenstand unserer erkennenden Kräfte, welche durch vorhergehende Vorstellungen auf unsere wollenden zurückwirkt, und diese in eine Lage setzt, als ob würklich unsere Begierden nach dem Brauchbaren gestillt wären: z. E. bey der Vase, oder dem Prachtgefäße, deren Zweckmäßigkeit wir an der äußeren Form erkennen, und nachher ungefähr wie ein Gefäß zum Aufbewahren flüssiger Sachen gern haben, gern mögen, ob wir gleich aus andern begleitenden Merkmahlen ihrer Form wahrnehmen, daß sie diese Bestimmung nicht ausfüllen, oder wenigstens nicht hauptsächlich dadurch unsers Wohlgefallens werth seyn soll: oder die Merkmahle der Brauchbarkeit werden an der Wirkung erkannt, welche der Gegenstand auf unsere wollenden Kräfte zuerst hervorbringt, und diese in eine ähnliche begehrende Lage setzen, als wir bey der Wahrnehmung der würklichen Brauchbarkeit an uns verspüren.

Dahin gehört z. E. die Rede, wodurch ein offenbar unnützer, ja wohl schädlicher und unwahrer Satz, bey völliger Ueberzeugung des Redners und des Zuhörers von der völligen Unbrauchbarkeit der Rede, dergestalt vertheidigt wird, daß der Zuhörer sich in einer Stimmung befindet, als wenn er die wichtigste Angelegenheit für die Menschheit hätte vertheidigen hören. Man denke an das Lob der Dummheit, des Esels u. s. w.

Viertes Kapitel.

Dieß suchen sie durch Nachahmung und Nachschaffung zu erreichen. Nachahmen heißt, den Schein des würklich Existirenden liefern. Nachschaffen heißt, den Schein des würklich Brauchbaren liefern *).

Nachahmen heißt nun, den Schein des würklich Existirenden dergestalt liefern, daß wir bey Anwendung gewisser Kräfte, deren wir uns bey der Erkenntniß des würklich Existirenden, dem nachgeahmt ist, bedienen, unter gewissen Lagen, worin wir uns oft gegen das würklich Existirende, dem nachgeahmt ist, befinden, die Möglichkeit absehen, die Nachahmung mit dem Nachgeahmten zu verwechseln. Kurz! Nachahmen heißt, so ähnlich in Rücksicht auf Wahrheit machen, daß die Möglichkeit der Verwechselung mit dem würklich Existirenden geahndet wird.

Nachschaffen heißt, den Schein des würklich Brauchbaren dergestalt hervorbringen, daß wir bey Anwendung gewisser Kräfte, deren wir uns bey der Erkenntniß des würklich Brauchbaren, dem nachgeschaffen ist, bedienen, unter gewissen

*) Zur Erläuterung dieses Kapitels ist das zweyte und dritte im folgenden Buche nachzulesen.

Lagen, worin wir uns gegen das würklich Brauchbare, dem nachgeschaffen ist, oft befinden, die Möglichkeit absehen, die Nachschaffung mit dem Nachgeschaffenen zu verwechseln. Kurz! Nachschaffen heißt, so ähnlich in Rücksicht auf Zweckmäßigkeit machen, daß die Möglichkeit der Verwechselung mit dem würklich Brauchbaren geahndet wird.

Gleichmachen ist noch von nachahmen, und nützlichschaffen von nachschaffen verschieden. Wer gleichmacht, intendirt Verwechselung des Nachgemachten mit dem würklich Existirenden. Wer nützlich schaft, der sieht auf würklichen Gebrauch.

Wer nachahmt und nachschaft, rechnet immer auf Nachsicht von demjenigen, der sein Werk prüft. Der erste dahin: daß ich zu Gunsten einiger unveränderlichen Anerkennungs-Merkmahle der Wahrheit ihre Prüfung nicht mit allen meinen erkennenden Kräften, und nicht unter allen Verhältnissen anstellen werde. Der zweyte dahin, daß ich zu Gunsten einiger unveränderlichen Merkmahle der Zweckmäßigkeit, ihre Prüfung nicht mit allen meinen Kräften, unter allen Verhältnissen anstellen werde.

Wer ungesehen von den Zuhörern in einem benachbarten Zimmer die Töne des Aechzens eines Leidenden nachmacht, in der Absicht, diese zu verführen, seine Stimme mit der eines würklich Leidenden zu verwechseln, der macht gleich,

Wer dadurch diese Zuhörer bewegen will, ihm thätig beyzuspringen, der macht nützlich, brauchbar. Wer diese Töne auf dem Instrumente so darstellt, daß die Zuhörer blos auf die Möglichkeit rechnen sollen, wenn sie das Instrument nicht sähen, oder die Töne nicht genau mit den Tönen eines Menschen im Leiden verglichen, sie für würklich existirende Töne zu halten, der ahmt nach. Wer aber vermöge der Mittel, welche dem Musiker und Dichter und Mimiker zu Gebote stehen, die Wirkung, welche das Aechzen des Leidens in der Natur auf den Zuhörer hervorbringt, auszudrücken, und in mir sympathetisch zu erwecken weiß, der schaft nach.

Wer ein Gebäude zu dem Ende aufführt, daß es zur bequemen Wohnung dienen, und in dieser Rücksicht besonders geprüft werden soll, der schaft nützlich. Wer aber ein Gebäude zu dem Ende aufführt, daß ich nicht sowohl auf das Beschirmende, Dauerhafte, als vielmehr auf die sichtbaren Merkmahle des Beschirmenden und Dauerhaften Rücksicht nehmen soll, der schaft nach.

Wer eine Rede in der Absicht hält, daß ich die Klarheit, die Richtigkeit der Gedanken, die Billigkeit der Gesinnungen, die Erheblichkeit der Gründe prüfen, und die Folgen der Wirkung, die er auf mich hervorbringen will, nach ihrer Brauchbarkeit zur Abhelfung meiner und meiner Mitmenschen Bedürfnisse untersuchen soll, der macht nützlich. Wer aber die Absicht hat, eine ähnliche Wirkung, wie ich nach jener ausgesuchten Klarheit, Richtigkeit, Billigkeit, Erheblichkeit, Anwendbarkeit, zu empfinden pflege, in mir zu erwecken, und darauf rechnet, daß ich es mit der Untersuchung, ob das alles würklich vorhanden und brauchbar sey, so genau nicht nehmen werde; der schaft nach.

Wer eine Muschel in der Absicht nachmacht, daß der Liebhaber von Naturalien sie für ein Meerprodukt halten solle; der macht gleich. Wer mir diese Muschel in Marmor haut, oder mahlt, oder in Kupfer sticht, der ahmt nach. Wer aber ein Gefäß wie eine Prachtvase hauet, der schaft nach.

Wer einen Garten in der Absicht anlegt, daß ich ihn für den Theil einer würklichen Gegend halten soll, der macht gleich.

Wer ihn in der Absicht anlegt, daß ich seine Brauchbarkeit zur Anziehung von Früchten und zur Bewegung in frischer Luft prüfen soll, der schaft nützlich. Wer mich nicht verführen will, den Garten für eine würkliche Gegend zu halten, aber doch darauf rechnet, daß ich unter gewissen Verhältnissen es für möglich halten würde, ihn mit dem Theile einer würklichen Gegend zu verwechseln, der ahmt nach. Wer einen Garten so anlegt, daß ich durch gewisse allgemeine sichtbare Merkmahle von Zweckmäßigkeit eines Erdplans zum Umhergehen, zum Einlagern, zum Anziehen von Gewächsen, sogleich in die Lage kommen soll, die Wirkung der Brauchbarkeit zu empfinden, ohne sie nach den Folgen zur Abhelfung eines bestimmten Bedürfnisses zu prüfen; der schaft nach.

Wer mit mir über wichtige Wahrheiten disputirt, in der Absicht, mich oder sich zu belehren, der macht nützlich.

Wer aber nur die Absicht hegt, mit mir Ideen und Gefühle auszutauschen, die, weil sie in Beziehung mit Wahrheit und Brauchbarkeit stehen, mich in der Stimmung erhalten, als wenn ich mit beyden beschäftigt wäre, der schaft nach.

Wer mit der Geberde eines Erschrockenen plötzlich vor mich hintritt, der macht gleich; er überzeugt mich von dem würklichen Daseyn eines Erschrockenen, ja! er schaft nützlich: ich nehme wahren Antheil an seiner Lage, ich suche ihm zu helfen. Wer mir hingegen zu erkennen giebt, daß er die Geberde nur so annehme, der ahmt nach. Wer mir die Veranlassung zu diesem Schrecken als eine würkliche Begebenheit erzählt, und mich dadurch zur Theilnahme auffordert, der macht gleich, und schaft nützlich. Wer mir aber Bürgers Leonore mit dumpfer holer Stimme vordeclamirt, und schreckhafte Bilder in meiner Seele erweckt, der rechnet darauf, daß ich um der Erkenntniß gewisser sinnlichen Merkmahle der Zweckmäßigkeit, und um der gleichen Wirkung willen, die er auf mein wollendes Wesen hervorbringt, ihm das würkliche Daseyn und die würkliche Brauchbarkeit der Folgen dieser Wirkung schenken werde, der schaft nach.

Fünftes Kapitel.

Keine einzige schöne Kunst geht absichtlich darauf aus, den Genießer ihrer Produkte zur Verwechselung derselben mit dem würklich Existirenden oder würklich Brauchbaren zu bewegen *).

Alle schönen Künste ahmen nun nach, oder schaffen nach, keine einzige macht gleich oder schaft nützlich.

Es ist völlig falsch, daß irgend eine von ihnen darauf als Hauptzweck losginge, zu belehren, zu bessern, zu nutzen. Sie können es nicht, ohne ihr Wesen zu verlieren, und weil sie es nicht können, so wollen sie es auch nicht.

So bald die schöne Kunst sich den Hauptzweck vorsetzt, zu nutzen, und der Zweck wird bemerkt, so ist die Belustigung verloren, denn alsdann ist ein Vorgefühl von Bedürfniß bey dem Genießer vorhanden **). Wird aber die Brauchbarkeit

*) Zur Erläuterung dieses Kapitels vergleiche man das vierte im siebenten Buche, imgleichen das fünfte im achten.

**) Selbst das Lehrgedicht und das schöne Gebäude sind hiervon nicht ausgenommen. Siehe unten das dreyzehnte Kapitel in diesem Buche.

nicht als Hauptzweck bemerkt, soll das Werk vorzüglich als ein Mittel zur Belustigung angesehen werden, und nur nebenher auch nutzen; so kann es sich an würklicher Brauchbarkeit mit den Werken der Wissenschaften, der mechanischen und Lohnkünste gar nicht messen. Sittliche Würde kann zwar durch die schönen Künste unterhalten, es können die Begierden nach Wahrheit und Zweckmäßigkeit durch sie befördert, die Kräfte unsers Geistes, um beyde zu erkennen, durch sie ausgebildet, und so können sie nützlich werden. Allein sie werden nie diese sittliche Würde, außer höchst zufällig erwecken.

Der Geschmack an ihnen setzt bereits die Fähigkeit, sittliche Würde zu hegen, zum voraus, und wer diese nicht bereits hat, wird sie durch den Anblick schöner Gemählde, oder durch das Anhören schöner Gedichte (die Menschen nach dem Durchschnitt berechnet,) nicht erhalten. Außerdem ist auch Fähigkeit, sittliche Würde zu fühlen, von dem Charakter, der ihr gemäß handelt, noch sehr verschieden. Der schlechteste Kerl kann oft der größte Liebhaber der schönen Künste seyn.

Nur so viel nehme ich nach aller Erfahrung als gewiß an: Wer wahren Geschmack an den schönen Künsten findet, hat unstreitig Anlagen gehabt, ein rechtschaffener Mann zu werden.

Sechstes Kapitel.

Die Belustigung, welche die schönen Künste an dem Scheine des würklich Existirenden, und würklich Brauchbaren gewähren, vollendet ihren Zweck noch nicht. Affekte des Schönen müssen die Begierde, die Wahrheit und Zweckmäßigkeit auch im Scheine aufzusuchen, erregen, Affekte des Schönen müssen diese Begierde während der Aufsuchung unterhalten, Affekte des Schönen müssen die endliche Befriedigung dieser Begierde begleiten.

Da Nachahmung und Nachschaffung die nothwendigen Mittel sind, welche die schönen Künste anwenden müssen, um die Genießer ihrer Werke zu belustigen; so hat es keinen Zweifel, daß sie zu ihrem Wesen gehören.

Aber sie vollenden es nicht, sondern es wird erfordert, daß das Nachgeahmte und Nachgeschafte nun auch die Begierden des Genießers nach dem Wahren und Zweckmäßigen angenehm aufregen, angenehm unterhalten, angenehm stillen könne. Dieß wird, da alle Vorstellungen von würklicher Existenz und würklicher Brauchbarkeit wegfallen, blos durch vorangehende und begleitende Affekte des Schönen erreicht.

Affekte des Schönen müssen allemal den Begierden nach dem Wahren und dem Zweckmäßigen vorangehen, wenn beydes auch im Scheine aufgesucht werden soll. Und zwar Affekte des Schönen für den Instinkt. Es muß etwas seyn, was dem Auge oder dem Ohre wohlgefällt, um die mir natürlich gewordenen Begierden nach Wahrheit und Zweckmäßigkeit aufzufordern, alles, was mir gefällt, mit den Vorstellungen über dasjenige, was mir billig allein gefallen sollte, ins Verhältniß zu setzen. Wo weder das Auge, noch das Ohr, durch einzelne angenehme sinnliche Eindrücke, oder durch davon beynahe unzertrennliche Rührungen und Vorstellungen des Wohlgefälligen, und des Generisch-Interessanten unmittelbar geschmeichelt werden; da kann nichts unsere Triebe nach dem Wahren und Zweckmäßigen aufregen, als die Vorstellung der würklichen Existenz und der würklichen Brauchbarkeit: Mittel zur Erweckung des Interesses, welche den schönen Künsten nicht zu Gebote stehen.

Allemal also müssen Affekte des Schönen für den Instinkt der Begierde nach Wahrheit und Zweckmäßigkeit vorangehen.

Dieß ist aber nicht genung: Affekte des Schönen müssen die Begierde während des Strebens unterhalten, und zwar so gut für den Instinkt als den Geist. Ich muß bey der Erforschung der Wahrheit und der Zweckmäßigkeit noch auf eine Menge von Gegenständen stoßen, welche dem Auge und dem Ohre fortwährend schmeicheln, und den ersten Eindruck des Anblicks, das erste Wahrnehmen mittelst des Gehörs unterstützen.

Ein Gemählde, das blos den ersten Augenblick blendet, das keine Harmonie der Farben, keine gefällige Distribution seiner Theile weiter zeigt, wenn ich es mit dem Vorbilde vergleiche, ein solches Bild ist eine Sudeley. Eine Musik, die durch den ersten Anschlag der Töne anzieht, aber bey ihrem Fortlauf keine Melodie, keine Harmonie zeigt, ist ein Gewirre von Tönen.

Und auch das ist nicht genung! Nein! mein Geist muß auch während der Operation des Erforschens der Wahrheit und Zweckmäßigkeit Affekte des Schönen erhalten. Oft ist die Treue, oft ist die Zweckmäßigkeit, die er theilweise findet, dazu allein hinreichend. Oft aber auch nicht. Oft muß die Ahndung des Geistes, des Urhebers der Nachahmung, noch hinzutreten, oft muß der Genießer auf die Kraft des Werks, ihn in einen bestimmten Zustand von Feyer, von Zärtlichkeit, von Ergötzung gesetzt zu haben, zurückgehen, und an der Anschauung dieser Kraft, die von dem Werke des menschlichen Geistes und der menschlichen Hand ausgeht, Vergnügen empfinden.

Und auch das ist nicht genung! Der Genießer hat die Untersuchung der Uebereinstimmung des Scheins mit der Wahrheit, angezogen, unterstützt durch Affekte des Schönen, angestellet; —

nun überschauet er seine eigene Arbeit, seinen Genuß im Ganzen! Sie wird ein Gegenstand des Anschauens für ihn! Giebt ihm auch dieß Anschauen Vergnügen; ja! dann hat die schöne Kunst ihr Wesen getrieben, sie hat ihn belustigt, wie es wohlerzogenen Menschen ansteht, sich belustigen zu lassen *).

Siebentes Kapitel.

Und die schönen Künste wollen diese edlere Belustigung am Schönen allen wohlerzogenen Menschen im Durchschnitt zuführen, unter allen Geschlechtern, in jedem Alter, unter allen Ständen, unter allen Völkern, in jedem Jahrhunderte.

Die Gegenstände, welche die schönen Künste zur schönen Nachahmung und schönen Nachschaffung auswählen, müssen innerhalb des Kreises von Kenntnissen, Trieben und Begierden liegen, welche dem wohlerzogenen Menschen im Durchschnitt und zwar auf ewige Zeiten zu Gebote stehen. Es müssen Gegenstände seyn,

*) Wie wenige unter unsern neueren Theaterstücken halten diese letzte Anschauung aus! Wie wenig unsere neueren Romane! Wie oft ärgert man sich, während des Lesens oder der Aufführung mit Interesse und selbst mit Wohlgefallen dabey verweilt zu haben!

welche nicht das Interesse und die Affekte des Schönen eines Standes, eines Alters, eines Geschlechts, eines Jahrzehends, eines Jahrhunderts erwecken. Also nicht Begierden, nicht Affekte des bloßen Geschäftmanns, des bloßen Gelehrten, des bloßen Soldaten, ja! so gar des bloßen Künstlers, müssen sie auf sich ziehen, sie müssen nicht auf Zeit- und Ort-Verhältnissen beruhen. Nein! Alle wohlerzogene Menschen im Durchschnitt, in allen Jahrhunderten, müssen an diesen Gegenständen die selbstständige Wahrheit, die selbstständige Zweckmäßigkeit aufzusuchen gewohnt gewesen seyn, und sie müssen sich daran belustigen können, sie auch im schönen Scheine aufzusuchen. Daher ist das gemeine Leben, welches beynahe unter allen Völkern in allen Jahrhunderten das nämliche ist, und in welches man sich mit wenigen Modificationen an jedem Orte, zu jeder Zeit hineinversetzen kann, das Würkliche, die Natur, woraus die schönen Künste ihre Gegenstände zur Nachahmung oder Nachschaffung entlehnen. Nähere Bestimmungen, in so fern sie zu meinem Zwecke gehören, liefern die folgenden Bücher.

Dadurch erhält selbst die Belustigung einen Charakter von unveränderlicher Wahrheit und Zweckmäßigkeit, der sie mit unserer sittlichen Würde in ein näheres Verhältniß setzt.

Achtes

Achtes Kapitel.

Endlicher Begriff des Wesens und der Bestimmung der schönen Künste.

Also besteht das Wesen und die Bestimmung der schönen Künste in Folgendem:

Es sind schöne Fertigkeiten des Menschen, vermöge deren dem wohlerzogenen Menschen im Durchschnitt eine Belustigung am Scheine der Wahrheit und der Zweckmäßigkeit unter begleitenden Affekten des Schönen zugeführet wird.

Neuntes Kapitel.

Das Schöne in den Künsten nimmt in Beziehung auf diesen Begriff eine besondere Modification an, indem Manches in ihnen schön seyn kann, was es außerdem nicht seyn würde. Dahin gehört besonders Alles, was zur Unterstützung des schönen Zwecks der schönen Künste auf eine ausgezeichnete Weise dient; ingleichen was auf die Ahndung schönerer Fertigkeiten im dem Künstler zurückführt. Mithin den Begriff des Vortrefflichen und specifisch Interessanten begründet.

Erkennet man auch, warum das Schöne in den Künsten noch eine besondere Modification annimmt, welche dasselbe in manchen Stücken von dem Schönen außerhalb ihrer Gränzen unterscheidet.

Denn zuerst ist der Zweck durch erregte Begierden, nach dem Wahren und Zweckmäßigen, bey allen wohlerzogenen Menschen allgemein und unveränderlich unter begleitenden Affekten des Schönen zu belustigen, in Vergleichung mit demjenigen, was zum Wesen und zur Belustigung nothdürftig erfordert wird, als Gegenstand des Anschauens vor uns hingestellt, etwas Vortreffliches, mithin etwas Schönes. (Vergl. 3tes Buch 5tes Kap.) Dann ist die Behandlung, welche uns auf Vorstellungen von den schönen Fertigkeiten des Künstlers bestimmt zurückführt, specifisch-interessant, mithin schön. (Vergl. ebendaselbst 6tes Kap.)

Hieraus folgt, daß Manches, was in der Würklichkeit theils indifferent, theils nur gut, theils häßlich, theils übel seyn würde, dadurch, daß es zur Unterstützung des schönen Zwecks auf eine ausgezeichnet zweckmäßige Art dient, vortrefflich, mithin schön wird.

Z. E. die Sonnenblume ist eine höchst indifferente Pflanze, aber indem der Künstler sie dem liebetraurenden Mädchen in die Hand giebt, und dadurch den Ausdruck verstärkt, wird sie schön. Der ekelhafte Gestank, den Virgil den Harpyen beylegt, wird in eben dieser Rücksicht schön. Die ausgezeichnete Treue, mit der Raphael dem Wesen seiner Kunst unbeschadet seine Umrisse gezeichnet hat, gehört gleichfalls hieher, als etwas Vortreffliches, mithin Schönes.

Ferner folgt hieraus, daß das Indifferente, das Häßliche, das Ueble, das Gute in der Würklichkeit, durch die Behandlung im Scheine, bestimmt auf schöne Fähigkeiten in dem Künstler zurückführen, mithin specifischinteressant und schön werden könne.

Dahin gehört denn vor allen Dingen das Geistreiche in Erfindung und Behandlung. Hogarths und Shakespears Karrikaturen würden gewiß in der Natur nichts schönes an sich tragen. Ein Schneider aller Schneider, ein Caliban haben beyde, in der Würklichkeit angetroffen, keine schöne Eigenschaft an sich. Aber der Geist, der sie erfunden und ausgeführt hat, der giebt ihnen diese schöne Eigenschaft. Das Nähere in den folgenden Büchern.

Zehntes Kapitel.

Das Schöne in den Künsten ist von der Kunstschönheit noch verschieden. Eine Kunstschönheit ist ein durch schöne Fähigkeiten hervorgebrachtes, würklich existirendes specifikes Ganze, in dem der Schein eines würklich existirenden oder würklich brauchbaren specifiken Ganzen zu der Absicht enthalten ist, wohlerzogenen Menschen im Durchschnitt zur Belustigung an Wahrheit und Zweckmäßigkeit unter begleitenden Affekten des Schönen auf den Wegen zu dienen, die jeder besonderen Kunst dazu angewiesen sind, und welches mittelst einer solchen vollständigen, richtigen, zweckmäßigen Nachahmung oder Nachschaffung, zu gleicher Zeit, dem Instinkte und dem Geiste des Genießers Affekte des Schönen zuführt, und dadurch seine Persönlichkeit erhält.

So wie die Würkung einer Fertigkeit im gut handeln eine ganz verschiedene Beurtheilung von der Fertigkeit selbst verlangt, mithin die Tugend selbst ganz anders angesehen werden muß, als die Begebenheit, welche sie hervorbringt; so verlangt auch das schöne Kunstwerk eine ganz andere Ansicht als die schöne Kunst.

Von dem Wesen und der Bestimmung der schönen Künste, und dem einzelnen Schönen in diesen Künsten, ist daher das Wesen und die Bestimmung eines schönen Werks der schönen Künste, oder eine Kunstschönheit, sehr verschieden.

Man erinnere sich an den Begriff, den ich im dritten Buche von der Schönheit gegeben habe.

Ein Werk der schönen Kunst muß zuerst dem Begriffe eines specifiken Ganzen unterworfen, folglich in Rücksicht auf Vollständigkeit, Richtigkeit, Zweckmäßigkeit nach Gattung und Art und Individualität geprüft werden können. Ich muß daher ihr Produkt zu einer Gattung und Art von Dingen klassificiren und specificiren können, es muß in seinen Theilen und in ihrem Zusammenhange unter einander Alles haben, und so haben, was und wie es der Begriff von dem Wesen und der Bestimmung der Gegenstände, welche zu dieser Gattung und dieser Art gehören, fordert. Und diese Produkte müssen sich nicht allein zu andern Gegenständen ihrer Art und Gattung zählen, sondern sich auch als einzelne Individuen absondern lassen.

Dann müssen sie ihre Individualität durch schöne Eigenschaften erhalten, welche eine Absonderung des Begriffs des Einzelnen, von dem allgemeinen Begriffe der Gattung und Art, wozu sie gehören, zeigt, und sie zu schönen Individuen constituirt. Endlich müssen sie dieses Schöne bey der Erkenntniß ihrer wesentlichen Eigenschaften darbieten, und zwar sowohl an demjenigen, was als äußere Hülle auf den Instinkt ihrer Genießer, als auch in demjenigen, was als innerer Gehalt auf den Geist des Beschauers würkt. Alles dieß zusammen constituirt erst die schöne Persönlichkeit.

Da aber alle schönen Künste entweder nachahmen oder nachschaffen, mithin den Schein von etwas würklich Existirendem und etwas würklich Brauchbarem liefern, so kann ein schönes Werk der schönen Künste nie anders klassificirt und specificirt werden, als in gedoppelter und gleichzeitiger Rücksicht auf das Nachgeahmte und Nachgeschaffene selbst, und zweytens auf das Produkt, welches nachgeahmt und nachgeschaffen hat, und seines eigenthümlichen Wesens und seiner eigenthümlichen Bestimmung zu Folge, eine eigene Gattung, auch eigene Arten von Gegenständen ausmacht. Beyspiele werden dieß deutlich machen.

Ein Tisch gehört zu der Gattung von Geräthschaften, deren sich der Mensch zu Abhelfung seiner Bedürfnisse bedient. Er gehört zu der Art von Geräthschaften, worauf man etwas legt. Er macht also eine eigene Gattung und Art von Körpern aus. Eine Nürnberger Künsteley gehört zu der Gattung der Spielwerke, sie gehört besonders zu solchen, die durch Wahrnehmung des Kunstfleißes belustigen sollen. Sie macht also eine eigene Gattung und Art von Körpern aus.

Aber das ist ganz und gar nicht der Fall mit einem Gemählde. Dieß stellt den Schein eines würklich existirenden Körpers vor, und da dieser Körper schon einem Begriffe von seinem Wesen und seiner Bestimmung nach Gattung und Art unterworfen ist; so muß ich den nachgebildeten Körper auch unter die Gattung und Art der würklich existirenden Körper bringen können, er muß mir folglich, so viel der Schein und der Zweck, zu dem er dargestellt wird, davon liefern kann, diesen Körper als vollständig, richtig, zweckmäßig darstellen.

Außerdem erhält aber das Gemählde sein besonderes Wesen, seine besondere Bestimmung dadurch, daß es mich belustigen, und mir Affekte des Schönen zuführen soll; dadurch erhält es charakteristische Merkmale von einer selbstständigen Gattung: und da es mir diese Belustigung und diese Affekte des Schönen durch eine gefärbte Tafel zuführen soll, so erhält es dadurch auch charakteristische Merkmale seiner Art.

Folglich muß jedes Produkt der schönen Künste zuerst klassificirt und specificirt werden nach der Gattung und der Art des würklich Existirenden und würklich Brauchbaren, was nachgeahmt und nachgeschaffen ist.

Das Gedicht muß zu einem Ausbruch von Empfindungen, zu einer Erzählung, zu einer Beschreibung, zu einer Belehrung u. s. w. durch eine aneinander hängende Folge von verständlichen Wörtern gerechnet werden können: die schöne Rede zu einer ähnlichen Folge von Wörtern, aber in der Absicht jemanden zum Handeln oder zum Glauben zu bewegen: die Musik zu dem Ausbruch der Leidenschaft in Tönen:

die Mimik zu dem Ausdruck der Gesinnungen durch Geberden: das Gemählde, der Kupferstich, die Statue zu würklichen Körpern: das Drama zu würklichen Begebenheiten: das schöne Gebäude zu würklichen Behausungen: der schöne Garten zu würklich eingeschlossenen Fruchtfeldern und Naturgegenden: die schöne Unterhaltung in der Unterredung zu den Mitteln sich im Gespräch wechselseitig zu belustigen u. s. w.

Zweytens muß aber auch das Produkt als ein würklicher Gegenstand beurtheilt werden, indem der, durch schönere Fertigkeiten hervorgebrachte, Schein des Nachgeahmten oder Nachgeschaffenen zu einem bestimmten Zwecke enthalten ist.

Dadurch erhält es ein selbstständiges Wesen, eine selbstständige Bestimmung, vermöge deren es zu einer eigenen Gattung von Gegenständen klassificirt wird. Und da es nun der schönen Künste mehrere giebt, welche den Schein des würklich Existirenden oder würklich Brauchbaren auf verschiedenen Wegen liefern, auf verschiedenen Wegen den wohlerzogenen Menschen unter begleitenden Affekten des Schönen belustigen wollen; so wird das specifike Produkt der schönen Kunst auch fähig, einer gewissen Species oder Art selbstständiger Gegenstände beygezählt zu werden.

Folglich kann nun das Gedicht nicht blos als Erzählung, als Ausbruch der Empfindung, als

Beschreibung, als Belehrung beurtheilet werden; sondern es muß zugleich als eine durch schönere Fertigkeiten einer gewissen Art hervorgebrachte metrische Versinnlichung des Erzählten, Beschriebenen u. s. w. und zwar zu dem Zwecke, den wohlerzogenen Menschen unter begleitenden Affekten des Schönen zu belustigen, beurtheilt werden.

Folglich kann nun das Gemählde nicht blos als sichtbarer Körper, sichtbare Handlung u. s. w. beurtheilt werden; sondern es muß zugleich als eine durch schönere Fertigkeiten einer gewissen Art hervorgebrachte gefärbte und geschmükte Tafel, worauf die Körper und ihre Handlungen zu dem Zwecke dargestellt werden, den wohlerzogenen Menschen im Durchschnitt unter begleitenden Affekten des Schönen zu belustigen, beurtheilt werden u. s. w. Daraus folgt denn, daß, wenn ich ein Gedicht, ein Gemählde, einen schönen Garten, ein schönes Gebäude, eine schöne Rede u. s. w. in der Rücksicht beurtheile, ob es ein specifikes Ganze ausmache, und ob es den Begriff ausfülle, der von dem Wesen und der Bestimmung seiner Gattung und Art festgesetzt ist, ich weder blos so fragen dürfe: ist hier Alles vorhanden, und so vorhanden, wornach ich in der Würklichkeit das Gedicht für eine wahre Erzählung, das Gemählde für einen fühlbaren Körper, den Garten für ein Fruchtfeld, das Gebäude für eine bequeme Behausung, die Rede für ein bündiges Raisonnement halten würde; erfüllen diese Gegenstände in dieser Rücksicht die Forderungen, welche ich auf Vollständigkeit mache? — Noch, daß ich blos so fragen dürfe: gehörten schönere Fertigkeiten dazu dieß Werk hervorzubringen, belustigt es mich, giebt es mir Affekte des Schönen, und zwar durch Bilder und Sylbenmaaß, durch Farben und Helldunkels; durch Pflanzen, deren Gestalt angenehm zu sehen, und deren Duft angenehm einzuziehen ist; durch architektonische Wohlgestalt u. s. w. Erfüllt es in dieser Rücksicht die Forderungen, die ich auf Vollständigkeit, Richtigkeit, Zweckmäßigkeit mache? — Sondern, daß ich allemal so fragen müsse: Ist das Produkt ein würkliches specifikes Ganze, in dem der Schein eines würklich existirenden, würklich brauchbaren specifiken Ganzen so vollständig, so richtig, so zweckmäßig enthalten ist, als es das Wesen und die Bestimmung eines schönen Kunstwerks überhaupt (also die Gattung dieser selbstständigen Gegenstände) und das Wesen und die Bestimmung der besondern schönen Kunstwerke, wozu es gehört, (also die Art dieser selbstständigen Gegenstände) verstattet und verlangt? Wenn ich dieß gefunden habe, und es steigen alsdann bey einer solchen Vergleichung des Nachgeahmten und Nachgeschaffenen mit der Nachahmung und der Nachschaffung in den wesentlichen Eigenschaften eines solchen zweckmäßigen

Scheines des Würklichen nach Gattung und Art, Affekte des Schönen in mir auf, Affekte des Schönen sowohl für meinen Instinkt als für meinen Geist; so ist das Werk eine Schönheit der schönen Künste.

Eine Kunstschönheit ist also allemal

1) Der Schein eines würklich existirenden oder würklich brauchbaren Ganzen, der

2) Durch schönere Fertigkeiten des Menschen hervorgebracht, oder nachgeschafft, in einem Werke enthalten ist, das zur Belustigung wohlerzogener Menschen im Durchschnitt an Wahrheit und Zweckmäßigkeit unter begleitenden Affekten des Schönen bestimmt, ein würkliches specifikes Ganze ausmacht, als solches

a) Die Theile, welche es in Gemäßheit des Begriffs von seinem Wesen und seiner Bestimmung haben soll, vollständig haben muß, mithin

α) sowohl die Theile, welche das Wesen dem nachgeahmt oder nachgeschaffen ist, haben muß, um vollständig zu seyn, jedoch nur in so fern, als der Zweck, welchen die schönen Künste überhaupt und jede Kunst besonders sich vorsetzen, und die Mittel, welche sie anwenden, es zulassen, und verlangen; (z. E. der Mensch in der Statue muß alle Gliedmaaßen haben, die zu der Vollständigkeit seines Körpers gehören, aber der Augapfel brauche nicht ausgedruckt zu werden) β) als auch die Theile, welche das Werk, in dem die Nachahmung enthalten ist, als zu Gegenständen einer gewissen Gattung und Art gerechnet, haben soll (z. E. das Gemählde muß außer der Zeichnung und dem Helldunkeln auch die Farbe liefern.)

b) Das specifike Ganze muß diese Theile einzeln und in ihrem Zusammenhange unter einander richtig liefern: mithin

α) sowohl so wie wir sie bey der Gattung und Art des Wesens, dem nachgeahmt und nachgeschaffen ist, im Durchschnitt anzutreffen gewohnt sind, jedoch nur in so fern als es Zweck und Mittel der schönen Künste überhaupt, und jeder schönen Kunst insbesondere, zulassen und verlangen. (Z. E. es ist nicht möglich ein großes historisches Gemählde völlig so zu coloriren, wie man einen Haufen von Menschen in der Natur sieht; das eine Bein des Apollo von Belvedere ist um einige Minuten kürzer als das andere, um die Verkürzung fühlbarer zu machen.)

β) als auch, wie wir diese Theile in der ganzen Gattung und Art von Werken, wozu das Werk gehört, worin die Nachahmung oder Nachschaffung enthalten ist, im Durchschnitt anzutreffen gewohnt sind, und wie sie daher mit in den Begriff von dem Wesen und der Bestimmung dieser Art von Werken aufgenommen sind. (z. E. ein historisches Gemählde muß nicht in zwey Tafeln getheilt seyn, ein Drama muß in einem Abend ausgespielet werden können.)

c) Das specifike Ganze muß diese Theile theils einzeln, theils in ihrem Zusammenhange zweckmäßig liefern: mithin

α) sowohl wie wir die Theile bey dem Wesen dem nachgeahmt und nachgeschaffen ist für zweckmäßig halten, jedoch nur in so fern als der Zweck und die Mittel der schönen Künste überhaupt, und jeder schönen Kunst insbesondere, diese Zweckmäßigkeit zu liefern gestatten und verlangen, (z. E. die Vorstellung des blinden Belisars im Gemählde ist allerdings ein zweckmäßiges Süjet für die Kunst, obgleich der Mangel der Augen für den Körper des Mannes zweckwidrig ist,) als auch

β) so wie sie dem Zweck der Gattung und Art von Werken, wozu das Werk, worin die Nachahmung oder Nachschaffung enthalten ist, gehört, im Durchschnitt am zuträglichsten geschienen haben, und daher mit in den Begriff von dem Wesen und der Bestimmung dieser Werke aufgenommen sind. (z. E. die Einheit der Handlung beym Drama, beym historischen Gemählde u. s. w.)

3) Und dieß specifike Ganze muß bey der Erkenntniß dieser seiner Vollständigkeit, Richtigkeit, Zweckmäßigkeit, durch schöne Eigenthüm-

lichkeiten an der äußeren Hülle und dem inneren Gehalte, dem Instinkte und dem Geiste des Beschauers Affekte des Schönen zuführen, mithin dadurch

4) Zur schönen Persönlichkeit werden. — Kürzer! eine Kunstschönheit ist ein durch schöne Fertigkeiten hervorgebrachtes, würklich existirendes, specifikes Ganze, in dem der Schein eines würklich existirenden oder würklich brauchbaren specifiken Ganzen zu der Absicht enthalten ist, wohlerzogenen Menschen, im Durchschnitt, zur Belustigung an Wahrheit und Zweckmäßigkeit, unter begleitenden Affekten des Schönen auf den Wegen zu dienen, die jeder besonderen schönen Kunst dazu angewiesen sind, und welches mittelst einer solchen vollständigen, richtigen, zweckmäßigen Nachahmung oder Nachschaffung zu gleicher Zeit dem Instinkte und dem Geiste des Genießers Affekte des Schönen zuführt, und dadurch seine Persönlichkeit erhält.

Eilftes Kapitel.

Das geliebte menschliche Ganze, wie wir uns mit demselben auf die Länge aber zur bloßen geselligen Belustigung verbinden, ist das Vorbild, wornach die Kunstschönheit geformet und beurtheilt wird. Man darf daher dreist sagen: ein schönes Kunstwerk ist ein zwar todtes, aber als lebendig angesehenes Wesen, das alle wohlerzogene Menschen im Durchschnitt beynahe eben so lieb haben können, als sie einen Menschen in ihren geselligen Verhältnissen mit ihm zur Belustigung im Ganzen und auf die Länge lieb haben würden.

Offenbar findet diese Idee von Kunstschönheit wieder in dem Ganzen des Menschen das auffallendste Vorbild, wenn wir ihn zur geselligen Belustigung aufsuchen, und dann sein aus Körper und Seele bestehendes Ganze auf die Länge aus Gründen lieb gewinnen, die mit unserer sittlichen Würde im Verhältnisse stehen. Ist die Figur schön, zieht sein Aeußeres an, hat er gefällige Manieren, so erregt er die Aufmerksamkeit des ganzen geselligen Zirkels. Man drängt sich an ihn, man zieht ihn hervor. Ist er geistlos, so verliert sich das Interesse, man läßt ihn mit den Worten: schöne Puppe! stehen. Ist er unterhaltend durch seine lebhaften Antworten, durch die Erzählung seines Schicksals, durch die Feyer, durch die Zärtlichkeit, durch die Munterkeit der Stimmung seiner Seele; so drängt man sich noch näher an ihn, man trennt sich von ihm mit Mühe, man wünscht ihn bald und oft wieder zu sehen. Aber nun entdeckt es sich, daß der Mensch nur auf den ersten Augenblick geblendet hat, daß die Wangen geschminkt, der Körper ausgestopft waren: daß seine Talente sich auf ein wenig Jargon beschränken, und daß sein Umgang wegen eines offenbaren Mangels an sittlichen Empfindungen sogar gefährlich ist. Nein! mit dem Menschen möchte man doch nicht auf die Länge zusammen seyn, er hat uns auf einen Augenblick überrascht, aber bey genauerer Prüfung stimmt er nicht mit dem Begriffe überein, der von dem Wesen und der Bestimmung des Menschen nach Gattung und Art festgesetzt ist: Affekte des Schlechten mischen sich unter die Affekte des Schönen, er behält noch einzelne schöne Eigenschaften, aber das Ganze ist keine Schönheit. Man darf daher dreist sagen: ein schönes Kunstwerk ist ein zwar todtes, aber als lebendig angesehenes Wesen, das alle wohlerzogene Menschen im Durchschnitt beynahe eben so lieb haben können, wie sie einen Menschen in ihren geselligen Verhältnissen mit ihm zur Belustigung im Ganzen und auf die Länge lieb haben würden.

Zwölf-

Zwölftes Kapitel.

Das Gute, welches die schönen Künste schmücken, die Werke, welche nur dem Geiste des Beschauers, nicht seinem Instinkte zugleich, und zwar durch Nachahmung oder Nachschaffung, welche schönere Fertigkeiten voraussetzen, Affekte des Schönen zuführen, können nicht für schöne Kunstwerke gelten.

Unter diesen Begriff gebracht sind nun Rousseaus und Platos Schriften keine Kunstschönheiten. Denn wenn gleich die schöne Redekunst mit Hand daran gelegt hat, so will doch der innere Gehalt nicht als Schein der würklichen Existenz oder würklichen Brauchbarkeit belustigen, und das Ganze nicht hauptsächlich Affekte des Schönen sowohl für den Geist als den Instinkt des Lesers erwecken.

Unter diesen Begriff gebracht kann die Kempelsche Schachmaschine nicht zu den Kunstschönheiten der schönen Künste gerechnet werden, weil sie theils nicht auf schönere Fertigkeiten in dem Künstler zurückführt, theils die äußere Hülle, welche den Instinkt des Beschauers belustigen sollte, fehlt, und nur der innere Gehalt, der Mechanismus seinem Geiste eine Belustigung zuführt, die mit seiner sittlichen Würde im Verhältnisse steht.

Unter diesen Begriff gebracht, können Werke der schönen Künste, welche nur bey der Erkenntniß ihrer zufälligen Eigenschaften, oder der einen oder der andern wesentlichen Eigenschaft, entweder blos an der äußern Hülle, oder blos an dem innern Gehalte etwas Schönes zeigen, aber in andern die wesentlicheren Forderungen unbefriedigt lassen, die wir zu machen berechtigt sind, nicht für schöne Persönlichkeiten, für Kunstschönheiten gelten.

Sie haben nur viel oder Einiges Schöne an sich.

Ein geschundener Marsyas mit Treue im Gemählde dargestellt ist daher nie eine Kunstschönheit, weil er zwar dem Geiste gefällt, aber den Instinkt des Beschauers beleidigt. Die Treue, die auf schönere Fertigkeiten zurückführt, bleibt immer etwas Schönes. Ein Gedicht, das hohe Gedanken und Empfindungen enthält, aber in holperichten Versen abgefaßt ist, hat immer viel Schönes für den Geist. Aber weil es den Instinkt beleidigt, so ist es keine Schönheit. Dagegen können ein schön versificirtes Gedicht ohne Interesse, ein schön colorirtes Gemählde ohne Wahrheit, gleichfalls nicht für Kunstschönheiten gelten, denn sie haben nichts, was dem Geiste gefällt, wenn gleich die Versification und das Colorit an sich etwas Schönes bleiben.

Dreyzehntes Kapitel.

Das Gute, das Brauchbare, das grobsinnlich Angenehme, ja! sogar das Häßliche und Fehlerhafte sind, wenn sie dunkel mitwürken, lauter verstärkende Mittel das Gefühl der Schönheit zu erwecken, und werden um der Zweckmäßigkeit des Ganzen willen schön.

So wenig man das Gefühl, welches uns an das geliebte menschliche Ganze in unsern geselligen Verhältnissen zur Belustigung bindet, in seine ersten Fäden zerlegen kann, so wenig kann man das Gefühl der Kunstschönheit in seine ersten Bestandtheile zerlegen. Es ist kein Werk der schönen Künste, das nicht in Beziehung mit einer Menge von Ideen von würklicher Existenz, von würklicher Brauchbarkeit, von Bedürfnissen, groben Ergötzungen der Sinne, eigennützigen Trieben des Verstandes, der Einbildungskraft, des Erinnerungsvermögens, der moralischen Kraft u. s. w. stände. Daher wird in vielen Fällen das allgemein Gute, allgemein Brauchbare und Nothdürftige als ein verstärkendes Mittel zum Zweck mit in den Begriff des schönen Kunstwerks aufgenommen, um auf den Geist des Beschauers eine verstärkte Würkung hervorzubringen. So werden die Ideen von würklichem Eindringen, Einlagern, Betasten, und die Ahndung des Genusses der gröberen Sinne, des Geschmacks und Geruchs mit in den Begriff des schönen Kunstwerks genommen, um die Würkung auf den Instinkt des Beschauers zu verstärken. Wenn man an das Lehrgedicht, an das Gebäude, an das Gemählde denkt, so wird man sich davon überzeugen. Nur müssen diese Ideen und Ahndungen nicht hervorstechend würken, sondern den Gegenständen schöner Affekte und der Belustigung an dem Scheine des Brauchbaren untergeordnet seyn.

Ich will blos bey dem schönen Gebäude stehen bleiben. Es ist würklich existirend, würklich brauchbar. Die Sicherheit, die Bequemlichkeit, mit der ich darin wohnen kann, seine Festigkeit, sein weiter Raum sind würklich brauchbare Eigenschaften. Aber man beachtet sie nicht im Einzelnen, oder wenn man es thut, so sieht man das Gebäude nicht als Schönheit an. Denn ein nicht schönes, sondern blos bequemes, festes, weitläuftiges Gebäude könnte dann eine gleiche Würkung in mir hervorbringen. Das schöne Gebäude wird im Ganzen angeschauet, es wird nach der Würkung, die dieses Ganze auf mein zu belustigendes und des Affekts des Anschauens fähiges Wesen hervorbringt, beurtheilt, es spannt meine Begierden nach bloßer Belustigung, es giebt mir Affekte des bloßen Anschauens. Seine würkliche Existenz, seine würkliche Brauchbarkeit würken dazu mit, aber dunkel, und sie werden zu verstärkenden Mitteln eines ganz andern Zwecks, als sich der Baumeister vorsetzt, der eine Wohnung aufrichten will, welche besonders und hauptsächlich nach würklicher Brauchbarkeit und würklicher Existenz geprüft werden soll. Auf ähnliche Art verhält es sich mit der schönen Rede, dem schönen Garten, dem Lehrgedicht u. s. w.

Eben so wie ein Fehler im Charakter, am Körper des geliebten menschlichen Ganzen, an den ich mich zur Belustigung auf die Länge in meinen geselligen Verhältnissen binde, gar wohl das Gewebe von Trieben, welches man Liebe nennt, verstärken, und die Vereinigung im Ganzen pikanter machen kann; eben so kann in einem schönen Kunstwerke das Häßliche, das Vernachläßigte, das Mangelhafte zuweilen das Vergnügen erhöhen, welches dessen Anschauung mir machen soll.

Doch darf dieß sich nicht in den wesentlichen Eigenschaften bey der Anschauung im Ganzen äußern. Es wird daher um der Zweckmäßigkeit des Ganzen willen manches schön, was es außerdem weder in der Würklichkeit, noch getrennt von dem Rest des Kunstwerks seyn würde.

Vierzehntes Kapitel.

Da das höchste Grundgesetz der Vernunft jedem, der einen Zweck hat, die Verbindlichkeit auflegt zu dessen Erreichung die zweckmäßigsten Mittel zu wählen; so ist es für den vernünftigen Künstler Gesetz, Kunstschönheiten und nicht Einiges Schöne an seinen Werken zu liefern. Und dieß ist der höchste Grundsatz für alle schönen Künste.

Es ist eine allgemeine Regel der Vernunft, daß ein jeder, der einen Zweck hat, diesen durch solche Mittel zu erreichen suchen soll, welche ihn am sichersten dahin führen. Nun leidet es keinen Zweifel, daß, wenn die Künste darauf losarbeiten Schönheiten hervorzubringen, ihr Zweck viel vollständiger und sicherer erreicht werde, als wenn sie nur darauf losarbeiten, ihren Werken viel Schönes oder Einiges Schöne zu geben. Denn da es des Künstlers Pflicht ist, durch Affekte des Schönen, die er bey dem Genießer erweckt, diesen zu reizen, daß er sich an Wahrheit und Zweckmäßigkeit belustige, und da er diese Belustigung durch Affekte des Schönen nähren und unterhalten, ja! die dabey in Thätigkeit gerathenen Begierden unter begleitenden Affekten des Schönen befriedigen soll; so fällt es in die Augen, daß dieß nicht anders geschehen könne, als wenn derselbe zu gleicher Zeit für den Instinkt und den Geist des Genießers arbeitet.

Weiter: Da der Künstler nicht für diesen oder jenen Menschen allein, sondern für den ganzen Haufen wohlerzogener Menschen im Durchschnitt arbeitet; so ist es gleichfalls augenfällig, daß dieß nicht mit Sicherheit geschehen könne, wenn er nicht die Affekte des Schönen zugleich bey der Erkenntniß der wesentlichen Eigenschaften seines Werks erweckt.

Endlich, da der Künstler, wenn er Affekte des Uebeln, oder Affekte des Häßlichen, oder auch des Guten hervorstechend durch sein Werk erweckt, nicht darauf rechnen kann, daß der Beschauer sich an dem, was zur Belustigung bestimmt ist, gerade belustigen, noch von demjenigen, was bestimmt ist Affekte des Schönen zu erwecken, gerade diese erhalten werde; so ist es gleichfalls augenfällig, daß der Künstler schöne Persönlichkeiten liefern müsse; das heißt Wesen, bey deren Anschauung wir Affekte des Schönen mittelst unsers Instinkts and unsers Geistes hervorstechend erregt fühlen.

Es ist also das aus dem höchsten Grundgesetz der Vernunft: daß ein jeder, der einen Zweck intendirt, dazu die zweckmäßigsten Mittel wählen soll, abgeleitete Gesetz für die schönen Künstler dieses: daß sie Schönheiten schaffen sollen. *)

Funfzehntes Kapitel.

Ueber dasjenige, was Hülle, was innerer Gehalt an einer Kunstschönheit sey, und über die Eintheilung derselben in feyerliche, zärtliche und ergötzende Schönheiten, darüber remittirt der Autor auf das Vorhergehende und Nachfolgende.

Was in jeder der besonderen schönen Künste zur Hülle und was zum innern Gehalte ihrer Werke gehöre, darüber brauche ich mich hier nicht weitläuftiger zu erklären, als es bereits von mir im vierten Buche im sechsten Kapitel geschehen ist.

Ich schreibe keine Theorie aller schönen Künste, sondern nur der nachbildenden Künste, und was

*) Dieß Gesetz bindet jedoch den Geschmack des beurtheilenden Kritikers nie in der Maaße, daß er da, wo ein Werk der schönen Künste nicht für eine Schönheit gelten kann, nicht das einzelne Schöne genießen solle: nur kann er dem Werke nicht die Ausfüllung seiner Bestimmung beylegen.

in diesen Hülle, was innerer Gehalt sey, werde ich in der Folge noch weiter auseinander setzen.

Es giebt unter den Kunstschönheiten sowohl feyerliche als zärtliche, und wieder ergötzende. Welches aber nicht so zu verstehen ist, als ob eine Kunstschönheit blos aus objektiv erhabenen oder zärtlichen oder ergötzenden Eigenschaften bestehen müßte, sondern nur dahin: daß eine dieser Arten von Eigenschaften darin prädominiren müsse.

(Man vergleiche viertes Buch eilftes Kapitel.)

Sechszehntes Kapitel.

Das Natürliche in den Künsten kann im Allgemeinen nicht weiter definirt werden, als daß es sey: dasjenige, was mit der Verfahrungsart der Natur im Ganzen übereinkömmt, als welche, in so weit wir ihr auf die Spur kommen können, bey ihren Produktionen einstimmig mit sich selbst und zweckmäßig verfährt.

Daß natürlich in den Künsten nicht so viel heiße, als völlige Uebereinstimmung mit einem specifiken Vorbilde (es sey dieß eine Gesinnung, eine Handlung, eine Begebenheit, ein Körper, eine Geberde, eine sinnliche Form überhaupt), so wie es aus der Hand des Schicksals kommt, solches leuchtet in die Augen. Denn das bürgerliche Drama, der gemahlte Kopf passen nicht einmal unter diesen Begriff, und auf die eigentlich nachschaffenden Künste, die Bau- und Redekunst trifft er gar nicht zu.

Es wird dieser Ausdruck von den allerverschiedensten Dingen gebraucht, und dem nämlichen Dinge wird dieß Prädicat in der einen Kunst zu, in der andern abgesprochen. Kurz! in jeder heißt es etwas anders. Die regulaire Form ist in der Baukunst natürlich: es ist natürlich, daß man einen Gang, welcher auf einen Gesichtspunkt führt, gerade bilde. Es ist höchst unnatürlich, daß ein Fußsteig alle zwey Schritte sich in eine merkliche Krümmung beuge. Es ist dagegen höchst unnatürlich, daß die Körper im Gemählde symmetrisch angeordnet werden. Es ist höchst unnatürlich, wenn ein Arm, der wornach greift, eine ganz gerade Linie bildet. Im bürgerlichen Drama, im bürgerlichen Roman ist es höchst unnatürlich, wenn die Menschen denken wie Götter, sprechen wie Begeisterte, sich gebärden wie Fürsten, und wenn ihre Schicksale sich nicht aus dem gewöhnlichen Laufe der Begebenheiten in der würklichen Welt erklären lassen. Dagegen ist es im höheren Roman, in der höheren Epopee, im höheren Drama gar nicht unnatürlich, daß die Menschen wie gespannte Wesen denken, handeln, sprechen, sich gebärden, und daß der Knoten ihrer Schicksale von einer übermenschlichen Hand gelöset werde.

Kurz! ein völlig zutreffender Begriff über dieß Wort muß so allgemein seyn, daß er nur in so fern von praktischem Nutzen seyn kann, als er dazu dient, den Anmaßungen derer zu begegnen, welche aus einem zu eingeschränkt genommenen Begriffe Sätze folgern, die aller Erfahrung widersprechen.

So viel leuchtet ein, überhaupt nennen wir es unnatürlich, wenn wir an dem Schein, der in einem Kunstwerke enthalten ist, Uebereinstimmung mit einem würklich existirenden oder würklich brauchbaren Dinge suchen, um uns daran zu belustigen, und diese nicht finden.

Also können wir so viel vorerst festsetzen: wenn der Schein etwas specifikes nachahmt, und die Nachahmung ist nicht zweckmäßig, sie belustigt uns nicht, entweder weil sie überhaupt nicht treu ist, oder weil wir hier diese Art von Treue nicht suchen; so ist der nachahmende Schein unnatürlich. Z. E. es ist unnatürlich, wenn ein lebender Mensch wie eine Leiche gemahlt ist: aber es ist auch eben so unnatürlich, wenn dieser lebende Mensch mit Geberden, Gesinnungen ausdrücken soll, welche sich gar nicht damit ausdrücken lassen. Eben so verhält es sich mit dem Scheine, der etwas Brauchbares als Nachschaffung darstellt. Ist die Nachschaffung nicht zweckmäßig, belustigt sie uns nicht, entweder weil man nicht gehörig darauf bedacht gewesen ist, die Begierde nach Brauchbarkeit in uns zu erwecken, oder weil man sie auf eine Art erweckt hat, welche die Begierden nach Belustigung überwiegt, und uns den wahren Zwang des Bedürfnisses auflegt; so ist der Schein, welcher die Nachschaffung darbietet, unnatürlich. Z. E. es ist unnatürlich einen gebrochenen Giebel auf ein Haus zu setzen, oder es gar unter einer ungeheuren Kuppel zu erdrücken: denn hier können unsere Begierden nach dem Brauchbaren auch nicht einmal zum Spiele erweckt werden. Aus eben diesem Grunde ist es unnatürlich eine Rede wie eine Dithyrambe einzurichten, oder einen Garten wie das Gebiet einer Schnecke. Aber eben so unnatürlich ist es nun auch ein Prachtgebäude wie ein Bürgerhaus zu bauen, eine ästhetisch schöne Rede wie eine philosophische Demonstration, einen Lustgarten wie ein Fruchtfeld einzurichten. Kurz! alles was in einem schönen Kunstwerke dem Zweck der Belustigung durch Wahrnehmung der Nachahmung und Nachschaffung zuwider ist, ist unnatürlich.

Dann ist aber auch unnatürlich, was den angenommenen Begriffen von den Gränzen der Kunst, von der Selbstständigkeit ihrer Werke zuwider läuft: folglich, was mit der Richtigkeit und Vollständigkeit eines Kunstwerks im Widerspruche steht. Daher ist es unnatürlich, wenn ein Gedicht nicht anders verstanden werden kann, als wenn es durch Kupferstiche erklärt wird, oder wenn man den gemahlten Figuren Worte aus dem Munde gehen läßt, oder wenn man ein Drama zum Theil mit bloßen Decorationen ausführen läßt, in einem Garten Scenen anbringt, die sich nur für's Theater schicken u. s. w.

Hieraus folgt dann, daß das Natürliche in den Künsten dasjenige sey, was mit den Begriffen übereinstimmt, welche unter wohlerzogenen Menschen über die Forderungen festgesetzt sind, die ein Werk der Kunst erfüllen muß, um durch den Schein der Wahrheit und Zweckmäßigkeit belustigen zu können. Kürzer! was der Verfahrungsart der Natur im Ganzen gemäß ist, als welche bey ihren Produktionen, so weit wir ihr auf die Spur kommen können, einstimmig mit sich selbst und zweckmäßig verfährt.

Siebenzehntes Kapitel.

Regularität wird zur Schönheit eines Kunstwerks nicht erfordert, wohl aber Regelmäßigkeit, oder Uebereinstimmung mit dem Begriffe, wie ein Werk der Kunst beschaffen seyn muß, um nothdürftig für ein vollständiges, richtiges, zweckmäßiges schönes Werk der schönen Künste und ihrer verschiedenen Arten zu gelten.

Regelmäßig heißt in den schönen Künsten dasjenige, was mit den Vorschriften übereinkömmt, welche von der auf Erfahrung gestützten Vernunft als nothwendige Gesetze angesehen werden, um das Wesen und die Bestimmung eines schönen Kunstwerks nach Gattung und Art auszufüllen. Kein Werk der Kunst kann eine Schönheit seyn, wenn es in diesem Verstande unregelmäßig ist.

Regulair heißt aber dasjenige, was mit den Begriffen übereinstimmt, die aus dem Begriffe von Abgemessenheit und strenger Ordnung fließen, und hier kann es viele Kunstschönheiten geben, die nicht regulair sind.

Z. E. es ist unregelmäßig, wenn ein Drama weder unsere Wißbegierde, noch unsere sympathetischen Triebe spannt, wenn die Diktion elend, die Auflösung des Knotens unvorbereitet ist. Dagegen ist es nur irregulair, wenn die Einheiten des Orts und der Zeit, ja! sogar der Handlung nicht beobachtet ist, falls das Interesse nicht darunter leidet. Es ist unregelmäßig, wenn ein Gemählde wie die Faßade eines Gebäudes angeordnet ist, aber es ist nur irregulair, wenn es mehr als drey Gruppen enthält. Es ist unregelmäßig, wenn eine Statue steht wie ein Tanzmeister: aber es ist nur irregulair, wenn nicht die Regel des Contrapostos bey der Stellung beobachtet ist u. s. w.

Ende des ersten Theils.

www.ingramcontent.com/pod-product-compliance
Lightning Source LLC
Chambersburg PA
CBHW021119270326
41929CB00009B/960

* 9 7 8 3 7 4 3 6 2 9 9 2 9 *